블록과 함께 하는

파이썬 딥러닝 케라스

김태영 저

DIGITAL BOOKS since 1999
www.digitalbooks.co.kr

블록과 함께 하는
파이썬 딥러닝 케라스

| 만든 사람들 |
기획 IT·CG기획부 | **진행** 양종엽·유명한 | **집필** 김태영 | **편집·표지디자인** 김진

| 책 내용 문의 |
도서 내용에 대해 궁금한 사항이 있으시면
저자의 홈페이지나 디지털북스 홈페이지의 게시판을 통하여 해결하실 수 있습니다.
디지털북스 홈페이지 www.digitalbooks.co.kr
디지털북스 페이스북 www.facebook.com/ithinkbook
디지털북스 카페 cafe.naver.com/digitalbooks1999
디지털북스 이메일 digital@digitalbooks.co.kr
케라스 블로그 tykimos.github.io/Keras/
케라스 코리아 그룹 www.facebook.com/groups/KerasKorea/

| 각종 문의 |
영업관련 hi@digitalbooks.co.kr
기획관련 digital@digitalbooks.co.kr
전화번호 (02) 447-3157~8

머리말

You have just found Keras.
케라스, 그 간결함에 빠지다.

딥러닝 전문가가 아니더라도 책을 따라 딥러닝 모델을 쉽게 만들고 사용할 수 있도록 네 파트로 구성했습니다.

파트1: 케라스가 무엇인지 알아보고 사용할 준비를 합니다.

파트2: 케라스 사용에 필요한 기초적인 딥러닝 개념을 익힙니다.

파트3: 케라스의 주요 레이어를 알아보고 핵심 모델을 만들어봅니다.

파트4: 문제에 맞는 모델을 고를 수 있도록 기본 레시피를 소개합니다.

함께 고생한 이

이태경 박유자 김시준 김민준 김민솔

감사한 이

안조이 김창대 성열녀 김수미 이우붕

최명진 박현우 조한제 양승범 양윤정 장수민

박상훈 양종엽 김태겸 장수연 황정아 문용재

그리고 인터스페이스 멤버들

2017년 9월

저자 김태영

CONTENTS

PART **01**

케라스 시작하기

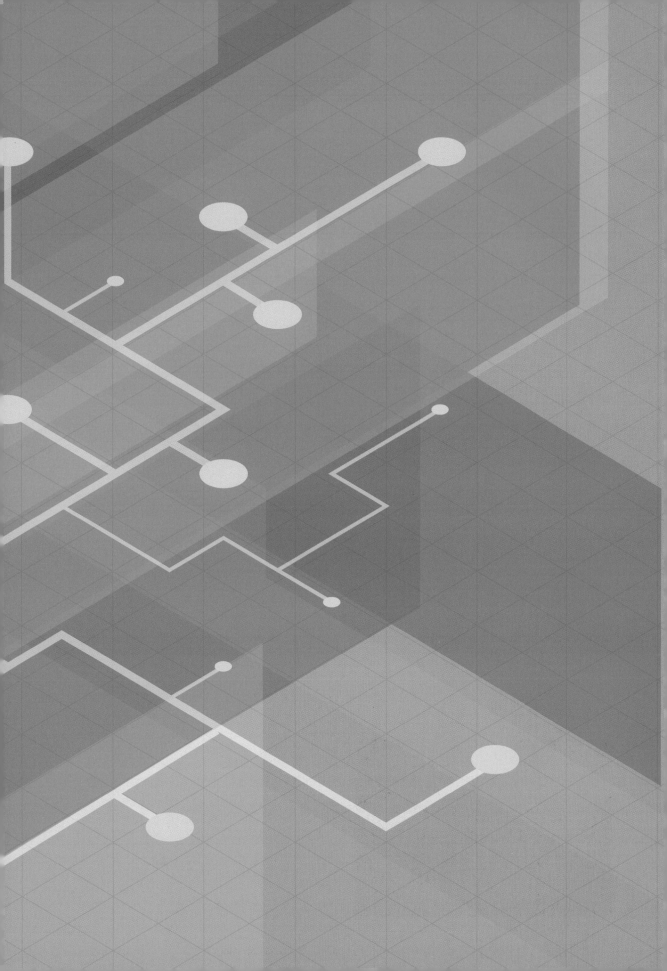

## CHAPTER 01

케라스 이야기

케라스(Keras) – 그 간결함에 빠지다.

케라스는 파이썬으로 구현된 쉽고 간결한 딥러닝 라이브러리입니다. 딥러닝 비전문가라도 각자 분야에서 손쉽게 딥러닝 모델을 개발하고 활용할 수 있도록 케라스는 직관적인 API를 제공하고 있습니다. 내부적으로는 텐서플로우(TensorFlow), 티아노(Theano), CNTK 등의 딥러닝 전용 엔진이 구동되지만 케라스 사용자는 복잡한 내부 엔진을 알 필요는 없습니다. 직관적인 API로 쉽게 다층퍼셉트론 신경망 모델, 컨볼루션 신경망 모델, 순환 신경망 모델 또는 이를 조합한 모델은 물론 다중 입력 또는 다중 출력 등 다양한 구성을 할 수 있습니다.

1. 왜 "케라스"인가?

케라스는 초기에 ONEIROS(Open-ended Neuro-Electronic Intelligent Robot Operating System) 프로젝트의 일부로 개발되었다고 합니다. 오네이로스(ONEIROS)의 복수형이 오네이로이입니다. 케라스(κέρας)는 그리스어로 뿔을 의미하고, 오네이로이(ονειρο)는 그리스어로 꿈을 의인화시킨 신이라는 의미입니다. 둘 다 그리스 신화에 나오는 단어입니다. 첫 강좌인 만큼 가볍게 그리스신화 얘길 조금 해볼까요?

그리스 신화에 오네이로이라고 불리는 꿈의 정령들이 있습니다. 오네이로이는 헬리오스의 궁전 근처에 살면서 두 개의 문을 통해 인간들에게 꿈을 보냅니다. 신이 사람들에게 메시지를 전할 때 오네이로이에게 부탁하여 꿈을 보낸다고 합니다. 미래에 성취될 진실은 뿔로 된 문으로 보내고 거짓은 상아로 된 문으로 보내줍니다. 즉, 꿈을 통해 미래로 인도하는 역할을 오네이로이가 하고, 그때 뿔(케라스)로 된 문을 통해 꿈을 보냅니다. 신이 심기가 좋지 않을 때 거짓 꿈을 보내기도 하죠. 제우스는 트로이가 곧 망할 것이라는 거짓 꿈을 아가멤논에게 보내고, 아가멤논은 이 꿈을 꾼 뒤 트로이를 공격했다가 그리스군이 패배하죠. 거짓 꿈이니 상아의 문을 통해 전달되었겠죠? 거짓 꿈을 믿었다가 패가망신한 경우입니다.

그림 출처 : http://www.coryianshaferlpc.com/cory-ian-shafer-lpc-blog/dreams-paying-attention-to-the-sleeping-story

딴 얘기이지만 오네이로이는 밤의 여신 닉스와 잠의 신 힙노스의 자식들이고 수천 명이나 됩니다. 그 중에 모르페우스(Morpheus)라는 신이 있는데 이 신은 꿈에선 인간의 모습으로 보이며, 엄청나게 정교한 흉내를 낸다고 합니다. 모르페우스의 영어 발음이 모피어스인데, 영화 매트릭스에선 이 이름의 인물이 네오의 가상세계에 나타나 진실로 이끄는 역할을 하죠.

학습된 모델이 진실을 알려줄지 거짓을 알려줄지는 사실 아무도 모릅니다. 학습이나 검증과정에서의 정확도는 준비된 데이터셋으로 측정할 수 있어도 실전에서 그 결과를 검증하기는 쉽지 않죠. 오네이로이가 보낸 꿈이 진실의 문으로 온 것인지 거짓의 문으로 온 것인지 모르는 것처럼요. 학습된 모델이 알려준 결과가 진실을 담고 있기를 바라는 마음을 담아 딥러닝 라이브러리의 이름을 케라스(뿔)라고 이름이 지은 것 같습니다.

케라스로 모델을 만들었다고 하면 실전에서 좀 더 진실을 얘기해줄 것 같은 느낌이 들기 시작하죠? 그럼 이제 본격적으로 케라스를 알아봅시다.

> (본 문단은 신화에 박식한 wingikaros님의 도움으로 작성되었습니다)

2. 케라스 주요 특징

케라스는 아래 4가지의 주요 특징을 가지고 있습니다.

- **모듈화 (Modularity)**
  - 케라스에서 제공하는 모듈은 독립적이고 설정 가능하며, 가능한 최소한의 제약사항으로 서로 연결될 수 있습니다. 모델은 시퀀스 또는 그래프로 이러한 모듈들을 구성한 것입니다.
  - 특히 신경망 층, 비용함수, 최적화기, 초기화기법, 활성화함수, 정규화기법은 모두 독립적인 모듈이며, 새로운 모델을 만들기 위해 이러한 모듈을 조합할 수 있습니다.
- **최소주의 (Minimalism)**
  - 각 모듈은 짧고 간결합니다.
  - 모든 코드는 한 번 훑어보는 것으로도 이해 가능해야 합니다.
  - 단, 반복 속도와 혁신성은 다소 떨어질 수 있습니다.
- **쉬운 확장성**
  - 새로운 클래스나 함수로 모듈을 아주 쉽게 추가할 수 있습니다.
  - 따라서 고급 연구에 필요한 다양한 표현을 할 수 있습니다.
- **파이썬 기반**
  - Caffe 처럼 별도의 모델 설정 파일이 필요없으며 파이썬 코드로 모델들이 정의됩니다.

이 멋진 케라스를 개발하고 유지보수하고 있는 사람은 구글 엔지니어인 프랑소와 쏠레(François Chollet)입니다.

3. 케라스 기본 개념

케라스의 가장 핵심적인 데이터 구조는 바로 모델입니다. 케라스에서 제공하는 시퀀스 모델로 원하는 레이어를 쉽게 순차적으로 쌓을 수 있습니다. 다중 출력과 같이 좀 더 복잡한 모델을 구성하려면 케라스 함수 API를 사용하면 됩니다. 케라스로 딥러닝 모델을 만들 때는 다음과 같은 순서로 작성합니다. 다른 딥러닝 라이브러리와 비슷한 순서이지만 훨씬 직관적이고 간결합니다.

- **1. 데이터셋 생성하기**
    - 원본 데이터를 불러오거나 시뮬레이션을 통해 데이터를 생성합니다.
    - 데이터로부터 훈련셋, 검증셋, 시험셋을 생성합니다.
    - 이 때 딥러닝 모델의 학습 및 평가를 할 수 있도록 포맷 변환을 합니다.
- **2. 모델 구성하기**
    - 시퀀스 모델을 생성한 뒤 필요한 레이어를 추가하여 구성합니다.
    - 좀 더 복잡한 모델이 필요할 때는 케라스 함수 API를 사용합니다.
- **3. 모델 학습과정 설정하기**
    - 학습하기 전에 학습에 대한 설정을 수행합니다.
    - 손실 함수 및 최적화 방법을 정의합니다.
    - 케라스에서는 compile() 함수를 사용합니다.
- **4. 모델 학습시키기**
    - 구성한 모델을 훈련셋으로 학습시킵니다.
    - 케라스에서는 fit() 함수를 사용합니다.
- **5. 학습과정 살펴보기**
    - 모델 학습 시 훈련셋, 검증셋의 손실 및 정확도를 측정합니다.
    - 반복 횟수에 따른 손실 및 정확도 추이를 보면서 학습 상황을 판단합니다.
- **6. 모델 평가하기**
    - 준비된 시험셋으로 학습한 모델을 평가합니다.
    - 케라스에서는 evaluate() 함수를 사용합니다.
- **7. 모델 사용하기**
    - 임의의 입력으로 모델의 출력을 얻습니다.
    - 케라스에서는 predict() 함수를 사용합니다.

손글씨 영상을 분류하는 모델을 케라스로 간단히 구현해보았습니다. 가로세로 픽셀이 28×28인 이미지를 1차원의 784 벡터로 변환한 다음 이를 학습 및 평가하는 코드입니다. 이 간단한 코드로 93.4% 정확도를 얻었습니다. 각 함수 및 인자에 대한 설명은 여러 모델을 실습해 보면서 하나씩 설명드리겠습니다.

```python
# 0. 사용할 패키지 불러오기
from keras.utils import np_utils
from keras.datasets import mnist
from keras.models import Sequential
from keras.layers import Dense, Activation

# 1. 데이터셋 생성하기
(x_train, y_train), (x_test, y_test) = mnist.load_data()
x_train = x_train.reshape(60000, 784).astype('float32') / 255.0
x_test = x_test.reshape(10000, 784).astype('float32') / 255.0
y_train = np_utils.to_categorical(y_train)
y_test = np_utils.to_categorical(y_test)

# 2. 모델 구성하기
model = Sequential()
model.add(Dense(units=64, input_dim=28*28, activation='relu'))
model.add(Dense(units=10, activation='softmax'))

# 3. 모델 학습과정 설정하기
model.compile(loss='categorical_crossentropy', optimizer='sgd', metrics=['accuracy'])

# 4. 모델 학습시키기
hist = model.fit(x_train, y_train, epochs=5, batch_size=32)

# 5. 학습과정 살펴보기
print('## training loss and acc ##')
print(hist.history['loss'])
print(hist.history['acc'])

# 6. 모델 평가하기
loss_and_metrics = model.evaluate(x_test, y_test, batch_size=32)
print('## evaluation loss and_metrics ##')
print(loss_and_metrics)

# 7. 모델 사용하기
xhat = x_test[0:1]
yhat = model.predict(xhat)
print('## yhat ##')
print(yhat)
```

```
Epoch 1/5
60000/60000 [==============================] - 2s - loss: 0.6852 - acc: 0.8255
Epoch 2/5
60000/60000 [==============================] - 1s - loss: 0.3462 - acc: 0.9026
Epoch 3/5
60000/60000 [==============================] - 1s - loss: 0.2985 - acc: 0.9154
Epoch 4/5
60000/60000 [==============================] - 1s - loss: 0.2691 - acc: 0.9231
Epoch 5/5
60000/60000 [==============================] - 1s - loss: 0.2465 - acc: 0.9297
## training loss and acc ##
[0.68520853985150654, 0.34619921547174454, 0.29846180978616077, 0.2691393312553565,
```

```
0.24649932811359565]
[0.82550000000000001, 0.90264999999999995, 0.91536666666666666, 0.92305000000000004,
0.9297333333333333]
 5440/10000 [=============>.............] - ETA: 0s## evaluation loss and_metrics ##
[0.22997545913159848, 0.93400000000000005]
## yhat ##
[[   2.22300223e-04   3.00730164e-07   2.63200229e-04   2.59373337e-03
     4.81355028e-06   1.25668041e-04   1.02932418e-07   9.94620681e-01
     5.89549527e-05   2.11023842e-03]]
```

CHAPTER 02 맥에서 케라스 설치하기

맥에서 케라스 개발환경을 구축하는 방법에 대하여 알아보겠습니다. 진행순서는 다음과 같습니다.

- **프로젝트 디렉토리 만들기**
- **가상 개발환경 만들기**
- **웹 기반 파이썬 개발환경인 주피터 노트북 설치**
- **주요 패키지 설치**
- **딥러닝 라이브러리 설치**
- **설치환경 테스트해보기**
- **딥러닝 엔진 바꾸기**
- **다시 시작하기**
- **오류 대처**

1. 프로젝트 디렉토리 만들기

사용자 로컬 디렉토리에서부터 시작하겠습니다. 아래 명령을 입력하면 사용자 로컬 디렉토리로 이동합니다.

```
$ cd ~
```

"Projects"라는 폴더를 생성한 뒤 해당 폴더로 이동합니다.

```
~ $ mkdir Projects
~ $ cd Projects
Projects $ _
```

케라스 프로젝트를 하나 생성합니다. 이름은 "keras_talk"라고 해보겠습니다.

```
Projects $ mkdir keras_talk
Projects $ cd keras_talk
keras_talk $ _
```

2. 가상 개발환경 만들기

프로젝트별로 개발환경이 다양하기 때문에 가상환경을 이용하면 편리합니다. 위에서 생성한 프로젝트에 가상환경을 구축해 보겠습니다. 가상환경을 제공하는 virtualenv을 먼저 설치하겠습니다. 이 과정은 프로젝트별로 할 필요는 없고, 시스템에 한 번만 수행하면 됩니다.

```
keras_talk $ sudo pip install virtualenv
```

virtualenv를 설치하였다면 실제 가상환경을 만들겠습니다. 'ls' 명령어를 입력하면 프로젝트 폴더 내에 'venv'라는 폴더가 생성된 것을 확인할 수 있습니다.

```
keras_talk $ virtualenv venv
...
Installing setuptools, pip, wheel...done.
keras_talk $ ls
venv
```

가상환경을 만들었으니 실행해보겠습니다. '(venv)' 라는 문구가 입력창에 보이면 성공적으로 가상환경이 실행된 것입니다.

```
keras_talk $ source venv/bin/activate
(venv) keras_talk $ _
```

3. 웹 기반 파이썬 개발환경인 주피터 노트북 설치

주피터 노트북은 파이썬 코드를 웹 환경에서 작성 및 실행할 수 있도록 제공하는 툴입니다. pip 툴을 이용하여 주피터 노트북을 설치합니다.

```
(venv) keras_talk $ pip install ipython[notebook]
```

"Your pip version is out of date, ..."이라는 에러가 발생하면 pip 버전을 업그레이드한 후 다시 설치합니다.

```
(venv) keras_talk $ pip install --upgrade pip
(venv) keras_talk $ pip install ipython[notebook]
```

주피터 노트북을 다음 명령으로 실행시킵니다.

```
(venv) keras_talk $ jupyter notebook
```

정상적으로 설치하였다면 웹 브라우저가 실행되면서 아래와 같은 페이지가 뜹니다.

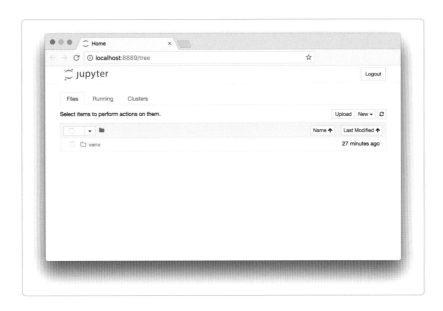

계속해서 다른 패키지를 설치하기 위해 터미널 창에서 'control + C'를 누른 뒤 'y'를 입력하여 ipython notebook를 종료합니다.

```
Shutdown this notebook server (y/[n])?  y
(venv) keras_talk $ _
```

4. 주요 패키지 설치

케라스를 사용하는데 있어서 필요한 주요 패키지를 다음 명령을 통해 설치합니다.

```
(venv) keras_talk $ pip install numpy
(venv) keras_talk $ pip install scipy
(venv) keras_talk $ pip install scikit-learn
(venv) keras_talk $ pip install matplotlib
(venv) keras_talk $ pip install pandas
(venv) keras_talk $ pip install pydot
(venv) keras_talk $ pip install h5py
```

pydot은 모델을 가시화할 때 필요한 것인데, 이를 사용하려면 graphviz가 필요합니다. brew라는 툴을 이용하여 graphviz를 설치하기 위해 brew를 먼저 설치합니다.

```
(venv) keras_talk $ /usr/bin/ruby -e "$(curl -fsSL https://raw.githubusercontent.com/Homebrew/
install/master/install)"
(venv) keras_talk $ brew install graphviz
```

5. 딥러닝 라이브러리 설치

케라스에서 사용하는 딥러닝 라이브러리인 티아노(Theano)와 텐서플로우(TensorFlow)를 설치합니다. 둘 중에 하나만 사용한다면 해당하는 것만 설치하면 됩니다.

```
(venv) keras_talk $ pip install theano
(venv) keras_talk $ pip install tensorflow
```

성공적으로 설치하였다면, 케라스를 설치합니다.

```
(venv) keras_talk $ pip install keras
```

6. 설치환경 테스트해보기

• 설치된 패키지 버전 확인

케라스가 정상적으로 설치되었는지 확인하기 위해 예제 코드를 실행시켜 보겠습니다. 먼저 주피터 노트북을 실행시킵니다.

```
(venv) keras_talk $ jupyter notebook
```

아래 그림처럼 우측 상단에 있는 'New' 버튼을 클릭해서 예제 코드를 작성할 파이썬 파일을 생성합니다.

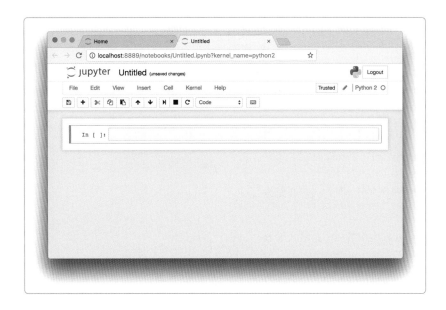

녹색 박스로 표시된 영역에 아래 코드를 삽입한 뒤 'shift + enter'를 눌러서 실행시킵니다.

```python
import scipy
import numpy
import matplotlib
import pandas
import sklearn
import pydot
import h5py

import theano
import tensorflow
import keras

print('scipy ' + scipy.__version__)
print('numpy ' + numpy.__version__)
print('matplotlib ' + matplotlib.__version__)
print('pandas ' + pandas.__version__)
print('sklearn ' + sklearn.__version__)
print('pydot ' + pydot.__version__)
print('h5py ' + h5py.__version__)

print('theano ' + theano.__version__)
print('tensorflow ' + tensorflow.__version__)
print('keras ' + keras.__version__)
```

각 패키지별로 버전이 표시되면 정상적으로 설치가 된 것입니다.

• 딥러닝 기본 모델 구동 확인

아래 코드는 기본적인 딥러닝 모델에 손글씨 데이터셋을 학습시킨 뒤 평가하는 기본 예제입니다. 새로운 셀에서 실행시키기 위해 상단 메뉴에서 'Insert 〉 Insert Cell Below'를 선택하여 새로운 셀을 생성합니다. 새로 생성된 셀에 아래 코드를 입력한 후 'shift + enter'를 눌러 해당 코드를 실행합니다.

```python
from keras.utils import np_utils
from keras.datasets import mnist
from keras.models import Sequential
from keras.layers import Dense, Activation

(X_train, Y_train), (X_test, Y_test) = mnist.load_data()
X_train = X_train.reshape(60000, 784).astype('float32') / 255.0
X_test = X_test.reshape(10000, 784).astype('float32') / 255.0
Y_train = np_utils.to_categorical(Y_train)
Y_test = np_utils.to_categorical(Y_test)

model = Sequential()
model.add(Dense(units=64, input_dim=28*28, activation='relu'))
model.add(Dense(units=10, activation='softmax'))
model.compile(loss='categorical_crossentropy', optimizer='sgd', metrics=['accuracy'])
model.fit(X_train, Y_train, epochs=5, batch_size=32)

loss_and_metrics = model.evaluate(X_test, Y_test, batch_size=32)

print('loss_and_metrics : ' + str(loss_and_metrics))
```

에러 없이 다음과 같은 화면이 출력되면 정상적으로 작동되는 것입니다.

```
Epoch 1/5
60000/60000 [==============================] - 1s - loss: 0.6558 - acc: 0.8333
Epoch 2/5
60000/60000 [==============================] - 1s - loss: 0.3485 - acc: 0.9012
Epoch 3/5
60000/60000 [==============================] - 1s - loss: 0.3037 - acc: 0.9143
Epoch 4/5
60000/60000 [==============================] - 1s - loss: 0.2759 - acc: 0.9222
Epoch 5/5
60000/60000 [==============================] - 1s - loss: 0.2544 - acc: 0.9281
 8064/10000 [=====================>......] - ETA: 0sloss_and_metrics : [0.23770418465733528,
0.93089999999999995]
```

• 딥러닝 모델 가시화 기능 확인

아래 딥러닝 모델 구성을 가시화하는 코드입니다. 마찬가지로 새로운 셀에서 실행시키기 위해 상단 메뉴에서 'Insert 〉 Insert Cell Below'를 선택하여 새로운 셀을 생성합니다. 새로 생성된 셀에 아래 코드를 입력한 후 'shift + enter'를 눌러 해당 코드를 실행합니다.

```
from IPython.display import SVG
from keras.utils.vis_utils import model_to_dot

%matplotlib inline

SVG(model_to_dot(model, show_shapes=True).create(prog='dot', format='svg'))
```

에러 없이 다음과 같은 화면이 출력되면 정상적으로 작동되는 것입니다.

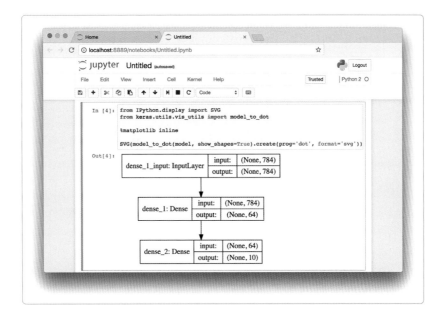

• 딥러닝 모델 저장 기능 확인

아래 딥러닝 모델의 구성과 가중치를 저장 및 로딩하는 코드입니다. 마찬가지로 새로운 셀에서 실행
시키기 위해 상단 메뉴에서 'Insert 〉 Insert Cell Below'를 선택하여 새로운 셀을 생성합니다. 새로
생성된 셀에 아래 코드를 입력한 후 'shift + enter'를 눌러 해당 코드를 실행합니다.

```
from keras.models import load_model

model.save('mnist_mlp_model.h5')
model = load_model('mnist_mlp_model.h5')
```

위 코드 실행 시 에러가 발생하지 않고, 로컬 디렉토리에 'mnist_mlp_model.h5' 파일이 생성되었
으면 정상적으로 작동되는 것입니다. 지금까지 정상적으로 실행이 되었다면 상단 메뉴에서 'File 〉
Save and Checkpoint'로 현재까지 테스트한 파일을 저장합니다.

7. 딥러닝 엔진 바꾸기

백엔드로 구동되는 딥러닝 엔진을 바꾸려면 '~/.keras/keras.json' 파일을 열어서 'backend' 부분을 수정하면 됩니다. 만약 현재 설정이 텐서플로우일 경우 아래와 같이 표시됩니다.

```
...
"backend": "tensorflow"
...
```

텐서플로우에서 티아노로 변경할 경우 위의 설정을 아래와 같이 수정합니다.

```
...
"backend": "theano"
...
```

8. 다시 시작하기

재부팅하거나 새로운 터미널 윈도우에서 다시 시작할 때는 다음의 명령을 수행합니다.

```
$ cd ~/Projects/keras_talk
$ source venv/bin/activate
(venv) $ jupyter notebook
```

9. 오류 대처

• 주피터 실행 에러

jupyter notebook을 실행하면, "'Open location' 메시지를 인식하지 못합니다. (-1708)" 또는 "execution error: doesn't understand the "open location" message. (-1708)" 메시지가 뜹니다.

운영체제 버전 등의 문제로 주피터가 실행할 브라우저를 찾지 못하는 경우 발생하는 메시지입니다. 이 경우 주피터 옵션에 브라우저를 직접 셋팅하면 됩니다. '.jupyter_notebook_config.py' 파일이 있는지 확인합니다.

```
(venv) keras_talk $ find ~/.jupyter -name jupyter_notebook_config.py
```

출력되는 내용이 없다면 파일이 없는 것입니다. 이 경우 아래 명령으로 파일을 생성합니다.

```
(venv) keras_talk $ jupyter notebook --generate-config
```

'jupyter_notebook_config.py' 파일을 엽니다.

```
(venv) keras_talk $ vi ~/.jupyter/jupyter_notebook_config.py
```

아래와 같이 'c.Notebook.App.browser' 변수를 찾습니다.

```
# If not specified, the default browser will be determined by the `webbrowser`
# standard library module, which allows setting of the BROWSER environment
# variable to override it.
# c.NotebookApp.browser = u''
```

'c.NotebookApp.browser' 변수를 원하는 브라우저 이름으로 설정합니다. 아래 행 중 하나만 설정하고, 앞에 '#'은 제거해야 합니다.

```
c.NotebookApp.browser = u'chrome'
c.NotebookApp.browser = u'safari'
c.NotebookApp.browser = u'firefox'
```

이 파일을 저장 후(esc키 누른 후 wq! 입력하고 엔터칩니다.) 다시 주피터를 실행하면 지정한 브라우저에서 정상적으로 실행되는 것을 볼 수 있습니다. 설정한 이후에도 해당 브라우저의 경로가 설정되어 있지 않다면 아래와 같은 오류가 발생합니다.

```
No web browser found: could not locate runnable browser.
```

이 경우 해당 브라우저의 전체 경로를 설정합니다.

```
c.NotebookApp.browser = u'open -a /Applications/Google\ Chrome.app/Contents/MacOS/Google\
Chrome %s'
```

{요약}

> 맥 환경에서 케라스를 구동하기 위해 주피터 노트북 개발환경, 주요 패키지, 딥러닝 라이브러리 설치 및 구동을 해 보았습니다.

CHAPTER 03 윈도우에서 케라스 설치하기

윈도우에서 케라스 개발환경을 구축해보겠습니다. 진행순서는 다음과 같습니다.

- 아나콘다 설치하기
- 프로젝트 디렉토리 만들기
- 가상 개발환경 만들기
- 웹 기반 파이썬 개발환경인 주피터 노트북 설치
- 주요 패키지 설치
- 딥러닝 라이브러리 설치
- 설치환경 테스트해보기
- 딥러닝 엔진 바꾸기
- 다시 시작하기
- 오류 대처

1. 아나콘다 설치하기

https://repo.continuum.io/archive/에 접속 후 시스템 환경에 맞는 버전의 Anaconda3을 다운로드합니다.

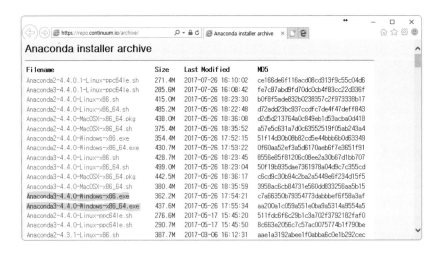

다운로드 받은 파일을 실행시켜 다음과 같이 Anaconda를 설치합니다.

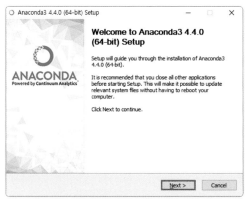
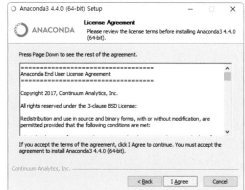

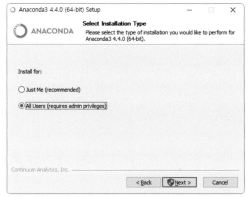
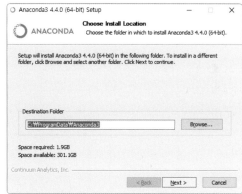

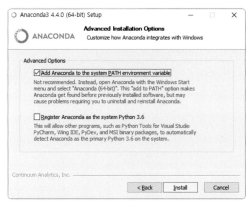
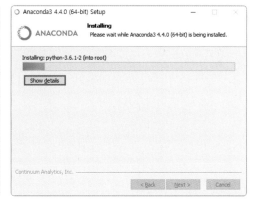

설치가 정상적으로 완료되지 않고 'Failed to create Anaconda menus'라는 메시지가 뜨는 경우 제어판 〉 시스템 및 보안 〉 시스템 〉 고급 시스템 설정 〉 환경 변수에서 [시스템 변수] 중 java와 관련된 환경 변수가 있는지 확인합니다. 관련 변수가 있는 경우 해당 변수를 임시 저장해두었다가 일시적으로 삭제한 후 설치를 진행합니다. 설치가 완료되면 해당 변수를 다시 생성합니다.

제어판 〉 시스템 및 보안 〉 시스템 〉 고급 시스템 설정 〉 환경 변수에서 [시스템 변수] 중 Path 에 아래 경로들을 추가합니다.

```
[추가할 경로]
C:\ProgramData\Anaconda3
C:\ProgramData\Anaconda3\Scripts
C:\ProgramData\Anaconda3\Library\bin
```

이 때, Path에 파이썬 경로가 있는 경우 파이썬 경로보다 앞쪽에 위의 경로를 추가합니다.

```
[파이썬 경로(예시)]
C:\Python27
C:\Python27\Scripts
C:\Python27\Lib\site-packages
```

'Windows키 + r'을 눌러 명령 프롬프트를 실행시키고 cmd 창에서 다음과 같이 명령어 입력 후 설치가 완료되었음을 확인합니다.

```
>conda --version [Enter]
conda 4.3.21
```

그 다음 아래 명령어를 입력하여 파이썬이 잘 동작하는지 확인합니다. 파이썬이 정상적으로 실행되면 설치가 성공적으로 된 것입니다.

```
>python [Enter]
```

2. 프로젝트 디렉토리 만들기

'Windows키+ r'을 눌러 명령 프롬프트를 실행시킵니다. 이 때, 권한 문제를 막기 위해 관리자 권한으로 명령 프롬프트를 실행시킵니다. 다음 명령어를 입력하여 C드라이브로 이동합니다.

```
>cd c:\
c:\>_
```

실습을 위해 "Projects"라는 폴더를 생성한 뒤 해당 폴더로 이동합니다.

```
c:\>mkdir Projects
c:\>cd Projects
c:\Projects>_
```

"keras_talk"라는 이름으로 케라스 프로젝트 하나를 생성합니다.

```
c:\Projects>mkdir keras_talk
c:\Projects>cd keras_talk
c:\Projects\keras_talk>_
```

3. 가상 개발환경 만들기

프로젝트별로 개발환경이 다양하기 때문에 가상환경을 이용하면 편리합니다. 위에서 생성한 프로젝트에 가상환경을 구축해보겠습니다. 명령 프롬프트에서 다음 명령어를 실행하여 가상환경을 생성합니다. 이 때 권한 문제를 막기 위해 관리자 권한으로 명령 프롬프트가 실행되어 있어야 합니다. 설치를 확인하는 문장이 나타나면 'y'를 입력하여 설치를 진행합니다.

```
c:\Projects\keras_talk>conda create -n venv python=3.5 anaconda
```

다음 명령으로 생성한 가상환경을 실행시킵니다. '(venv)'라는 문구가 입력창에 나타나면 성공적으로 가상환경이 실행된 것입니다.

```
c:\Projects\keras_talk>activate venv
```

4. 웹 기반 파이썬 개발환경인 주피터 노트북 설치

다음 명령으로 주피터 노트북을 설치합니다. 중간에 설치를 묻는 창이 뜨면 'y'를 입력하여 설치를 진행합니다.

```
(venv) c:\Projects\keras_talk>conda install -n venv ipython notebook
```

다음 명령으로 주피터 노트북을 실행시키면 명령 프롬프트 창에는 아래 그림과 같이 출력됩니다.

```
(venv) c:\Projects\keras_talk>jupyter notebook
```

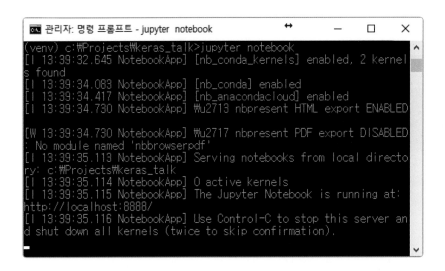

정상적으로 실행되면 아래와 같이 웹 브라우저가 실행됩니다.

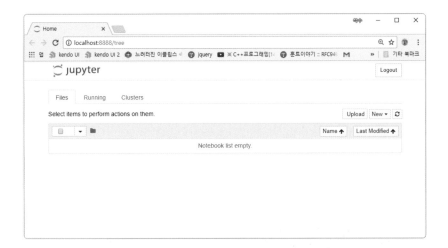

다른 패키지를 설치하기 위해 명령 프롬프트 창에서 Control+C 를 입력하여 notebook을 종료시킵니다.

5. 주요 패키지 설치

다음 명령어를 입력하여 케라스 사용에 필요한 주요 패키지들을 설치합니다. 중간에 설치를 묻는 창이 뜨면 'y'를 입력하여 설치를 진행합니다.

```
(venv) c:\Projects\keras_talk>conda install -n venv numpy matplotlib pandas pydotplus h5py
scikit-learn
(venv) c:\Projects\keras_talk>conda install -n venv scipy mkl-service libpython m2w64-
toolchain
```

6. 딥러닝 라이브러리 설치

다음 명령어를 입력하여 케라스에서 사용하는 딥러닝 라이브러리인 티아노(Theano)와 텐서플로우 (TensorFlow)를 설치합니다. 둘 중 하나만 사용한다면 해당 라이브러리만 설치하면 됩니다.

```
(venv) c:\Projects\keras_talk>conda install -n venv theano pygpu
(venv) c:\Projects\keras_talk>conda install -n venv git graphviz
(venv) c:\Projects\keras_talk>conda install -n venv tensorflow
```

다음과 같이 명령어를 입력하여 케라스를 다운로드 받은 후 'cd' 명령어를 이용하여 keras 폴더로 이동합니다.

```
(venv) c:\Projects\keras_talk>git clone https://github.com/fchollet/keras.git
(venv) c:\Projects\keras_talk>cd keras
(venv) c:\Projects\keras_talk\keras>_
```

```
관리자: 명령 프롬프트                                        ↔    —    □    ×
(venv) c:\Projects\keras_talk>git clone https://github.com/fchol
et/keras.git
Cloning into 'keras'...
remote: Counting objects: 22663, done.
remote: Compressing objects: 100% (14/14), done.
remote: Total 22663 (delta 5), reused 9 (delta 3), pack-reused 22
646Receiving objects: 100% (22663/22663), 6.30 MiB | 4.91 MiB/s
Receiving objects: 100% (22663/22663), 8.54 MiB | 4.91 MiB/s, don
e.

Resolving deltas: 100% (16288/16288), done.

(venv) c:\Projects\keras_talk>
```

다음과 같이 명령어를 입력하여 케라스를 설치합니다.

```
(venv) c:\Projects\keras_talk\keras>python setup.py install
```

7. 설치환경 테스트해보기

• 설치된 패키지 버전 확인

모든 환경이 정상적으로 설치되어 있는지 확인하기 위해 프로젝트 폴더로 이동하고, 다음과 같이 명령어를 입력하여 주피터 노트북을 실행시킵니다.

```
(venv) c:\Projects\keras_talk\keras>cd ..
(venv) c:\Projects\keras_talk>_
(venv) c:\Projects\keras_talk>jupyter notebook
```

아래 그림처럼 우측 상단에 있는 'New' 버튼을 클릭하여 예제 코드를 작성할 파이썬 파일을 생성합니다.

성공적으로 파이썬 파일이 생성되었다면 아래 그림처럼 코드를 작성할 수 있는 페이지가 뜹니다.

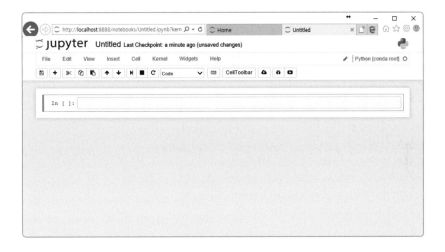

녹색으로 표시된 영역에 아래 코드를 삽입한 뒤 'shift + enter'를 눌러서 실행시킵니다.

```python
import scipy
import numpy
import matplotlib
import pandas
import sklearn
import pydotplus
import h5py

import theano
import tensorflow
import keras
```

```
print('scipy ' + scipy.__version__)
print('numpy ' + numpy.__version__)
print('matplotlib ' + matplotlib.__version__)
print('pandas ' + pandas.__version__)
print('sklearn ' + sklearn.__version__)
print('h5py ' + h5py.__version__)

print('theano ' + theano.__version__)
print('tensorflow ' + tensorflow.__version__)
print('keras ' + keras.__version__)
```

각 패키지별로 버전이 표시되면 정상적으로 설치가 된 것입니다.

• 딥러닝 기본 모델 구동 확인

아래 코드는 기본적인 딥러닝 모델에 손글씨 데이터셋을 학습시킨 뒤 평가하는 기본 예제입니다. 새로운 셀에서 실행시키기 위해 상단 메뉴에서 'Insert 〉 Insert Cell Below'를 선택하여 새로운 셀을 생성합니다. 새로 생성된 셀에 아래 코드를 입력한 후 'shift + enter'를 눌러 해당 코드를 실행합니다.

```
from keras.utils import np_utils
from keras.datasets import mnist
from keras.models import Sequential
from keras.layers import Dense, Activation

(X_train, Y_train), (X_test, Y_test) = mnist.load_data()
X_train = X_train.reshape(60000, 784).astype('float32') / 255.0
X_test = X_test.reshape(10000, 784).astype('float32') / 255.0
Y_train = np_utils.to_categorical(Y_train)
Y_test = np_utils.to_categorical(Y_test)

model = Sequential()
model.add(Dense(units=64, input_dim=28*28, activation='relu'))
model.add(Dense(units=10, activation='softmax'))
model.compile(loss='categorical_crossentropy', optimizer='sgd', metrics=['accuracy'])
model.fit(X_train, Y_train, epochs=5, batch_size=32)

loss_and_metrics = model.evaluate(X_test, Y_test, batch_size=32)

print('loss_and_metrics : ' + str(loss_and_metrics))
```

에러 없이 다음과 같은 화면이 출력되면 정상적으로 작동되는 것입니다.

```
Epoch 1/5
60000/60000 [==============================] - 1s - loss: 0.6558 - acc: 0.8333
Epoch 2/5
60000/60000 [==============================] - 1s - loss: 0.3485 - acc: 0.9012
Epoch 3/5
60000/60000 [==============================] - 1s - loss: 0.3037 - acc: 0.9143
Epoch 4/5
60000/60000 [==============================] - 1s - loss: 0.2759 - acc: 0.9222
Epoch 5/5
60000/60000 [==============================] - 1s - loss: 0.2544 - acc: 0.9281
 8064/10000 [=====================>......] - ETA: 0sloss_and_metrics : [0.23770418465733528,
0.93089999999999995]
```

• 딥러닝 모델 가시화 기능 확인

아래 딥러닝 모델 구성을 가시화하는 코드입니다. 마찬가지로 새로운 셀에서 실행시키기 위해 상단
메뉴에서 'Insert > Insert Cell Below'를 선택하여 새로운 셀을 생성합니다. 새로 생성된 셀에 아래
코드를 입력한 후 'shift + enter'를 눌러 해당 코드를 실행합니다.

```python
from IPython.display import SVG
from keras.utils.vis_utils import model_to_dot

%matplotlib inline

SVG(model_to_dot(model, show_shapes=True).create(prog='dot', format='svg'))
```

에러 없이 다음과 같은 화면이 출력되면 정상적으로 작동되는 것입니다.

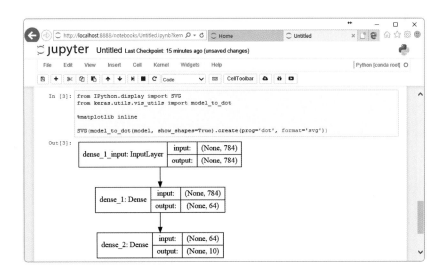

• 딥러닝 모델 저장 기능 확인

아래 딥러닝 모델의 구성과 가중치를 저장 및 로딩하는 코드입니다. 마찬가지로 새로운 셀에서 실행
시키기 위해 상단 메뉴에서 'Insert > Insert Cell Below'를 선택하여 새로운 셀을 생성합니다. 새로
생성된 셀에 아래 코드를 입력한 후 'shift + enter'를 눌러 해당 코드를 실행합니다.

```
from keras.models import load_model

model.save('mnist_mlp_model.h5')
model = load_model('mnist_mlp_model.h5')
```

위 코드 실행 시 에러가 발생하지 않고, 로컬 디렉토리에 'mnist_mlp_model.h5' 파일이 생성되었으면 정상적으로 작동되는 것입니다. 지금까지 정상적으로 실행이 되었다면 상단 메뉴에서 'File 〉 Save and Checkpoint'로 현재까지 테스트한 파일을 저장합니다.

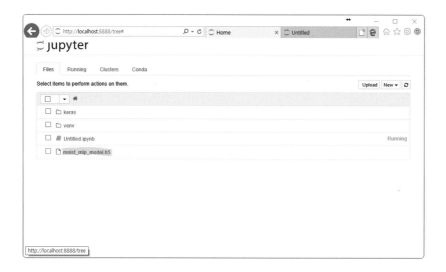

8. 딥러닝 엔진 바꾸기

백엔드로 구동되는 딥러닝 엔진을 바꾸려면 'C:/Users/사용자 이름/.keras/keras.json' 파일을 열어서 'backend' 부분을 수정하면 됩니다. 만약 현재 설정이 텐서플로우일 경우 아래와 같이 표시됩니다.

```
...
"backend": "tensorflow"
...
```

텐서플로우에서 티아노로 변경할 경우 위의 설정을 아래와 같이 수정합니다.

```
...
"backend": "theano"
...
```

9. 다시 시작하기

재부팅하거나 새로운 명령창에서 다시 시작할 때는 다음의 명령을 수행합니다.

```
c:\Projects\keras_talk>activate venv
(venv) c:\Projects\keras_talk>jupyter notebook
```

10. 오류 대처

• pydot 에러

딥러닝 모델 가시화 기능 실행 시 'GraphViz's executables not found' 또는 'Failed to import pydot. You must install pydot and graphviz for pydotprint to work.'라는 문장이 뜨면서 에러가 납니다.

이 오류는 graphviz가 정상적으로 설치되지 않았거나 경로가 설정되지 않은 경우에 발생합니다.

- http://www.graphviz.org/Download_windows.php 에 접속하여 graphviz-2.38.msi 파일을 다운로드 받습니다.
- graphviz-2.38.msi을 실행시켜 graphviz를 설치합니다.
- 설치가 완료되면 제어판 〉 시스템 및 보안 〉 시스템 〉 고급 시스템 설정 〉 환경 변수에서 다음과 같이 변수를 추가합니다.

- 환경 변수의 [시스템 변수] 중 Path에 다음과 같이 경로를 추가합니다.

```
C:\Program Files (x86)\Graphviz2.38\bin
```

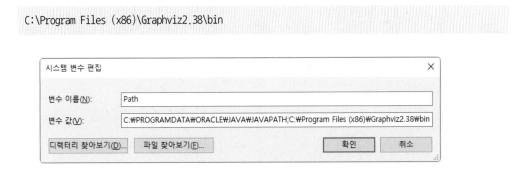

- 환경 변수를 저장한 후 jupyter notebook이 실행되고 있는 cmd 창을 종료하고 다시 시작합니다.

– 다시 위의 예제 코드를 실행시켜서 그림과 같이 이미지가 잘 나오면 성공적으로 설치된 것입니다.

• 주피터 실행 에러

주피터 실행 시 아래와 같은 에러가 발생합니다. Copy/paste this URL into your browser when you connect for the first time, to login with a token: http://localhost:8888/?token=7c0dxxx

이는 브라우저의 권한 등의 문제로 발생하는데 브라우저를 열어서 콘솔창에 출력된 링크로 한 번 접속하면 해결됩니다.

{요약}

윈도우 환경에서 케라스를 구동하기 위해 주피터 노트북 개발환경, 주요 패키지, 딥러닝 라이브러리 설치 및 구동을 해보았습니다.

MEMO

PART **02**

딥러닝 개념잡기

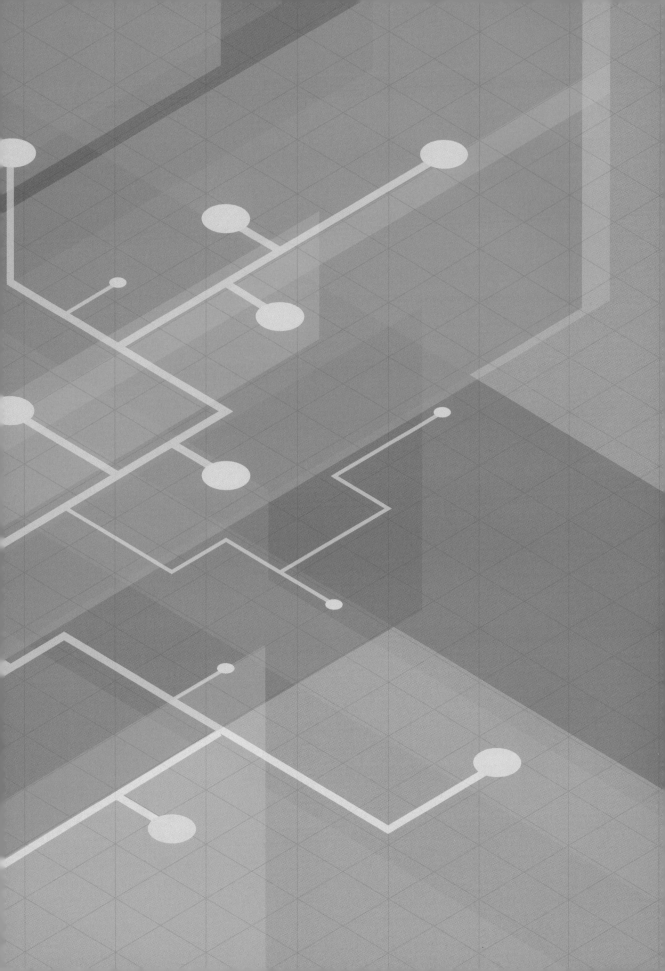

CHAPTER 01 · 데이터셋 이야기

딥러닝 모델을 학습시키려면 데이터셋이 필요합니다. 해결하고자 하는 문제 및 만들고자 하는 모델에 따라 데이터셋 설계도 달라집니다. 데이터셋을 어떻게 구성하고 모델을 어떻게 검증하는지 알아보겠습니다.

1. 훈련셋, 검증셋, 시험셋

당신이 고등학교 담임선생님이고 수능 볼 학생이 3명 있다고 가정을 해봅시다. 이 세 명 중 누가 수능을 가장 잘 볼지 알아 맞혀보도록 하겠습니다. 당신은 모의고사 5회분과 작년 수능 문제 1회분을 가지고 있습니다. 다음과 같이 비유될 수 있습니다.

- 모의고사 5회분 : 훈련셋
- 작년 수능 문제 : 시험셋
- 학생 3명 : 모델 3개
- 올해 수능 문제 : 실제 데이터 (아직 보지 못한 데이터)

참고로 '학습'의 의미는 문제와 해답지를 같이 준 후 문제를 푼 뒤 정답과 맞추어서 학습을 하라는 것이고, '평가'의 의미는 문제만 주고 풀게한 뒤 맞는지 틀린지 점수만 계산하는 것입니다. 이 과정에서는 학생이 풀이과정을 보지 않고 점수만 매기는 것과 동일하기 때문에 학습이 일어나지 않습니다.

- **경우 1**

올해 수능을 제일 잘 볼 수 있는 학생을 고르는 가장 쉬운 방법은 무엇일까요? 바로 올해 수능 문제로 시험을 쳐서 점수가 가장 높은 학생을 고르면 됩니다. 하지만 안타깝게도 올해 수능 문제를 수능 전에 알아낼 수 없습니다. 이것을 보지 못하는 또는 볼 수 없는 데이터(unseen data)라고 합니다.

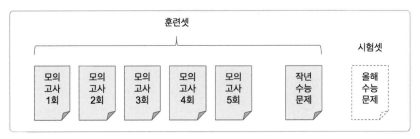

• 경우 2

그럼 모의고사 5회분을 학습시킨 뒤 작년 수능 문제로 평가해서 가장 점수가 높은 학생을 고를까요? 작년 수능 문제로 점수가 높다고 해서 올해 수능도 점수가 높을지는 장담은 못하지만 그나마 해볼 수 있는 평가 방법입니다. 여기서 공정한 평가를 위해서 작년 수능 문제는 학생들에게 학습시키면 안 됩니다.

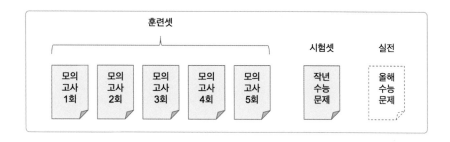

• 경우 3

학생들이 스스로 학습 상태를 확인하고 학습 방법을 바꾸거나 학습을 중단하는 시점을 정할 수 없을까요? 이를 위해서는 검증셋이 필요합니다. 학습할 때는 모의고사 1회~4회만 사용하고, 모의고사 5회분을 검증셋으로 두어 학습할 때는 사용하지 않습니다. 이 방식은 두 가지 효과를 얻을 수 있습니다. 첫 번째로 학습 방법을 바꾼 후 훈련셋으로 학습을 해보고 검증셋으로 평가해볼 수 있습니다. 검증셋으로 가장 높은 평가를 받은 학습 방법이 최적의 학습 방법이라고 생각하면 됩니다. 이러한 학습 방법을 결정하는 파라미터를 하이퍼파라미터(hyperparameter)라고 하고 최적의 학습 방법을 찾기 위해 하이퍼파라미터를 조정합니다. 이 과정을 하이퍼파라미터 튜닝(Tuning)이라고 합니다. 검증셋이 있다면 스스로 평가하면서 적절한 학습 방법을 찾아볼 수 있습니다.

두 번째로 얼마 정도 반복 학습이 좋을 지를 정하기 위해서 검증셋을 사용할 수 있습니다. 훈련셋을 몇 번 반복해서 학습할 것인가를 정하는 것이 에포크(epochs)라고 했습니다. 초기에는 에포크가 증가될수록 검증셋의 평가 결과도 좋아집니다. 아래 그래프에서 세로축이 100문항 중 틀린 개수이고, 가로축이 모의고사 풀이 반복 횟수입니다. 앞서 설명했듯이 풀이를 반복할수록 훈련셋(모의고사 1회~4회)에서는 틀린 개수가 적어지는 것을 볼 수 있습니다.

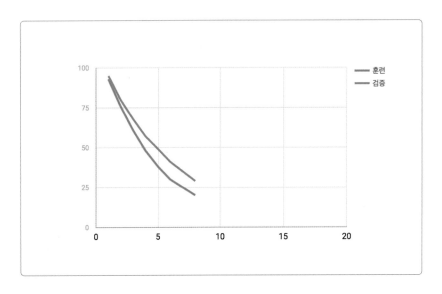

이 상태는 아직 학습이 덜된 상태 즉, 학습을 더 하면 성능이 높아질 가능성이 있는 상태입니다. 이를 언더피팅(underfitting)이라고 합니다. 담임선생님 입장에서 학생들을 평생 반복 학습만 시킬 수 없으므로(하교도 해야하고, 퇴근도 해야하고) 학생들의 학습 상태를 보면서 '아직 학습이 덜 되었으니 계속 반복하도록!' 또는 '충분히 학습했으니 그만해도 돼' 라는 판단을 내려야 합니다. 그 판단 기준이 무엇일까요? 에포크를 계속 증가시키다보면 더 이상 검증셋의 평가는 높아지지 않고 오버피팅이 되어 오히려 틀린 개수가 많아집니다. 이 시점이 적정 반복 횟수로 보고 학습을 중단합니다. 이를 조기종료(early stopping)라고 합니다.

검증셋이 있다면 학습 중단 시점을 정할 수 있습니다.

아래 그래프에서는 11번 반복했을 때 이 현상이 나타났습니다.

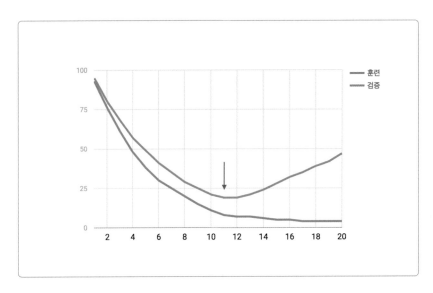

• 경우 4

모의고사 5회로만 검증셋을 사용할 경우 여러 가지 문제가 발생할 수 있습니다.

- 모의고사 5회에서 출제가 되지 않는 분야가 있을 수 있습니다.
- 모의고사 5회가 작년 수능이나 올해 수능 문제와 많이 다를 수도 있습니다.
- 모의고사 5회가 모의고사 1회~4회와 난이도 및 범위가 다를 수도 있습니다.

이런 이유로 모의고사 5회로만 검증셋을 사용하기에는 객관적인 평가가 이루어졌다고 보기 힘듭니다. 이 때 사용하는 것이 교차검증(cross-validation)입니다. 하는 방법은 다음과 같습니다.

- 모의고사 1회~4회를 학습한 뒤 모의고사 5회로 평가를 수행합니다.
- 학습된 상태를 초기화한 후 다시 모의고사 1, 2, 3, 5회를 학습한 뒤 4회로 검증합니다.
- 학습된 상태를 초기화한 후 다시 모의고사 1, 2, 4, 5회를 학습한 뒤 3회로 검증합니다.
- 학습된 상태를 초기화한 후 다시 모의고사 1, 3, 4, 5회를 학습한 뒤 2회로 검증합니다.
- 학습된 상태를 초기화한 후 다시 모의고사 2, 3, 4, 5회를 학습한 뒤 1회로 검증합니다.

다섯 번의 검증결과에 대한 평균을 내어 이 평균값으로 성능을 정의합니다. 검증결과의 분산도 의미가 있을 것 같습니다. 검증셋이 다르다고 해서 결과가 많이 차이나는 것보다 평균이 낮더라도 안정적인 결과를 내는 것이 더 좋은 모델일 수 있습니다.

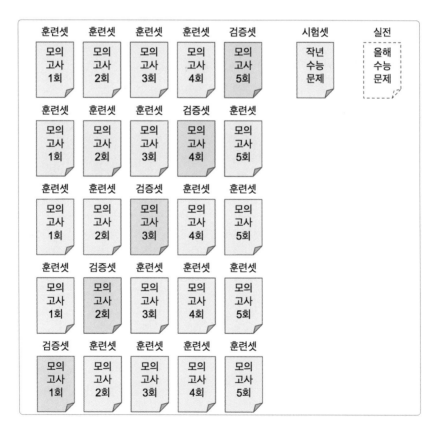

단, 교차검증은 계산량이 많기 때문에 데이터 수가 많지 않을 때 사용하며, 딥러닝 모델에서는 대량의 데이터를 사용하므로 잘 사용하지 않는다고 합니다.

2. Q & A

Q1) 검증셋이 학습 시에 사용되기 때문에 가중치 갱신에 영향을 미치나요?

A1) 아닙니다. 학습 시에 현재 학습된 상태에서 평가로만 사용되므로 가중치 갱신은 일어나지 않습니다.

Q2) 교차검증 시에 검증셋을 바꿀 때마다 학습된 상태를 초기화해야 하나요?

A2) 맞습니다. 첫 번째 검증 시 모의고사 5회를 사용하였고, 두 번째 검증 시 모의고사 4회를 사용할 경우, 첫 번째 검증 시에 모의고사 1회~4회를 학습한 상태이기 때문에 만약 초기화하지 않으면 두 번째 검증 시에 이미 모의고사 4회를 학습한 상태에서 검증하기 때문에 공정한 평가라고 보기 힘듭니다.

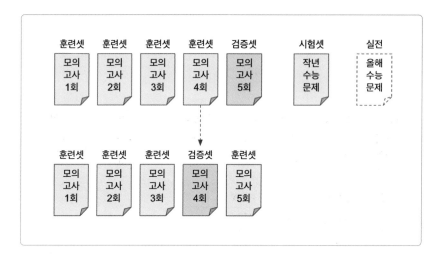

{요약}

딥러닝에서는 모델 아키텍처와 함께 데이터셋은 매우 중요한 요소입니다. 데이터셋을 훈련셋, 검증셋, 시험셋으로 나눠야 하는 이유를 알아봤고, 어떤식으로 사용하는 지 수능 모의고사를 예로 들어 살펴보았습니다.

학습과정 이야기

같은 문제집이라도 사람마다 푸는 방식이 다르고 학습된 결과도 다릅니다. 딥러닝 모델의 학습도 비슷합니다. 케라스에서는 모델을 학습시킬 때 fit() 함수를 사용하는데, 그 인자에 따라 학습과정 및 결과가 차이납니다. 학습과정이 어떤 방식으로 일어나는지 살펴보도록 하겠습니다.

1. 배치사이즈와 에포크

케라스에서 만든 모델을 학습할 때는 fit() 함수를 사용합니다.

```
model.fit(x, y, batch_size=32, epochs=10)
```

주요 인자는 다음과 같습니다.
- x : 입력 데이터
- y : 라벨값
- batch_size : 몇 개의 샘플로 가중치를 갱신할 것인지 지정
- epochs : 학습 반복 횟수

학습에 관련된 인자이므로 시험 공부하는 것에 비유를 해보겠습니다. 먼저 모의고사 1회분을 가지고 학습해봅시다. 이 1회분은 100문항이 있고, 해답지도 제공합니다. 문제를 푼 뒤 해답지와 맞춰보면서 학습이 이루어지기 때문에 해답지가 없으면 학습이 안 됩니다.

위의 주요 인자은 다음과 같이 비유할 수 있습니다.
- **x**

100문항의 문제들입니다.
- **y**

100문항의 정답들입니다.
- **batch_size(배치사이즈)**

배치사이즈는 몇 문항을 풀고 해답을 맞추는지를 의미합니다. 100문항일 때, 배치사이즈가 100이면 전체를 다 풀고 난 뒤에 해답을 맞춰보는 것입니다. 우리가 해답을 맞춰볼 때 '아하, 이렇게 푸는구

나'라고 느끼면서 학습하는 것처럼 모델도 이러한 과정을 통해 가중치가 갱신됩니다.
문제를 푼 뒤 해답과 맞춰봐야 학습이 일어납니다. 〉 모델의 결과값과 주어진 라벨값과의 오차를 줄이기 위해 역전파(Backpropagation) 알고리즘으로 가중치가 갱신됩니다.

전체 문제를 푼 뒤 해답과 맞추므로 이 때 가중치 갱신은 한 번만 일어납니다.

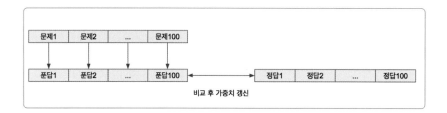

배치사이즈가 10이면 열 문제씩 풀어보고 해답을 맞춰보는 것입니다. 100문항을 10문제씩 나누어서 10번 해답을 맞추므로 가중치 갱신은 10번 일어납니다.

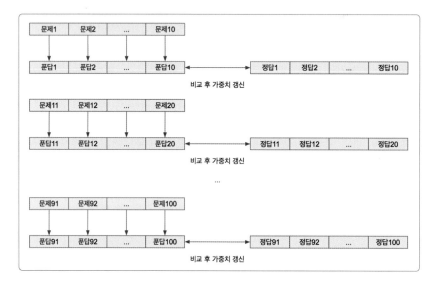

배치사이즈가 1이면 한 문제 풀고 해답을 맞춰보고 또 한 문제 풀고 맞춰보고 하는 것입니다. 한 문제를 풀 때마다 가중치 갱신이 일어나므로 횟수는 100번입니다.

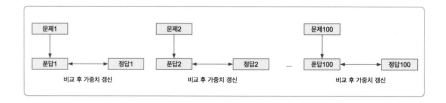

100문제를 다 풀고 해답을 맞추는 것과 1문제씩 풀고 해답을 맞추는 것은 어떤 차이가 있을까요? 언뜻 생각해서는 별반 차이가 없어 보입니다. 하지만 모의고사 1회분에 비슷한 문항이 있다고 가정했을 때, 배치사이즈가 100일 때는 다 풀어보고 해답을 맞춰보기 때문에 한 문제를 틀릴 경우 이후 유사 문제를 모두 틀릴 확률이 높습니다. 배치사이즈가 1인 경우에는 한 문제씩 풀어보고 해답을 맞춰보기 때문에 유사 문제 중 첫 문제를 틀렸다고 하더라도 해답을 보면서 학습하게 되므로 나머지 문제는 맞히게 됩니다. 자 그럼 이 배치사이즈가 어떨 때 학습 효과가 좋을까요? 사람이 학습하는 것과 비슷합니다. 100문항 다 풀고 해답과 맞추어보려면 문제가 무엇이었는지 다 기억을 해야 맞춰보면서 학습이 되겠죠? 기억력(용량)이 좋아야 합니다. 1문항씩 풀고 해답 맞추면 학습은 꼼꼼히 잘되겠지만 시간이 많이 걸리겠죠? 그리고 해답지를 보다가 다음 문제의 답을 봐버리는 불상사가 생기겠죠(이것은 컴퓨터에서는 일어나지 않는 일입니다).

배치사이즈가 작을수록 가중치 갱신이 자주 일어납니다.

• epochs(에포크)

에포크는 모의고사 1회분을 몇 번 풀어볼까 입니다. 즉, 100문항의 문제들을 몇 번이나 반복해서 풀어보는지 정하는 것입니다. 에포크가 20이면 모의고사 1회분을 20번 푸는 것입니다. 처음에는 같은 문제를 반복적으로 풀어보는 것이 무슨 효과가 있는지 의문이 들겠지만 우리가 같은 문제집을 여러 번 풀면서 점차 학습하듯이 모델도 같은 데이터셋으로 반복적으로 가중치를 갱신하면서 학습합니다. 같은 문제라도 이전에 풀었을 때랑 지금 풀었을 때랑 학습상태(가중치)가 다르기 때문에 다시 학습이 일어납니다.
같은 문제집이라도 반복해서 풀면 학습이 일어납니다.

아래 그래프에서 세로축은 100문항 중 틀린 개수이고, 가로축은 모의고사 풀이 반복 횟수입니다. 풀이를 반복할수록 틀린 개수가 적어지는 것을 볼 수 있습니다. 처음에는 틀린 개수가 급격히 줄어들지만 반복이 늘어날수록 완만해집니다. 우리가 공부할 때도 낮은 점수에서는 공부를 조금만해도 점수가 확 오르지만, 높은 점수에서 1~2점 올리는 것이 쉽지 않은 것과 비슷합니다.

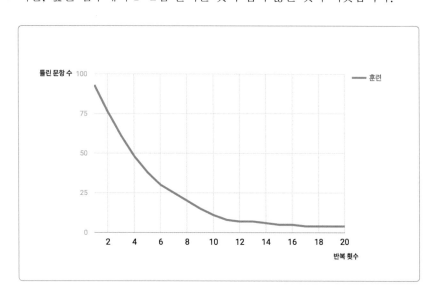

모의고사 1회분을 20번 푸는 것과 서로 다른 모의고사 20회분을 1번 푸는 것과는 어떤 차이가 있을까요? 이것은 분야에 따라 데이터 특성에 따라 다르겠지만 잡다한 문제를 많이 푸는 것보다 양질의 문제를 여러 번 푸는 것이 더 도움이 된다고 생각합니다. 피아노를 배울 때도 기본곡을 반복적으로 학습하면 다양한 악보도 쉽게 보는 반면 이 곡 저 곡 연습하면 제대로 익히기 쉽지 않습니다. 이런 문제를 제외하고도 현실적으로 데이터를 구하기가 쉽지 않기 때문에 제한된 데이터셋으로 반복적으로 학습하는 것이 효율적입니다.

2. Q & A

Q1) 그럼 에포크를 무조건 늘리면 좋은가요?

A1) 아닙니다. 하나의 문제집만 계속 학습하면 오히려 역효과가 발생할 수 있습니다. 피아노를 칠 때 처음에는 악보를 보면서 치다가 다음엔 악보를 안 보고도 치고, 나중엔 눈감고도 칩니다. 눈감고만 치다보면 악보 보는 법을 까먹게 되고 다른 곡을 치지 못하는 지경에 이릅니다. 연습한 곡은 완벽하게 칠지 몰라도 다른 곡은 치지 못하는 상태가 됩니다. 우린 이것을 오버피팅(overfitting)이라고 부릅니다. 악보를 보고 잘 치는 정도에서 그만 연습하는 것이 더 좋았을 수 있습니다. 실제로 모델을 학습할 때도 오버피팅이 일어나는지 체크하다가 조짐이 보이면 학습을 중단합니다.

과유불급!

{요약}

딥러닝 모델을 처음 접할 때 어떻게 학습되는지 이해하기가 쉽지 않습니다. 하지만 공부하면 할수록 사람이 학습하는 방식과 크게 다를 바가 없다는 것을 알 수 있습니다. 공부를 잘하는 방법에 대하여 연구를 많이 하는 것처럼 딥러닝 분야에서도 어떻게 학습하는지 많은 연구가 진행되고 있습니다.

CHAPTER 03 학습과정 살펴보기

케라스로 딥러닝 모델을 개발할 때, 가장 많이 보게 되는 것이 fit 함수가 화면에 찍어주는 로그입니다. 이 로그에 포함된 수치들은 학습이 제대로 되고 있는지, 학습을 그만할지 등 판단하는 중요한 척도가 됩니다. 수치 자체도 큰 의미가 있지만 수치들이 에포크마다 바뀌는 변화 추이를 보는 것이 중요하기 때문에 그래프로 표시하여 보는 것이 더 직관적입니다. 이러한 수치를 그래프로 보기 위해 케라스에서 제공하는 히스토리 기능을 이용하는 방법, 텐서보드와 연동하여 보는 방법, 콜백함수를 직접 만들어서 사용하는 방법에 대하여 알아보겠습니다.

- **히스토리 기능 사용하기**
- **텐서보드와 연동하기**
- **직접 콜백함수 만들어보기**

1. 히스토리 기능 사용하기

케라스에서 학습시킬 때 fit() 함수를 사용합니다. 이 함수의 반환 값으로 히스토리 객체를 얻을 수 있는데, 이 객체는 다음의 정보를 담고 있습니다.

- 매 에포크 마다의 훈련 손실값 (loss)
- 매 에포크 마다의 훈련 정확도 (acc)
- 매 에포크 마다의 검증 손실값 (val_loss)
- 매 에포크 마다의 검증 정확도 (val_acc)

히스토리 기능은 케라스의 모든 모델에 탑재되어 있으므로 별도의 설정없이 fit() 함수의 반환으로 쉽게 얻을 수 있습니다. 사용법은 다음과 같습니다.

```
hist = model.fit(X_train, Y_train, epochs=1000, batch_size=10, validation_data=(X_val, Y_val))

print(hist.history['loss'])
print(hist.history['acc'])
print(hist.history['val_loss'])
print(hist.history['val_acc'])
```

수치들은 각 에포크마다 해당 값이 추가되므로 배열 형태로 저장되어 있습니다. 매 에포크마다 변화되는 수치들의 추이를 그래프로 비교하면 학습 상태를 직관적으로 이해하기 쉽습니다. 아래 코드와 같이 matplotlib 패키지를 이용하면 하나의 그래프로 쉽게 표시할 수 있습니다.

- train_loss(노란색) : 훈련 손실값이며 x축은 에포크 수, 좌측 y축은 손실값을 나타냅니다.
- val_loss(빨간색) : 검증 손실값이며 x축은 에포크 수, 좌측 y축은 손실값을 나타냅니다.

- train_acc(파란색) : 훈련 정확도이며 x축은 에포크 수, 우측 y축은 정확도를 나타냅니다.
- val_acc(녹색) : 검증 정확도이며 x축은 에포크 수, 우측 y축은 정확도를 나타냅니다.

좌측 세로축은 손실값을 표시하고, 우측 세로축은 정확도를 나타냅니다.

```python
%matplotlib inline
import matplotlib.pyplot as plt

fig, loss_ax = plt.subplots()

acc_ax = loss_ax.twinx()

loss_ax.plot(hist.history['loss'], 'y', label='train loss')
loss_ax.plot(hist.history['val_loss'], 'r', label='val loss')

acc_ax.plot(hist.history['acc'], 'b', label='train acc')
acc_ax.plot(hist.history['val_acc'], 'g', label='val acc')

loss_ax.set_xlabel('epoch')
loss_ax.set_ylabel('loss')
acc_ax.set_ylabel('accuracy')

loss_ax.legend(loc='upper left')
acc_ax.legend(loc='lower left')

plt.show()
```

손글씨 데이터셋인 MNIST를 다층 퍼셉트론 신경망 모델로 학습시키는 간단한 예제로 테스트해 보겠습니다. 전체 코드는 다음과 같습니다.

```python
# 0. 사용할 패키지 불러오기
from keras.utils import np_utils
from keras.datasets import mnist
from keras.models import Sequential
from keras.layers import Dense, Activation
import numpy as np

np.random.seed(3)

# 1. 데이터셋 생성하기

# 훈련셋과 시험셋 불러오기
(x_train, y_train), (x_test, y_test) = mnist.load_data()

# 훈련셋과 검증셋 분리
x_val = x_train[50000:]
y_val = y_train[50000:]
x_train = x_train[:50000]
y_train = y_train[:50000]
```

```
# 데이터셋 전처리
x_train = x_train.reshape(50000, 784).astype('float32') / 255.0
x_val = x_val.reshape(10000, 784).astype('float32') / 255.0
x_test = x_test.reshape(10000, 784).astype('float32') / 255.0

# 훈련셋과 검증셋 고르기
train_rand_idxs = np.random.choice(50000, 700)
val_rand_idxs = np.random.choice(10000, 300)
x_train = x_train[train_rand_idxs]
y_train = y_train[train_rand_idxs]
x_val = x_val[val_rand_idxs]
y_val = y_val[val_rand_idxs]

# 라벨데이터 원핫인코딩 (one-hot encoding) 처리
y_train = np_utils.to_categorical(y_train)
y_val = np_utils.to_categorical(y_val)
y_test = np_utils.to_categorical(y_test)

# 2. 모델 구성하기
model = Sequential()
model.add(Dense(units=2, input_dim=28*28, activation='relu'))
model.add(Dense(units=10, activation='softmax'))

# 3. 모델 학습과정 설정하기
model.compile(loss='categorical_crossentropy', optimizer='sgd', metrics=['accuracy'])

# 4. 모델 학습시키기
hist = model.fit(x_train, y_train, epochs=1000, batch_size=10, validation_data=(x_val, y_val))

# 5. 학습과정 살펴보기
%matplotlib inline
import matplotlib.pyplot as plt

fig, loss_ax = plt.subplots()

acc_ax = loss_ax.twinx()

loss_ax.plot(hist.history['loss'], 'y', label='train loss')
loss_ax.plot(hist.history['val_loss'], 'r', label='val loss')

acc_ax.plot(hist.history['acc'], 'b', label='train acc')
acc_ax.plot(hist.history['val_acc'], 'g', label='val acc')

loss_ax.set_xlabel('epoch')
loss_ax.set_ylabel('loss')
acc_ax.set_ylabel('accuracy')

loss_ax.legend(loc='upper left')
acc_ax.legend(loc='lower left')

plt.show()
```

```
Train on 700 samples, validate on 300 samples
Epoch 1/1000
700/700 [==============================] - 0s - loss: 2.3067 - acc: 0.1171 - val_loss: 2.2751
 - val_acc: 0.0933
Epoch 2/1000
700/700 [==============================] - 0s - loss: 2.2731 - acc: 0.1257 - val_loss: 2.2508
 - val_acc: 0.1267
Epoch 3/1000
700/700 [==============================] - 0s - loss: 2.2479 - acc: 0.1343 - val_loss: 2.2230
 - val_acc: 0.1267
...
Epoch 998/1000
700/700 [==============================] - 0s - loss: 0.4398 - acc: 0.8514 - val_loss: 2.5601
 - val_acc: 0.4867
Epoch 999/1000
700/700 [==============================] - 0s - loss: 0.4394 - acc: 0.8486 - val_loss: 2.5635
 - val_acc: 0.4900
Epoch 1000/1000
700/700 [==============================] - 0s - loss: 0.4392 - acc: 0.8486 - val_loss: 2.5807
 - val_acc: 0.4867
```

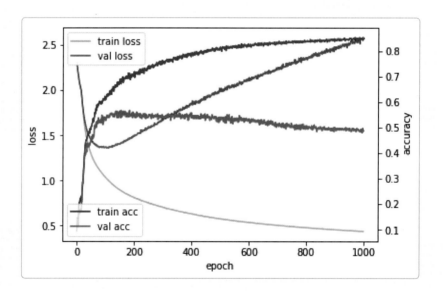

각 에포크에 대한 손실값, 정확도 추이를 볼 수 있습니다. 검증셋의 손실값이 감소하다가 100번째 에포크에서 다시 증가되는 양상을 보입니다. 과적합(overfitting)이 발생했다고 볼 수 있습니다. 이 경우 100번째 에포크만 학습시킨 모델이 1000번째 에포크까지 학습한 모델보다 실제 테스트에서 더 좋은 결과가 나올 수 있습니다.

2. 텐서보드와 연동하기

텐서플로우에서는 텐서보드라는 훌륭한 학습과정 모니터링 툴을 제공하고 있습니다. 텐서플로우 기반으로 케라스를 구동할 경우 이 텐서보드를 사용할 수 있습니다. 따라서 텐서보드를 이용하기 위해서는 먼저 백엔드를 케라스 설정 파일(keras.json)에서 텐서플로우로 지정해야 합니다. 단 경로는 설치환경에 따라 차이가 날 수 있습니다.

```
vi ~/.keras/keras.json
```

keras.json 파일을 열어서 다음과 같이 수정합니다.

```
{
    "image_data_format": "channels_last",
    "epsilon": 1e-07,
    "floatx": "float32",
    "backend": "tensorflow"
}
```

여기서 중요한 인자는 backend입니다. 이 항목이 tensorflow로 지정되어 있어야 합니다. 연동하는 방법은 간단합니다. TensorBoard라는 콜백함수를 생성한 뒤 fit 함수 인자로 넣어주기만 하면 됩니다. TensorBoard 콜백함수 생성 시 log_dir 인자에 경로를 넣어야 하는데, 이 경로에 텐서보드와 정보를 주고 받을 수 있는 파일이 생성됩니다.

```
tb_hist = keras.callbacks.TensorBoard(log_dir='./graph', histogram_freq=0, write_graph=True,
write_images=True)
model.fit(x_train, y_train, epochs=1000, batch_size=10, validation_data=(x_val, y_val),
callbacks=[tb_hist])
```

동일한 예제로 이번에는 텐서보드를 통해 학습과정을 모니터링해보겠습니다. 전체 코드는 다음과 같습니다.

```
# 0. 사용할 패키지 불러오기
import keras
from keras.utils import np_utils
from keras.datasets import mnist
from keras.models import Sequential
from keras.layers import Dense, Activation
import numpy as np

np.random.seed(3)

# 1. 데이터셋 생성하기

# 훈련셋과 시험셋 불러오기
```

```python
(x_train, y_train), (x_test, y_test) = mnist.load_data()

# 훈련셋과 검증셋 분리
x_val = x_train[50000:]
y_val = y_train[50000:]
x_train = x_train[:50000]
y_train = y_train[:50000]

# 데이터셋 전처리
x_train = x_train.reshape(50000, 784).astype('float32') / 255.0
x_val = x_val.reshape(10000, 784).astype('float32') / 255.0
x_test = x_test.reshape(10000, 784).astype('float32') / 255.0

# 훈련셋과 검증셋 고르기
train_rand_idxs = np.random.choice(50000, 700)
val_rand_idxs = np.random.choice(10000, 300)
x_train = x_train[train_rand_idxs]
y_train = y_train[train_rand_idxs]
x_val = x_val[val_rand_idxs]
y_val = y_val[val_rand_idxs]

# 라벨데이터 원핫인코딩 (one-hot encoding) 처리
y_train = np_utils.to_categorical(y_train)
y_val = np_utils.to_categorical(y_val)
y_test = np_utils.to_categorical(y_test)

# 2. 모델 구성하기
model = Sequential()
model.add(Dense(units=2, input_dim=28*28, activation='relu'))
model.add(Dense(units=10, activation='softmax'))

# 3. 모델 학습과정 설정하기
model.compile(loss='categorical_crossentropy', optimizer='sgd', metrics=['accuracy'])

# 4. 모델 학습시키기
tb_hist = keras.callbacks.TensorBoard(log_dir='./graph', histogram_freq=0, write_graph=True,
write_images=True)
model.fit(x_train, y_train, epochs=1000, batch_size=10, validation_data=(x_val, y_val),
callbacks=[tb_hist])

# 5. 학습과정 살펴보기
# 새로운 콘솔에서 가상환경을 실행하여 아래 명령으로 텐서보드를 띄웁니다.
# tensorboard --logdir=~/Projects/Keras/_writing/graph
```

```
Train on 700 samples, validate on 300 samples
Epoch 1/1000
700/700 [==============================] - 0s - loss: 2.3067 - acc: 0.1171 - val_loss: 2.2751
- val_acc: 0.0933
Epoch 2/1000
700/700 [==============================] - 0s - loss: 2.2731 - acc: 0.1257 - val_loss: 2.2508
- val_acc: 0.1267
Epoch 3/1000
```

```
700/700 [==============================] - 0s - loss: 2.2479 - acc: 0.1343 - val_loss: 2.2230
- val_acc: 0.1267
...
Epoch 998/1000
700/700 [==============================] - 0s - loss: 1.3897 - acc: 0.4400 - val_loss: 2.2173
- val_acc: 0.2500
Epoch 999/1000
700/700 [==============================] - 0s - loss: 1.3894 - acc: 0.4371 - val_loss: 2.2065
- val_acc: 0.2500
Epoch 1000/1000
700/700 [==============================] - 0s - loss: 1.3892 - acc: 0.4386 - val_loss: 2.2162
- val_acc: 0.2500
```

TensorBoard 콜백함수 생성 시 logdir 인자로 지정한 로컬의 graph라는 폴더 안을 보면 events로 시작하는 파일이 생성되는 것을 확인할 수 있습니다. 콘솔에서 아래 명령으로 텐서보드를 실행합니다. 여기서 주의할 사항은 --logdir 인자에는 graph 폴더의 절대경로를 지정해야 합니다.

```
tensorboard --logdir=~/Projects/Keras/_writing/graph
```

위 명령을 실행하면 아래와 같은 메시지를 볼 수 있습니다. 아래의 아이피 주소는 사용하는 환경에 따라 다를 수 있습니다.

```
Starting TensorBoard 41 on port 6006
(You can navigate to http://169.254.225.177:6006)
```

웹 브라우저에 메시지에 표시된 주소를 입력하면 아래와 같이 텐서보드를 볼 수 있습니다.

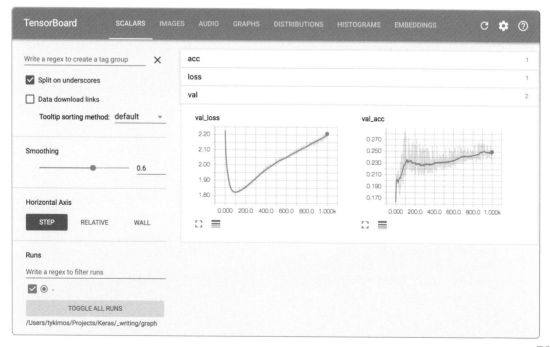

3. 직접 콜백함수 만들어보기

기본적인 모델의 학습 상태 모니터링은 앞서 소개한 히스토리 콜백함수나 텐서보드를 이용하면 되지만, 순환신경망 모델인 경우에는 fit() 함수를 여러 번 호출하기 때문에 제대로 학습상태를 볼 수 없습니다. 먼저 순환신경망 모델 코드를 살펴보겠습니다.

```
for epoch_idx in range(1000):
    print ('epochs : ' + str(epoch_idx) )
    hist = model.fit(x_train, y_train, epochs=1, batch_size=1, verbose=2, shuffle=False) # 50
is X.shape[0]
    model.reset_states()
```

위 코드는 매 에포크마다 새로운 히스토리 객체가 기존 히스토리 객체를 대체하기 때문에 에포크별로 추이를 볼 수 없습니다. 이 문제를 해결하기 위해 fit 함수를 여러 번 호출하더라도 학습 상태가 유지될 수 있도록 콜백함수를 정의해보겠습니다.

```
import keras

# 사용자 정의 히스토리 클래스 정의
class CustomHistory(keras.callbacks.Callback):
    def init(self):
        self.train_loss = []
        self.val_loss = []
        self.train_acc = []
        self.val_acc = []

    def on_epoch_end(self, batch, logs={}):
        self.train_loss.append(logs.get('loss'))
        self.val_loss.append(logs.get('val_loss'))
        self.train_acc.append(logs.get('acc'))
        self.val_acc.append(logs.get('val_acc'))
```

새로 만든 콜백함수를 이용해서 학습 상태를 모니터링해보겠습니다. 이전 코드에서 fit() 함수 내에서 에포크를 1000번 수행했던 것을 fit() 함수를 1000번 호출하는 식으로 수정했습니다. 참고로 fit() 함수를 한 번 호출해서 에포크를 여러 번 수행하는 것과 fit() 함수를 여러 번 호출하는 것은 동일한 효과를 얻을 수 있습니다.

```
# 0. 사용할 패키지 불러오기
import keras
from keras.utils import np_utils
from keras.datasets import mnist
from keras.models import Sequential
from keras.layers import Dense, Activation
import numpy as np
```

```python
np.random.seed(3)

# 사용자 정의 히스토리 클래스 정의
class CustomHistory(keras.callbacks.Callback):
    def init(self):
        self.train_loss = []
        self.val_loss = []
        self.train_acc = []
        self.val_acc = []

    def on_epoch_end(self, batch, logs={}):
        self.train_loss.append(logs.get('loss'))
        self.val_loss.append(logs.get('val_loss'))
        self.train_acc.append(logs.get('acc'))
        self.val_acc.append(logs.get('val_acc'))

# 1. 데이터셋 생성하기

# 훈련셋과 시험셋 불러오기
(x_train, y_train), (x_test, y_test) = mnist.load_data()

# 훈련셋과 검증셋 분리
x_val = x_train[50000:]
y_val = y_train[50000:]
x_train = x_train[:50000]
y_train = y_train[:50000]

# 데이터셋 전처리
x_train = x_train.reshape(50000, 784).astype('float32') / 255.0
x_val = x_val.reshape(10000, 784).astype('float32') / 255.0
x_test = x_test.reshape(10000, 784).astype('float32') / 255.0

# 훈련셋과 검증셋 고르기
train_rand_idxs = np.random.choice(50000, 700)
val_rand_idxs = np.random.choice(10000, 300)
x_train = x_train[train_rand_idxs]
y_train = y_train[train_rand_idxs]
x_val = x_val[val_rand_idxs]
y_val = y_val[val_rand_idxs]

# 라벨데이터 원핫인코딩 (one-hot encoding) 처리
y_train = np_utils.to_categorical(y_train)
y_val = np_utils.to_categorical(y_val)
y_test = np_utils.to_categorical(y_test)

# 2. 모델 구성하기
model = Sequential()
model.add(Dense(units=2, input_dim=28*28, activation='relu'))
model.add(Dense(units=10, activation='softmax'))

# 3. 모델 학습과정 설정하기
model.compile(loss='categorical_crossentropy', optimizer='sgd', metrics=['accuracy'])
```

```python
# 4. 모델 학습시키기
custom_hist = CustomHistory()
custom_hist.init()

for epoch_idx in range(1000):
    print ('epochs : ' + str(epoch_idx) )
    model.fit(x_train, y_train, epochs=1, batch_size=10, validation_data=(x_val, y_val),
callbacks=[custom_hist])

# 5. 학습과정 살펴보기

%matplotlib inline
import matplotlib.pyplot as plt

fig, loss_ax = plt.subplots()

acc_ax = loss_ax.twinx()

loss_ax.plot(custom_hist.train_loss, 'y', label='train loss')
loss_ax.plot(custom_hist.val_loss, 'r', label='val loss')

acc_ax.plot(custom_hist.train_acc, 'b', label='train acc')
acc_ax.plot(custom_hist.val_acc, 'g', label='val acc')

loss_ax.set_xlabel('epoch')
loss_ax.set_ylabel('loss')
acc_ax.set_ylabel('accuracy')

loss_ax.legend(loc='upper left')
acc_ax.legend(loc='lower left')

plt.show()
```

```
epochs : 0
Train on 700 samples, validate on 300 samples
Epoch 1/1
700/700 [==============================] - 0s - loss: 2.3067 - acc: 0.1171 - val_loss: 2.2751
- val_acc: 0.0933
epochs : 1
Train on 700 samples, validate on 300 samples
Epoch 1/1
700/700 [==============================] - 0s - loss: 2.2732 - acc: 0.1243 - val_loss: 2.2534
- val_acc: 0.1233
epochs : 2
Train on 700 samples, validate on 300 samples
Epoch 1/1
700/700 [==============================] - 0s - loss: 2.2478 - acc: 0.1357 - val_loss: 2.2221
- val_acc: 0.1233
...
epochs : 997
Train on 700 samples, validate on 300 samples
```

```
Epoch 1/1
700/700 [==============================] - 0s - loss: 0.4401 - acc: 0.8486 - val_loss: 2.5530
- val_acc: 0.4867
epochs : 998
Train on 700 samples, validate on 300 samples
Epoch 1/1
700/700 [==============================] - 0s - loss: 0.4392 - acc: 0.8514 - val_loss: 2.5608
- val_acc: 0.4933
epochs : 999
Train on 700 samples, validate on 300 samples
Epoch 1/1
700/700 [==============================] - 0s - loss: 0.4395 - acc: 0.8457 - val_loss: 2.5537
- val_acc: 0.4900
```

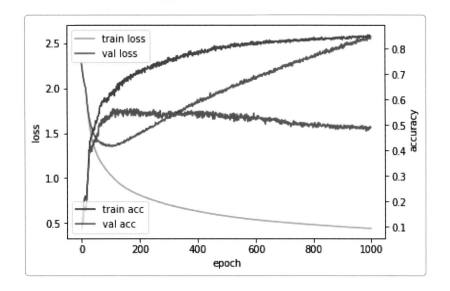

학습 모니터링 결과는 첫 번째 예제와 유사하게 나옵니다.

4. Q & A

Q1) 그래프가 어떻게 나와야 정상이죠?

A1) 데이터셋마다 모델마다 나오는 그래프가 다양합니다. 일반적으로는 에포크가 반복될수록 훈련 손실값이 계속 감소하고, 훈련 정확도는 계속 높아집니다. 훈련 정확도가 높을수록 과적합이 될 수 있기 때문에 반드시 모델이 좋다고는 얘기 못 하지만 반대로 에포크가 반복될수록 과적합이 일어나 지 않는다면 훈련셋이나 모델 설계에 문제가 있을 수 있습니다. 즉, 알고 있는 정답에 대하여도 제대 로 학습이 되지 않았다면 훈련셋에 같은 입력인데도 다른 라벨값을 가지고 있다든지 모델의 층이 낮 거나 뉴런 수가 적어서 피팅이 제대로 안된다든지 등을 살펴봐야 합니다.

Q2) 과적합된 이후에 검증셋의 정확도는 변화가 없는 것 같은데, 검증셋의 손실값은 왜 계속해서 증 가되나요?

A2) 정확도 계산은 모델의 결과와 주어진 검증셋의 라벨값과 비교해서 계산됩니다. 이진분류로 예를 들어, 10개 샘플 중 10개 모두 맞으면 100%, 5개 맞으면 50%입니다. 모델은 에포크가 수행될 때마다 더욱더 훈련셋에 과적합되기 때문에 틀린 건 계속 틀리다고 얘기하고, 맞은 건 계속 맞다고 얘기합니다. 하지만 손실값인 경우에는 손실을 정의하는 함수에 따라 에러율이 계산되기 때문에 과적합되기 직전이 극소값이고 그 외에는 모두 증가합니다.

{요약}

딥러닝 모델 학습과정을 살펴보는 방법에 대하여 알아보았습니다. 간단하게는 케라스의 fit() 함수에서 반환하는 히스토리 객체를 이용하는 방법이 있고, 텐서보드라는 훌륭한 가시화 툴을 이용해서 보는 방법도 알아보았습니다. 또한 순환신경망 모델과 같이 기본적으로 제공하는 기능으로 모니터링이 안되는 경우 콜백함수를 직접 정의해서 사용하는 방법에 대하여도 알아보았습니다.

CHAPTER 04 학습 조기종료 시키기

앞서 '학습과정과 데이터셋 이야기'에서 과적합이라는 것을 살펴보았고, 이를 방지하기 위해 조기종료하는 시점에 대하여 알아보았습니다. 이번에는 케라스에서 제공하는 기능을 이용하여 학습 중에 어떻게 조기종료를 시킬 수 있는지 알아보겠습니다.

1. 과적합되는 모델 살펴보기

먼저 과적합되는 모델을 만들고 어떻게 학습이 되었는지 살펴보겠습니다. 아래 코드에서 사용된 데이터 수, 배치사이즈, 뉴런 수 등은 과적합 현상을 재현하기 위해 설정된 것으로 실제 최적화된 수치는 아닙니다.

```python
# 0. 사용할 패키지 불러오기
from keras.utils import np_utils
from keras.datasets import mnist
from keras.models import Sequential
from keras.layers import Dense, Activation
import numpy as np

np.random.seed(3)

# 1. 데이터셋 준비하기

# 훈련셋과 시험셋 불러오기
(x_train, y_train), (x_test, y_test) = mnist.load_data()

# 훈련셋과 검증셋 분리
x_val = x_train[50000:]
y_val = y_train[50000:]
x_train = x_train[:50000]
y_train = y_train[:50000]

# 데이터셋 전처리
x_train = x_train.reshape(50000, 784).astype('float32') / 255.0
x_val = x_val.reshape(10000, 784).astype('float32') / 255.0
x_test = x_test.reshape(10000, 784).astype('float32') / 255.0

# 훈련셋과 검증셋 고르기
train_rand_idxs = np.random.choice(50000, 700)
val_rand_idxs = np.random.choice(10000, 300)

x_train = x_train[train_rand_idxs]
```

```
y_train = y_train[train_rand_idxs]
x_val = x_val[val_rand_idxs]
y_val = y_val[val_rand_idxs]

# 라벨데이터 원핫인코딩 (one-hot encoding) 처리
y_train = np_utils.to_categorical(y_train)
y_val = np_utils.to_categorical(y_val)
y_test = np_utils.to_categorical(y_test)

# 2. 모델 구성하기
model = Sequential()
model.add(Dense(units=2, input_dim=28*28, activation='relu'))
model.add(Dense(units=10, activation='softmax'))

# 3. 모델 학습과정 설정하기
model.compile(loss='categorical_crossentropy', optimizer='sgd', metrics=['accuracy'])

# 4. 모델 학습시키기
hist = model.fit(x_train, y_train, epochs=3000, batch_size=10, validation_data=(x_val, y_val))

# 5. 학습과정 살펴보기
%matplotlib inline
import matplotlib.pyplot as plt

fig, loss_ax = plt.subplots()

acc_ax = loss_ax.twinx()

loss_ax.plot(hist.history['loss'], 'y', label='train loss')
loss_ax.plot(hist.history['val_loss'], 'r', label='val loss')

acc_ax.plot(hist.history['acc'], 'b', label='train acc')
acc_ax.plot(hist.history['val_acc'], 'g', label='val acc')

loss_ax.set_xlabel('epoch')
loss_ax.set_ylabel('loss')
acc_ax.set_ylabel('accuracy')

loss_ax.legend(loc='upper left')
acc_ax.legend(loc='lower left')

plt.show()

# 6. 모델 평가하기
loss_and_metrics = model.evaluate(x_test, y_test, batch_size=32)

print('')
print('loss : ' + str(loss_and_metrics[0]))
print('accuracy : ' + str(loss_and_metrics[1]))
```

Train on 700 samples, validate on 300 samples
Epoch 1/3000

```
700/700 [==============================] - 0s - loss: 2.3067 - acc: 0.1171 - val_loss: 2.2751
- val_acc: 0.0933
Epoch 2/3000
700/700 [==============================] - 0s - loss: 2.2731 - acc: 0.1257 - val_loss: 2.2508
- val_acc: 0.1267
Epoch 3/3000
700/700 [==============================] - 0s - loss: 2.2479 - acc: 0.1343 - val_loss: 2.2230
- val_acc: 0.1267
...
Epoch 2998/3000
700/700 [==============================] - 0s - loss: 0.3089 - acc: 0.9057 - val_loss: 3.4685
- val_acc: 0.4900
Epoch 2999/3000
700/700 [==============================] - 0s - loss: 0.3088 - acc: 0.9071 - val_loss: 3.4650
- val_acc: 0.4900
Epoch 3000/3000
700/700 [==============================] - 0s - loss: 0.3088 - acc: 0.9071 - val_loss: 3.4706
- val_acc: 0.4900
 7680/10000 [=====================>.......] - ETA: 0s
loss : 3.73021918621
accuracy : 0.4499
```

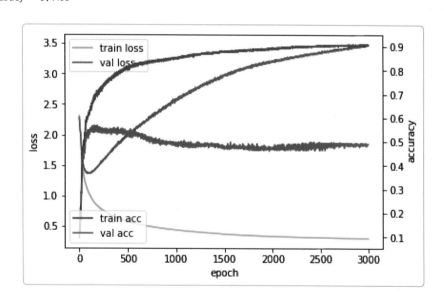

val_loss를 보면 에포크 횟수가 많아질수록 감소하다가 150 에포크 근처에서 다시 증가됨을 알 수 있습니다. 이때 과적합이 발생한 것입니다.

2. 조기종료 시키기

학습 조기종료를 위해서는 'EarlyStopping()'이라는 함수를 사용하며, 더 이상 개선의 여지가 없을 때 학습을 종료시키는 콜백함수입니다. 콜백함수란 어떤 함수를 수행 시 그 함수에서 내가 지정한 함수를 호출하는 것을 말하며, 여기서는 fit() 함수에서 EarlyStopping() 콜백함수가 학습과정 중에 매번 호출됩니다. 먼저 fit() 함수에서 EarlyStopping() 콜백함수를 지정하는 방법은 다음과 같습니다.

```
from keras.callbacks import EarlyStopping
early_stopping = EarlyStopping()
hist = model.fit(x_train, y_train, epochs=3000, batch_size=10, validation_data=(x_val, y_val),
callbacks=[early_stopping])
```

에포크를 3000으로 지정했더라도 학습과정에서 EarlyStopping 콜백함수를 호출하여 해당 조건이 되면 학습을 조기종료시킵니다. EarlyStopping 콜백함수에서 설정할 수 있는 인자는 다음과 같습니다.

```
keras.callbacks.EarlyStopping(monitor='val_loss', min_delta=0, patience=0, verbose=0,
mode='auto')
```

- **monitor** : 관찰하고자 하는 항목입니다. 'val_loss'나 'val_acc'가 주로 사용됩니다.
- **min_delta** : 개선되고 있다고 판단하기 위한 최소 변화량을 나타냅니다. 만약 변화량이 min_delta 보다 적은 경우에는 개선이 없다고 판단합니다.
- **patience** : 개선이 없다고 바로 종료하지 않고 개선이 없는 에포크를 얼마나 기다려 줄 것인가를 지정합니다. 만약 10이라고 지정하면 개선이 없는 에포크가 10번째 지속될 경우 학습을 종료합니다.
- **verbose** : 얼마나 자세하게 정보를 표시할 것인가를 지정합니다. (0, 1, 2)
- **mode** : 관찰 항목에 대해 개선이 없다고 판단하기 위한 기준을 지정합니다. 예를 들어, 관찰 항목이 'val_loss'인 경우에는 감소되는 것이 멈출 때 종료되어야 하므로 'min'으로 설정됩니다.
  - auto : 관찰하는 이름에 따라 자동으로 지정합니다.
  - min : 관찰하고 있는 항목이 감소되는 것을 멈출 때 종료합니다.
  - max : 관찰하고 있는 항목이 증가되는 것을 멈출 때 종료합니다.

조기종료 콜백함수를 적용한 코드는 다음과 같습니다.

```
# 0. 사용할 패키지 불러오기
from keras.utils import np_utils
from keras.datasets import mnist
from keras.models import Sequential
from keras.layers import Dense, Activation
import numpy as np

np.random.seed(3)

# 1. 데이터셋 준비하기

# 훈련셋과 시험셋 불러오기
(x_train, y_train), (x_test, y_test) = mnist.load_data()

# 훈련셋과 검증셋 분리
x_val = x_train[50000:]
```

```python
y_val = y_train[50000:]
x_train = x_train[:50000]
y_train = y_train[:50000]

# 데이터셋 전처리
x_train = x_train.reshape(50000, 784).astype('float32') / 255.0
x_val = x_val.reshape(10000, 784).astype('float32') / 255.0
x_test = x_test.reshape(10000, 784).astype('float32') / 255.0

# 훈련셋과 검증셋 고르기
train_rand_idxs = np.random.choice(50000, 700)
val_rand_idxs = np.random.choice(10000, 300)

x_train = x_train[train_rand_idxs]
y_train = y_train[train_rand_idxs]
x_val = x_val[val_rand_idxs]
y_val = y_val[val_rand_idxs]

# 라벨데이터 원핫인코딩 (one-hot encoding) 처리
y_train = np_utils.to_categorical(y_train)
y_val = np_utils.to_categorical(y_val)
y_test = np_utils.to_categorical(y_test)

# 2. 모델 구성하기
model = Sequential()
model.add(Dense(units=2, input_dim=28*28, activation='relu'))
model.add(Dense(units=10, activation='softmax'))

# 3. 모델 학습과정 설정하기
model.compile(loss='categorical_crossentropy', optimizer='sgd', metrics=['accuracy'])

# 4. 모델 학습시키기
from keras.callbacks import EarlyStopping
early_stopping = EarlyStopping()
hist = model.fit(x_train, y_train, epochs=3000, batch_size=10, validation_data=(x_val, y_val),
callbacks=[early_stopping])

# 5. 학습과정 살펴보기
%matplotlib inline
import matplotlib.pyplot as plt

fig, loss_ax = plt.subplots()

acc_ax = loss_ax.twinx()

loss_ax.plot(hist.history['loss'], 'y', label='train loss')
loss_ax.plot(hist.history['val_loss'], 'r', label='val loss')

acc_ax.plot(hist.history['acc'], 'b', label='train acc')
acc_ax.plot(hist.history['val_acc'], 'g', label='val acc')

loss_ax.set_xlabel('epoch')
```

```
loss_ax.set_ylabel('loss')
acc_ax.set_ylabel('accuracy')

loss_ax.legend(loc='upper left')
acc_ax.legend(loc='lower left')

plt.show()

# 6. 모델 평가하기
loss_and_metrics = model.evaluate(x_test, y_test, batch_size=32)

print('')
print('loss : ' + str(loss_and_metrics[0]))
print('accuracy : ' + str(loss_and_metrics[1]))
```

```
Train on 700 samples, validate on 300 samples
Epoch 1/3000
700/700 [==============================] - 0s - loss: 2.3067 - acc: 0.1171 - val_loss: 2.2751
- val_acc: 0.0933
Epoch 2/3000
700/700 [==============================] - 0s - loss: 2.2731 - acc: 0.1257 - val_loss: 2.2508
- val_acc: 0.1267
Epoch 3/3000
700/700 [==============================] - 0s - loss: 2.2479 - acc: 0.1343 - val_loss: 2.2230
- val_acc: 0.1267
...
Epoch 51/3000
700/700 [==============================] - 0s - loss: 1.2842 - acc: 0.5014 - val_loss: 1.4463
- val_acc: 0.4533
Epoch 52/3000
700/700 [==============================] - 0s - loss: 1.2760 - acc: 0.5057 - val_loss: 1.4358
- val_acc: 0.4633
Epoch 53/3000
700/700 [==============================] - 0s - loss: 1.2683 - acc: 0.5129 - val_loss: 1.4406
- val_acc: 0.4467
 6688/10000 [===================>..........] - ETA: 0s
loss : 1.439551894
accuracy : 0.4443
```

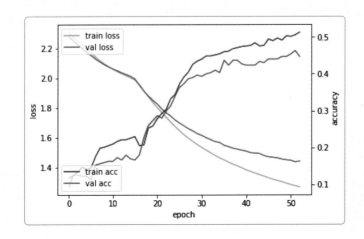

val_loss 값이 감소되다가 증가되자마자 학습이 종료되었습니다. 하지만 이 모델은 좀 더 학습이 될 수 있는 모델임을 이미 알고 있습니다. val_loss 특성상 증가/감소를 반복하므로 val_loss가 증가되는 시점에 바로 종료하지 않고 지속적으로 증가되는 시점에서 종료해보겠습니다. 이를 위해 EarlyStopping 콜백함수에서 patience 인자를 사용합니다.

```python
from keras.callbacks import EarlyStopping
early_stopping = EarlyStopping(patience = 20)
hist = model.fit(x_train, y_train, epochs=3000, batch_size=10, validation_data=(x_val, y_val),
callbacks=[early_stopping])
```

즉 증가가 되었더라도 20 에포크 동안은 기다려보도록 지정했습니다. 이를 적용한 코드는 다음과 같습니다.

```python
# 0. 사용할 패키지 불러오기
from keras.utils import np_utils
from keras.datasets import mnist
from keras.models import Sequential
from keras.layers import Dense, Activation
import numpy as np

np.random.seed(3)

# 1. 데이터셋 준비하기

# 훈련셋과 시험셋 불러오기
(x_train, y_train), (x_test, y_test) = mnist.load_data()

# 훈련셋과 검증셋 분리
x_val = x_train[50000:]
y_val = y_train[50000:]
x_train = x_train[:50000]
y_train = y_train[:50000]

# 데이터셋 전처리
x_train = x_train.reshape(50000, 784).astype('float32') / 255.0
x_val = x_val.reshape(10000, 784).astype('float32') / 255.0
x_test = x_test.reshape(10000, 784).astype('float32') / 255.0

# 훈련셋과 검증셋 고르기
train_rand_idxs = np.random.choice(50000, 700)
val_rand_idxs = np.random.choice(10000, 300)

x_train = x_train[train_rand_idxs]
y_train = y_train[train_rand_idxs]
x_val = x_val[val_rand_idxs]
y_val = y_val[val_rand_idxs]

# 라벨데이터 원핫인코딩 (one-hot encoding) 처리
y_train = np_utils.to_categorical(y_train)
```

```python
y_val = np_utils.to_categorical(y_val)
y_test = np_utils.to_categorical(y_test)

# 2. 모델 구성하기
model = Sequential()
model.add(Dense(units=2, input_dim=28*28, activation='relu'))
model.add(Dense(units=10, activation='softmax'))

# 3. 모델 학습과정 설정하기
model.compile(loss='categorical_crossentropy', optimizer='sgd', metrics=['accuracy'])

# 4. 모델 학습시키기
from keras.callbacks import EarlyStopping
early_stopping = EarlyStopping(patience = 20)
hist = model.fit(x_train, y_train, epochs=3000, batch_size=10, validation_data=(x_val, y_val),
callbacks=[early_stopping])

# 5. 학습과정 살펴보기
%matplotlib inline
import matplotlib.pyplot as plt

fig, loss_ax = plt.subplots()

acc_ax = loss_ax.twinx()

loss_ax.plot(hist.history['loss'], 'y', label='train loss')
loss_ax.plot(hist.history['val_loss'], 'r', label='val loss')

acc_ax.plot(hist.history['acc'], 'b', label='train acc')
acc_ax.plot(hist.history['val_acc'], 'g', label='val acc')

loss_ax.set_xlabel('epoch')
loss_ax.set_ylabel('loss')
acc_ax.set_ylabel('accuracy')

loss_ax.legend(loc='upper left')
acc_ax.legend(loc='lower left')

plt.show()

# 6. 모델 평가하기
loss_and_metrics = model.evaluate(x_test, y_test, batch_size=32)

print('')
print('loss : ' + str(loss_and_metrics[0]))
print('accuracy : ' + str(loss_and_metrics[1]))
```

```
Train on 700 samples, validate on 300 samples
Epoch 1/3000
700/700 [==============================] - 0s - loss: 2.3067 - acc: 0.1171 - val_loss: 2.2751
- val_acc: 0.0933
Epoch 2/3000
```

```
700/700 [==============================] - 0s - loss: 2.2731 - acc: 0.1257 - val_loss: 2.2508
- val_acc: 0.1267
Epoch 3/3000
700/700 [==============================] - 0s - loss: 2.2479 - acc: 0.1343 - val_loss: 2.2230
- val_acc: 0.1267
...
Epoch 127/3000
700/700 [==============================] - 0s - loss: 0.9536 - acc: 0.6557 - val_loss: 1.3753
- val_acc: 0.5467
Epoch 128/3000
700/700 [==============================] - 0s - loss: 0.9494 - acc: 0.6543 - val_loss: 1.3785
- val_acc: 0.5400
Epoch 129/3000
700/700 [==============================] - 0s - loss: 0.9483 - acc: 0.6400 - val_loss: 1.3825
- val_acc: 0.5467
   32/10000 [..............................] - ETA: 0s
loss : 1.34829078026
accuracy : 0.5344
```

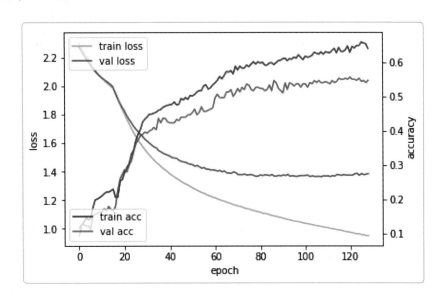

과적합이 발생되거나 성급하게 학습을 조기종료한 모델보다 적절히 조기종료한 모델의 정확도가 높게 나왔습니다. 아래는 세 가지 모델을 비교한 표입니다.

구분	과적합 발생	성급한 조기종료	적절한 조기종료
손실값	3.73	1.43	1.34
정확도	0.44	0.44	0.53

3. Q & A

Q1) 조기종료 시점을 정하기가 쉽지 않습니다. 과적합이 되는지 확인하기 위해서 처음에 충분한 에포크 횟수로 학습한 뒤 과적합 시점을 확인한 후 다시 학습을 시켜야 하는지요?

A1) 케라스에서 제공하는 ModelCheckpoint()라는 콜백함수를 이용하면 매 에포크마다 학습된 가중치를 파일로 저장할 수 있습니다. 과적합이 일어난 시점에서의 에포크를 확인한 후 해당하는 가중치를 실제 모델에 적용하면 됩니다. 보통은 학습을 모두 마쳐야만 모델을 테스트할 수 있지만 이 콜백함수를 사용하면 에포크마다 가중치가 생성되기 때문에, 이 가중치를 불러와서 모델의 정확도를 중간 점검할 수 있습니다. 학습시간이 길 경우 요긴하게 사용할 수 있습니다.

{요약}

본 절에서는 과적합되는 모델을 만들어보고, 조기종료 시키는 방법에 대하여 알아보았습니다. 케라스에서 제공하는 EarlyStopping 콜백함수를 조기종료에 사용해보았고, 설정 인자를 살펴보았습니다.

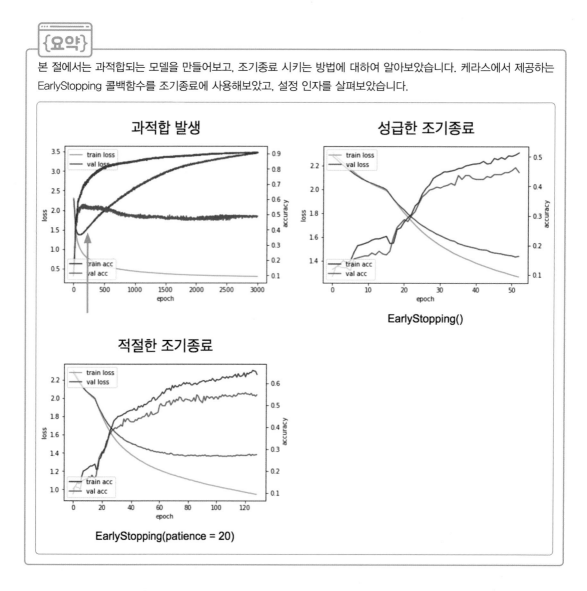

평가 이야기

학습한 모델이 쓸모가 있는지 확인하기 위해서 모델 평가를 수행해야 합니다. 모델을 평가한다고 하면 정확도라는 단어를 떠올리기 쉬운데, 문제에 따라 단순히 정확도로만 평가하기 힘든 경우가 있습니다. 조금 더 알아보면 민감도, 특이도, 재현율 등의 용어가 나오는데, 비전공자에게는 생소하게만 느껴집니다. 몇 가지 문제와 모델을 정의하고 여기에 적합한 평가 기준이 무엇인지 알아보겠습니다. 용어는 생소하지만 그 의미를 알게 되면 왜 이런 기준이 필요한지 감이 오실겁니다. 보통 평가에 관련된 내용을 보면 표와 수식이 많은 편인데, 손가락만 있으면 계산할 수 있도록 간단한 블록 놀이와 함께 알아보겠습니다.

1. 분류하기

자 그럼 첫 번째 문제입니다.

> 아래 레고 블록 중 상단 돌기의 수가 홀수인 것을 골라 왼쪽으로 놔두고, 짝수는 오른쪽으로 놔두세요.

어린아이들도 쉽게 풀 수 있는 문제입니다. 총 10개 중 홀수와 짝수는 몇 개 일까요?

홀수가 4개, 짝수가 6개 있습니다. 조금 더 눈썰미가 좋으신 분은 홀수가 녹색, 짝수가 노란색으로 되어 있는 것을 알아차렸을 겁니다. 색상은 쉽게 구분이 되도록 맞춘 것뿐이고 문제하고는 상관이 없으니 신경쓰지 않으셔도 됩니다. 우리가 평가할 모델이 여섯 개이고, 각 모델의 결과가 다음과 같다고 가정해봅시다.

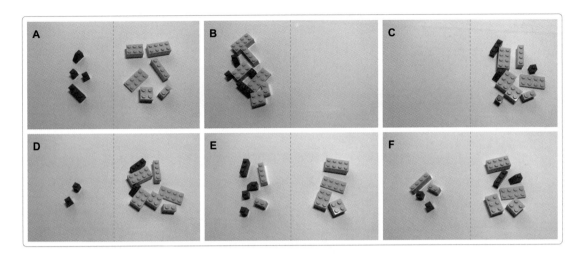

어떤 모델의 결과가 가장 좋을까요? 정답은 A모델입니다. 홀수 블록과 짝수 블록을 정확하게 구분하고 있습니다. 그럼 다음으로 좋은 모델은 무엇일까요? 각 모델 결과의 특징을 보겠습니다.

- B모델 : 모두 홀수로 분류
- C모델 : 모두 짝수로 분류
- D모델 : 홀수라고 분류한 것에는 홀수만 있지만, 일부 홀수를 놓침
- E모델 : 짝수라고 분류한 것에는 짝수만 있지만, 일부 짝수를 놓침
- F모델 : 홀짝이 모두 섞여있음

일단 우리가 흔히 말하는 정확도로 평가를 해보겠습니다.

• 정확도

정확도란 전체 개수 중 홀수를 홀수라고 맞추고(양성을 양성이라 말하고), 짝수를 짝수라고 맞춘(음성을 음성이라고 말한) 개수의 비율입니다. B모델은 전체 10개 중에 홀수 블록 4개만 맞추었으므로 정확도는 40%입니다. C모델은 전체 10개 중에 짝수 블록 6개만 맞추었으므로 정확도가 60%입니다. 무조건 한 쪽으로 분류하더라도 클래스의 분포에 따라 높게 나올 수 있습니다. 만약 남자 고등학교에서 남녀를 구분하는 모델을 개발한다고 했을 때, 그 모델이 무조건 남자인 결과를 내놓는다고 가정해봅시다. 실제 여자가 있더라도 모두 남자라고 분류를 하겠지만 정확도는 90%가 넘을 겁니다. 그렇다고 이 모델이 좋다고는 할 수 없습니다.

정확도를 평가하실 때는 클래스의 분포도 꼭 확인하시길 바랍니다.

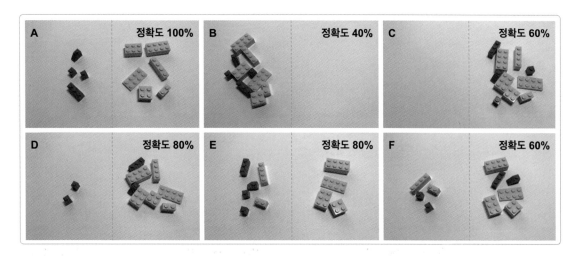

D모델과 E모델은 같은 정확도를 가지고 있습니다만 만약 홀수 블록(양성)은 빠짐없이 모두 골라내길 원한다면 E모델이 더 적합합니다. 양성을 잘 골라낼 수 있는 능력을 평가하기에는 정확도가 아닌 다른 기준이 필요합니다. 바로 민감도입니다.

• 민감도

민감도는 '양성에 얼마나 민감하냐?'라는 의미입니다. 양성을 양성이라고 판정을 잘 할수록 이 민감도가 높습니다.

민감도 = 판정한 것 중 실제 양성 수 / 전체 양성 수

그럼 각 모델에 대하여 민감도를 계산해보겠습니다.

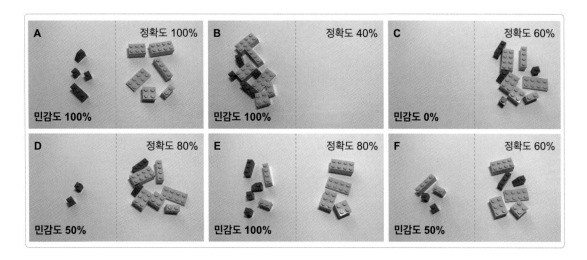

다시 D모델와 E모델을 보겠습니다. D모델은 홀수를 절반만 골랐으므로 50%이고, E모델은 홀수를 모두 골랐으므로 100%입니다. 정확도가 동일한 모델 중에 홀수를 잘 골라내는 모델을 선정하고 싶다면, 민감도가 높은 것을 선택하면 됩니다. 주의깊게 봐야할 부분은 모두 홀수라고 판정하는 B모델도 민감도가 100%이기 때문입니다. 민감도만 가지고 모델을 선정할 수는 없겠죠? 우리는 음성을 음

성이라고 판정을 잘하길 원합니다. 이러한 기준을 특이도라고 합니다.

• 특이도

특이도는 '얼마나 특이한 것만 양성으로 골라내느냐?'입니다. 이말은 특이한 것만 양성으로 골라내니 반대로 음성을 음성이라고 잘 판정한다고 볼 수 있습니다.

> 특이도 = 판정한 것 중 실제 음성 수 / 전체 음성 수

그럼 각 모델의 특이도를 계산해보겠습니다.

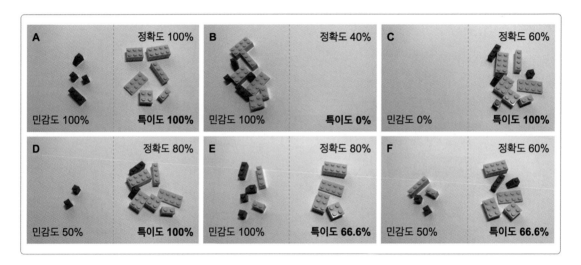

D모델과 E모델을 다시 보겠습니다. D모델은 E모델에 비해 민감도는 낮지만 특이도는 높습니다. 만약 음성을 음성이라고 잘 골라내는 모델이 필요하다면 D모델을 선정해야 합니다. 지금까지 본 모델을 표로 비교해 보겠습니다.

구분	모델 A	모델 B	모델 C	모델 D	모델 E	모델 F
맞춘 홀수(전체 4개)	4개	4개	0개	2개	4개	2개
맞춘 짝수(전체 6개)	6개	0개	6개	6개	4개	4개
정확도	100%	40%	60%	80%	80%	60%
민감도	100%	100%	0%	50%	100%	50%
특이도	100%	0%	100%	100%	66.6%	66.6%

맞춘 개수는 다르지만 같은 평가 지수도 있고, 맞춘 개수는 같지만 평가 지수가 다른 것들이 보입니다. 어떤 모델이 적합한 지는 문제에 따라 다르니 곰곰히 생각해보도록 합시다. 도움될 만한 몇 가지 예를 들어보았습니다.

- 공항 검색기기는 일반 물건을 위험 물건이라고 잘못 판정하더라도 위험 물건은 반드시 찾아야합니다. 즉, 민감도가 높아야 합니다.
- 쇼핑 시에는 꼭 필요한 물건만 구매해야 합니다. 사야할 물건도 경우에 따라 사지 않을 수 있지

만 사지 않아야 하는 물건을 반드시 안 사야합니다. 즉, 특이도가 높아야 합니다.

- 지진이 나고 나면, 다음날 지진을 느낀 사람과 그렇지 않은 사람이 있을 겁니다. 어떤 사람(A)은 민감해서 지진도 아닌 진동도 느끼지만 웬만한 지진을 모두 느끼는 사람이 있는 반면, 어떤 사람(B)은 정말 강도가 높은 지진이 아니고서야 웬만해서는 느끼지 못하는 사람이 있을 겁니다. 이 경우 다음과 같이 생각할 수 있습니다.

A가 지진을 못 느꼈다고 하면, 그날은 지진이 발생하지 않은 것입니다. 왜냐하면 A는 민감도가 높아 웬만한 지진은 다 알아내기 때문입니다.

B가 지진을 느꼈다고 하면, 그날은 지진이 발생한 것입니다. 왜냐하면 B는 특이도가 높아 정말 지진이라고 확신하는 것만 지진이라고 얘기하기 때문입니다.

• 좀 더 살펴보기

각 블록을 판정할 때는 통상적으로 모델에서 해당 블록일 확률로 결과가 나옵니다. 즉, 이 블록은 홀수일 확률이 60%야 또는 40%야 이런식으로 말이죠. 이 확률로 판정결과를 나타내기 위해서 50%가 기준이 되어, 50% 이상이면 홀수 블록이다라고 얘기하는 것이죠. 우리는 이 50%를 임계값(threshold)라고 부릅니다. 지금까지 위에서 봤던 결과들은 모두 확률값을 임계값 기준으로 판정한 것입니다. 그럼 판정결과 이전에 확률값을 살펴보도록 하겠습니다.

F모델 결과를 보도록 하겠습니다. 총 10개 블록 중 홀수 2개, 짝수 4개를 맞추었으므로 60%의 정확도를 가지고 있습니다. 민감도는 총 4개의 홀수 블록 중 2개를 맞추었으니 50%입니다. 특이도는 총 6개의 짝수 블록 중 4개를 맞추었으니 66.6%입니다. 그리고 이와 동일한 정확도, 민감도, 특이도를 가진 모델G가 있다고 가정해봅시다.

F모델과 G모델이 주어진 블록에 대해 홀수라고 판정할 확률값을 오름차순으로 나열한 뒤 10% 단위로 표시된 칸에 배치를 해보았습니다.

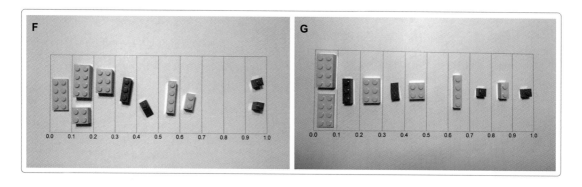

먼저 F모델을 보겠습니다. 왼쪽의 첫 번째 블록이 홀수 블록일 확률이 5%라고 가정해봅시다. 그래서 0.0과 0.1 사이 칸에 위치시켰습니다. 0.5가 임계값이라고 한다면, 맞춘 홀수 블록은 0.5 임계값에서 오른쪽에 있는 2개이고, 맞춘 짝수 블록은 0.5 임계값 왼쪽에 있는 4개입니다. 이 0.5인 임계값을 조정하면 어떻게 될까요? 임계값이 0.0이라면, 모두 홀수 블록이라고 하는 것이므로, 맞춘 홀수 블록은 4개가 되고, 맞춘 짝수 블록은 0개가 됩니다. 따라서, 임계값을 조정하면 정확도, 민감도, 특이도가 바뀝니다. 10% 단위로 임계값을 변화시키면서 바뀌는 정확도, 민감도, 특이도를 표로 정리하면 다음과 같습니다.

홀수 블록 임계값	0%	10%	20%	30%	40%	50%	60%	70%	80%	90%	100%
맞춘 홀수(전체 4개)	4	4	4	4	3	2	2	2	2	2	0
맞춘 짝수(전체 6개)	0	1	3	4	4	4	5	6	6	6	6
정확도	40%	50%	70%	80%	70%	60%	70%	80%	80%	80%	60%
민감도	100%	100%	100%	100%	75%	50%	50%	50%	50%	50%	0%
특이도	0%	16.6%	50%	66.6%	66.6%	66.6%	83.3%	100%	100%	100%	100%

G모델도 임계값에 따라 변화를 표로 정리해 보았습니다.

홀수 블록 임계값	0%	10%	20%	30%	40%	50%	60%	70%	80%	90%	100%
맞춘 홀수(전체 4개)	4	4	3	3	2	2	2	2	1	1	0
맞춘 짝수(전체 6개)	0	2	2	3	3	4	4	5	5	6	6
정확도	40%	60%	50%	60%	50%	60%	60%	70%	60%	70%	60%
민감도	100%	100%	75%	75%	50%	50%	50%	50%	25%	25%	0%
특이도	0%	33.3%	33.3%	50%	50%	66.6%	66.6%	83.3%	83.3%	100%	100%

어느 모델이 더 좋을까요? 대충 보면, 모델 F가 더 좋아보입니다. 모델 F가 모델 G보다 홀수 블록이 홀수일 확률이 높은 곳에 배치되어 있고, 짝수 블록이 홀수일 확률이 낮은 곳에 배치되어 있기 때문입니다. 이런 패턴을 보기 위해서 많이 사용되는 것이 ROC(Receiver Operating Characteristic) curve입니다. 이는 민감도와 특이도가 어떤 관계를 가지고 변하는지 그래프로 표시한 것입니다. 이러한 ROC curve 아래 면적을 구한 값을 AUC(Area Under Curve)라고 하는데, 하나의 수치로 계산되어서 성능 비교를 간단히 할 수 있습니다.

ROC curve를 그리는 방법은 간단합니다. 각 임계값별로 민감도와 특이도를 계산하여 x축을 (1-특이도), y축을 민감도로 둬서 이차원 평면 상에 점을 찍고 연결하면 됩니다. 모델 F와 모델 G에 대하여 ROC Curve를 그리는 소스코드와 결과는 다음과 같습니다.

```
import matplotlib.pyplot as plt
import numpy as np

%matplotlib inline

sens_F = np.array([1.0, 1.0, 1.0, 1.0, 0.75, 0.5, 0.5, 0.5, 0.5, 0.5, 0.0])
spec_F = np.array([0.0, 0.16, 0.5, 0.66, 0.66, 0.66, 0.83, 1.0, 1.0, 1.0, 1.0])

sens_G = np.array([1.0, 1.0, 0.75, 0.75, 0.5, 0.5, 0.5, 0.5, 0.25, 0.25, 0.0])
spec_G = np.array([0.0, 0.33, 0.33, 0.5, 0.5, 0.66, 0.66, 0.83, 0.83, 1.0, 1.0])

plt.title('Receiver Operating Characteristic')
plt.xlabel('False Positive Rate(1 - Specificity)')
plt.ylabel('True Positive Rate(Sensitivity)')

plt.plot(1-spec_F, sens_F, 'b', label = 'Model F')
plt.plot(1-spec_G, sens_G, 'g', label = 'Model G')
```

```
plt.plot([0,1],[1,1],'y--')
plt.plot([0,1],[0,1],'r--')

plt.legend(loc='lower right')
plt.show()
```

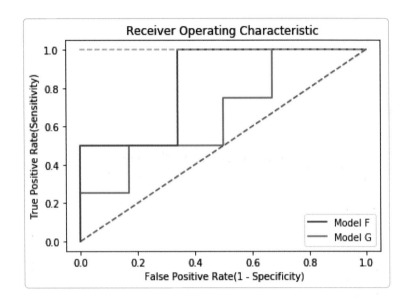

여기서 노란점선이 이상적인 모델을 표시한 것입니다. 임계값과 상관없이 민감도와 특이도가 100%
일 때를 말하고, AUC 값은 1입니다. 빨간점선은 기준선으로서 AUC 값이 0.5입니다. 개발한 모델
을 사용하려면, 적어도 이 기준선보다는 상위에 있어야 되겠죠? 모델 F와 모델 G를 비교해보면, 모
델 F가 모델 G보다 상위에 있음을 알 수 있습니다. AUC를 보더라도 모델 F가 면적이 더 넓습니다.
sklearn 패키지는 ROC curve 및 AUC를 좀 더 쉽게 구할 수 있는 함수를 제공합니다. 임계값 변화
에 따른 민감도, 특이도를 계산하여 입력할 필요 없이, 클래스 값과 모델에서 나오는 클래스 확률값
을 그대로 입력하면 ROC curve를 그릴 수 있는 값과 AUC 값을 알려줍니다. sklearn 패키지를 이
용한 소스코드는 다음과 같습니다.

```
import matplotlib.pyplot as plt
from sklearn.metrics import roc_curve, auc

class_F = np.array([0, 0, 0, 0, 1, 1, 0, 0, 1, 1])
proba_F = np.array([0.05, 0.15, 0.15, 0.25, 0.35, 0.45, 0.55, 0.65, 0.95, 0.95])

class_G = np.array([0, 0, 1, 0, 1, 0, 0, 1, 0, 1])
proba_G = np.array([0.05, 0.05, 0.15, 0.25, 0.35, 0.45, 0.65, 0.75, 0.85, 0.95])

false_positive_rate_F, true_positive_rate_F, thresholds_F = roc_curve(class_F, proba_F)
false_positive_rate_G, true_positive_rate_G, thresholds_G = roc_curve(class_G, proba_G)
roc_auc_F = auc(false_positive_rate_F, true_positive_rate_F)
roc_auc_G = auc(false_positive_rate_G, true_positive_rate_G)
```

```
plt.title('Receiver Operating Characteristic')
plt.xlabel('False Positive Rate(1 - Specificity)')
plt.ylabel('True Positive Rate(Sensitivity)')

plt.plot(false_positive_rate_F, true_positive_rate_F, 'b', label='Model F (AUC = %0.2f)'%
roc_auc_F)
plt.plot(false_positive_rate_G, true_positive_rate_G, 'g', label='Model G (AUC = %0.2f)'%
roc_auc_G)
plt.plot([0,1],[1,1],'y--')
plt.plot([0,1],[0,1],'r--')

plt.legend(loc='lower right')
plt.show()
```

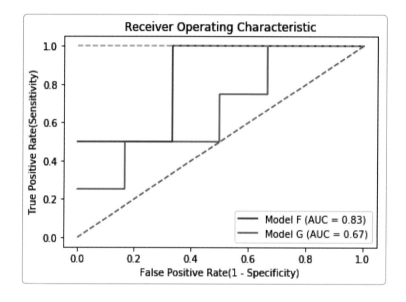

2. 검출 및 검색하기

첫 번째 문제를 보셨다면 두 번째 문제로 넘어가 봅니다.

아래 블록 중 상단 돌기의 수가 하나인 것만 골라 왼쪽으로 놔두세요.

첫 번째 문제랑 비슷하지만 더 쉬운 문제죠?
다음 블록 중에 하나인 것은 몇 개일까요?

정답은 4개입니다. 앞 예제와 동일하게 색상은 쉽게 구분이 되도록 맞춘 것뿐이니 신경쓰지 않으셔도 됩니다. 우리가 평가할 모델이 여섯 개이고, 각 모델의 결과가 다음과 같다고 가정해봅시다.

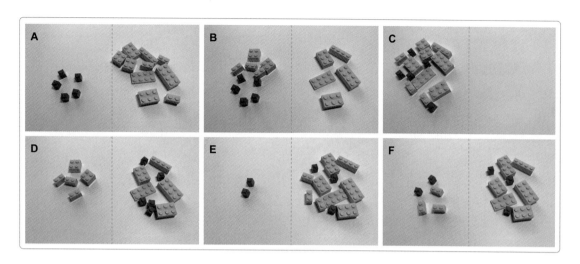

어떤 모델의 결과가 가장 좋을까요? 정답은 A모델입니다. 하나인 블록을 모두 골랐습니다. 각 모델 결과도 살펴보겠습니다.

- B모델 : 하나인 것을 모두 골랐지만 아닌 것도 있음
- C모델 : 모두 하나인 것이라고 고름
- D모델 : 하나인 것이라고 고른 것 중 진짜 하나인 것은 없음
- E모델 : 하나라고 고른 것은 모두 진짜이나 하나인 것을 모두 고르지는 못함
- F모델 : 하나인 것을 모두 고르지 못했고, 고른 것들에도 진짜가 아닌 것도 있음

A모델과 B모델 중 어느 것이 좋을까요? B모델도 전체 양성 5개 중 5개를 모두 골랐습니다만 하나가 아닌 것들도 골랐습니다. 이를 구분하기 위한 기준으로 정밀도라는 것을 사용합니다.

• 정밀도

정밀도는 '모델이 얼마나 정밀한가?'입니다. 즉, 진짜 양성만을 잘 고를수록 정밀도가 높습니다.

정밀도 = 실제 양성 수 / 양성이라고 판정한 수

그럼 각 모델의 정밀도를 계산해보겠습니다.

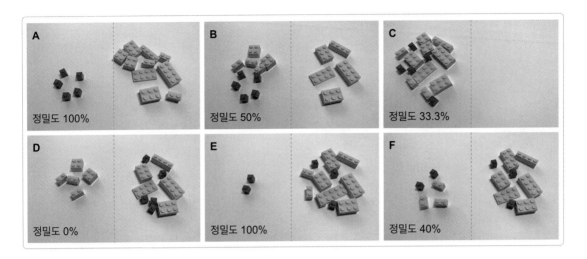

A모델은 5개 고른 것 중 실제 양성이 5개이므로 정밀도가 100%이고, B모델은 10개 고른 것 중 실제 양성이 5개이므로 정밀도는 50%가 됩니다. E모델은 A모델와 같이 정밀도가 100%이지만 E모델에서 양성을 모두 검출하지는 못했습니다. E모델보다 A모델이 더 좋은 성능을 가지고 있지만 정밀도만으로는 성능 차이를 나타낼 수 없습니다. 이를 나타내기 위해 재현율이라는 기준을 사용합니다.

• **재현율**

재현율은 '양성인 것을 놓치지 않고 골라내는가?'입니다. 양성을 많이 고를수록 재현율이 높습니다.

재현율 = 검출 양성 수 / 전체 양성 수

그럼 각 모델의 재현율을 계산해보겠습니다.

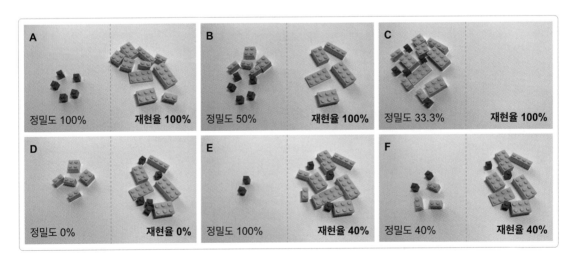

앞서 본 E모델의 재현율은 전체 양성 5개 중에 2개만 검출하였으므로 40%입니다. F모델도 전체 양성 5개 중 2개만 검출하였으므로 재현율은 똑같이 40%입니다. 하지만 정밀도에서 차이가 납니다. 두 개의 모델만 비교한다면 E모델이 F모델보다 정밀도가 높으므로 더 좋은 성능을 가졌다고 볼 수 있습니다. 또 하나 짚고 넘어가야 할 것이 C모델입니다. 재현율은 양성을 얼마나 잘 검출하는가를 평가하는 것이기에 모두 양성이라고 하는 C모델인 경우에도 100% 재현율을 가지게 됩니다. 지금까지 본 모델을 표로 비교해 보겠습니다.

구분	모델 A	모델 B	모델 C	모델 D	모델 E	모델 F
총 검출 수	5개	10개	15개	5개	2개	5개
맞춘 양성 수(전체 5개)	5개	5개	5개	0개	2개	2개
정밀도	100%	50%	33%	0%	100%	40%
재현율	100%	100%	100%	0%	40%	40%

검출 문제는 분류 문제와 어떤 차이가 있을까요? 이미 눈치채신 분도 계시겠지만, 검출 문제에서는 검출되지 않은 진짜 음성에 대하여는 관심이 없습니다.

초등학교 소풍가서 하던 보물찾기 게임을 예를 들어 복습을 해보겠습니다. 고생하시는 선생님들이 보물 10개를 숨겨두었다고 가정해보겠습니다.

- 철수는 보물을 5개가지고 왔는데, 모두 보물이었습니다. 〉 정밀도 100%, 재현율 50%
- 영희는 보물이라고 100개를 가지고 왔는데, 그 중 보물은 하나였습니다. 〉 정밀도 1%, 재현율 10%

• 좀 더 살펴보기

앞서 언급한 것과 같이 각 블록을 판정할 때는 모델에서 바로 판정 결과가 나오는 것이 아니라 한 개짜리 블록일 확률값으로 나옵니다. 이 확률값으로 판정을 하는데, 판정 기준을 임계값(threshold)이라고 불렀습니다. 지금까지 위에서 봤던 결과들은 모두 확률값을 임계값 기준으로 판정한 것입니다. F모델과 동일하게 정밀도 40%, 재현율 40%을 가진 G모델이 있다고 가정해봅시다. F모델과 G모델의 판정결과 이전에 확률값을 오름차순으로 나열한 뒤 10% 단위로 표시된 칸에 배치를 해보았습니다.

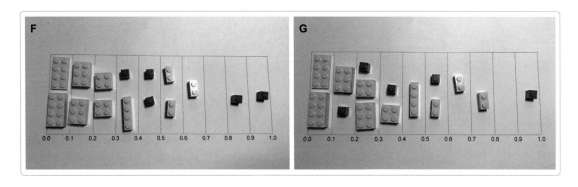

F모델의 판정 기준인 임계값을 10% 단위로 변화시키면서 바뀌는 정밀도와 재현율을 표로 정리하면 다음과 같습니다.

상단 돌기가 하나 인 블록 임계값	0%	10%	20%	30%	40%	50%	60%	70%	80%	90%	100%
총 검출 수	15개	13개	11개	9개	7개	5개	3개	2개	2개	1개	0개
맞춘 양성 수 (전체 5개)	5개	5개	5개	5개	4개	2개	2개	2개	2개	1개	0개
정밀도	33.3%	38.4%	45.4%	55.5%	57.1%	40%	66.6%	100%	100%	100%	0%
재현율	100%	100%	100%	100%	80%	40%	40%	40%	40%	20%	0%

G모델도 정리하면 다음과 같습니다.

상단 돌기가 하나 인 블록 임계값	0%	10%	20%	30%	40%	50%	60%	70%	80%	90%	100%
총 검출 수	15개	13개	11개	8개	6개	5개	3개	2개	1개	1개	0개
맞춘 양성 수 (전체 5개)	5개	5개	4개	3개	2개	2개	1개	1개	1개	1개	0개
정밀도	33.3%	38.4%	36.3%	37.5%	33.3%	40%	33.3%	50%	100%	100%	0%
재현율	100%	100%	80%	60%	40%	40%	20%	20%	20%	20%	0%

어떤 모델이 더 좋을까요? 검출 문제에서 이런 패턴을 보기 위해 사용되는 것이 Precision-Recall Graph입니다. 이 그래프는 x축을 재현율로 y축을 정밀도로 두어 이차원 평면 상에 결과를 표시한 것입니다. 아래는 이러한 그래프를 그리기 위한 소스코드입니다.

```python
import matplotlib.pyplot as plt
import numpy as np

%matplotlib inline

precision_F = np.array([0.33, 0.38, 0.45, 0.55, 0.57, 0.40, 0.66, 1.0, 1.0, 1.0, 1.0])
recall_F = np.array([1.0, 1.0, 1.0, 1.0, 0.8, 0.4, 0.4, 0.4, 0.4, 0.2, 0.0])

precision_G = np.array([0.33, 0.38, 0.36, 0.37, 0.33, 0.40, 0.33, 0.5, 1.0, 1.0, 1.0])
recall_G = np.array([1.0, 1.0, 0.8, 0.6, 0.4, 0.4, 0.2, 0.2, 0.2, 0.2, 0.0])

plt.title('Precision-Recall Graph')
plt.xlabel('Recall')
plt.ylabel('Precision')

plt.plot(recall_F, precision_F, 'b', label = 'Model F')
plt.plot(recall_G, precision_G, 'g', label = 'Model G')

plt.legend(loc='upper right')
plt.show()
```

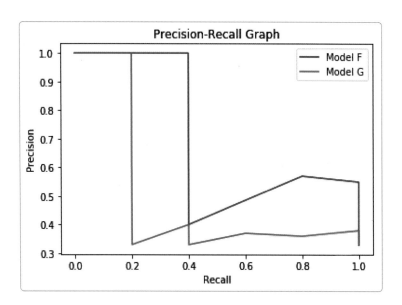

이러한 그래프를 하나의 수치로 나타낸 것이 AP(Average Precision)이라고 합니다. 이는 각 재현율에 해당하는 정밀도를 합한 다음 평균을 취한 것입니다. sklearn 패키지는 Precision-Recall Graph 및 AP를 좀 더 쉽게 구할 수 있는 함수를 제공합니다. 임계값 변화에 따른 정밀도 및 재현율을 계산하여 입력할 필요 없이, 클래스 값과 모델에서 나오는 클래스 확률값을 그대로 입력하면 됩니다. sklearn 패키지를 이용한 소스코드는 다음과 같습니다.

```python
import matplotlib.pyplot as plt
from sklearn.metrics import precision_recall_curve, average_precision_score

class_F = np.array([0, 0, 0, 0, 0, 0, 1, 0, 1, 1, 0, 0, 0, 1, 1])
proba_F = np.array([0.05, 0.05, 0.15, 0.15, 0.25, 0.25, 0.35, 0.35, 0.45, 0.45, 0.55, 0.55,
0.65, 0.85, 0.95])

class_G = np.array([0, 0, 0, 1, 1, 0, 0, 1, 0, 0, 1, 0, 0, 0, 1])
proba_G = np.array([0.05, 0.05, 0.15, 0.15, 0.25, 0.25, 0.25, 0.35, 0.35, 0.45, 0.55, 0.55,
0.65, 0.75, 0.95])

precision_F, recall_F, _ = precision_recall_curve(class_F, proba_F)
precision_G, recall_G, _ = precision_recall_curve(class_G, proba_G)

ap_F = average_precision_score(class_F, proba_F)
ap_G = average_precision_score(class_G, proba_G)

plt.title('Precision-Recall Graph')
plt.xlabel('Recall')
plt.ylabel('Precision')

plt.plot(recall_F, precision_F, 'b', label = 'Model F (AP = %0.2F)'%ap_F)
plt.plot(recall_G, precision_G, 'g', label = 'Model G (AP = %0.2F)'%ap_G)

plt.legend(loc='upper right')
plt.show()
```

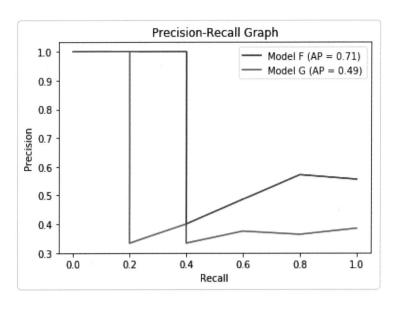

F모델이 G모델보다 AP 수치가 높으므로 더 좋은 모델이라고 볼 수 있습니다.

3. 분할하기

마지막 문제입니다.

아래 사진의 Ground Truth을 보고 똑같이 만들어보세요. 즉, 전체 영역에서 녹색 블록과 노란색 블록을 구분해보세요.

역시 어린아이들도 쉽게 풀 수 있는 문제입니다. 실제로는 거의 Ground Truth처럼 만들겠지만, A~E모델처럼 다양한 결과가 나왔다고 가정해봅시다.

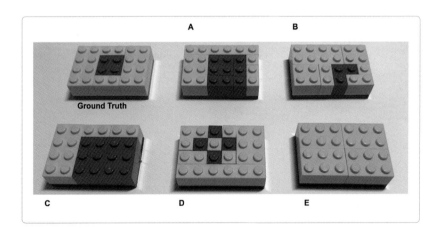

어느 모델의 결과가 가장 좋을까요? 가장 쉽게 픽셀 정확도(Pixel Accuracy)를 가지고 판단할 수 있습니다. 픽셀은 이미지 처리에서 나오는 용어지만 여기서는 블록 하나라고 가정해 봅니다. 여기서 다루는 클래스는 녹색과 노란색으로 두 개입니다.

Pixel Accuracy = (녹색 블록 맞춘 수 + 노란색 블록 맞춘 수) / 전체 블록 수

그럼 각 모델의 픽셀 정확도를 계산해보겠습니다.

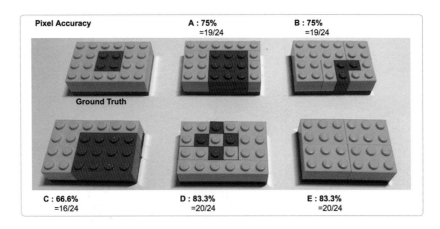

단순히 맞춘 개수를 보고 계산하기 때문에 서로 다른 패턴이라도 동일 정확도로 나오는 경우가 많습니다. E모델은 녹색 블록이 하나도 없는데도 83.3%이나 결과가 나옵니다. 색상별로 어느 정도 맞춰야 좋은 평가를 얻게 하려면 어떻게 해야할까요? 클래스 별로 픽셀 정확도를 계산하는 방법인 평균 정확도(Mean Accuracy)가 있습니다. 이는 색상별로 픽셀 정확도를 계산하여 평균을 구한 값입니다.

Mean Accuracy = (녹색 블록 맞춘 수 / 전체 녹색 블록 수 + 노란색 블록 맞춘 수 / 전체 노란색 블록 수) / 2

위 식에서 2는 색상 수 즉 클래스 수입니다. 그럼 각 모델 결과에 대하여 Mean Accuracy를 구해보았습니다.

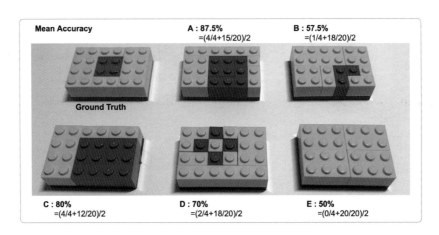

앞서 봤던 E모델은 가장 낮은 평가를 받았습니다. 노란색 블록의 픽셀 정확도는 100%이지만 녹색 블록의 픽셀 정확도 0%이기 때문에 평균인 50%가 되었습니다. A모델과 C모델이 상대적으로 높은 평가를 받았습니다. 녹색 블록의 비중이 낮지만 픽셀 정확도는 100%이기 때문에 전체 평균값이 올

라갔습니다. C모델인 경우에는 노란색 블록이 많이 틀렸음에도 80%나 되는 평가를 받았습니다. 이러한 정확도는 맞춘 개수만 카운팅되고 틀린 개수에 대한 패널티가 없기 때문입니다. 그럼 틀린 블록에 대한 패널티는 어떻게 고려할까요? 이를 고려한 평가방법으로 MeanIU라는 것이 있습니다. IU는 Intersection over Union의 약자로 특정 색상에서의 실제 블록과 예측 블록 간의 합집합 영역 대비 교집합 영역의 비율입니다. MeanIU는 색상별로 구한 IU의 평균값을 취한 것입니다.

Mean IU = (녹색 블록 IU + 노란색 블록 IU) / 2

각 모델의 결과에 대해 Mean IU를 계산해보겠습니다.

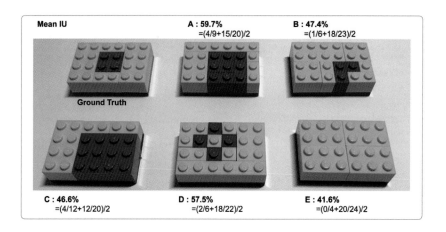

IU 개념에 대하여 조금 더 살펴보겠습니다. D모델을 예를 들어, 아래 그림을 보시면 Ground Truth의 녹색 블록 영역과 모델 결과 녹색 블록 영역에서 서로 겹치는 블록 수가 2개이고, 서로 합한 영역의 블록 수가 6개이기 때문에, 녹색 블록 IU는 2/6입니다. 노란색 블록 IU는 18/22입니다. 따라서 Mean IU는 이를 평균 취한 57.5%가 됩니다.

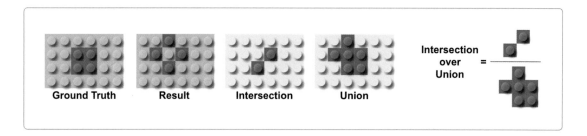

Pixel Accuracy와 Mean Accuracy인 경우에는 틀린 블록에 대한 고려가 없었지만, Mean IU인 경우에는 틀린 블록 수가 많을수록 분모가 커지기 때문에 전체 수치는 낮아집니다. 클래스별로 IU를 구한 뒤 평균을 취하기 때문에 비중이 낮은 클래스라도 IU 수치가 낮으면 Mean IU 값도 떨어집니다. 만약 클래스별로 픽셀 수가 다를 경우, 픽셀 수가 많은 클래스에 더 비중을 주고 싶다면 Frequency Weighted IU를 사용합니다. 각 모델별로 Frequency Weighted IU를 계산하면 아래와 같습니다.

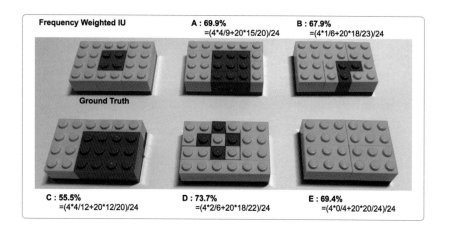

앞서 살펴본 4가지 평가 기준에 대하여 정리해보았습니다.

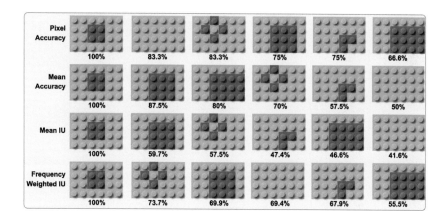

각 평가 기준이 나타내는 의미와 모델 결과별 수치를 보면서 왜 이런 결과가 나오게 되었는지 의미적으로 분석하는 것이 다양한 평가 기준을 이해하는데 많이 도움될 것 같습니다.

> {요약}
>
> 분류, 검출 및 검색, 분할 문제를 정의해보고, 임의의 모델 결과를 기초적인 기준 몇 가지로 평가해보았습니다. 딥러닝 모델을 기존 도메인에 적용하기 위해서는 아무리 강조해도 지나침이 없는 것이 평가인 것 같습니다. 도메인마다 사용하는 용어도 다르고 평가 기준도 다르지만, 왜 그런 평가 기준이 나왔는 지에 대하여 곰곰히 생각해보고 차근차근 계산해보면서 이해하면, 딥러닝 모델의 실무 적용에 큰 도움이 될 것입니다.

CHAPTER 06 학습 모델 보기/저장하기/불러오기

몇 시간 동안 (또는 며칠 동안) 딥러닝 모델을 학습시킨 후 만족할 만한 결과를 얻었다면, 실무에 바로 적용하고 싶으실 겁니다. 이 때 떠오르는 의문 중 하나가 "딥러닝 모델을 사용하려면 매번 이렇게 몇 시간 동안 학습시켜야 되는 거야?"입니다. 대답은 "아니오"입니다. 딥러닝 모델을 학습시킨다는 의미는 딥러닝 모델이 가지고 있는 뉴런들의 가중치(weight)을 조정한다는 의미이고, 우리는 모델 구성과 가중치만 저장해 놓으면, 필요할 때 저장한 모델 구성과 가중치를 불러와서 사용하면 됩니다. 간단한 딥러닝 모델의 구성과 가중치를 저장 및 불러오는 방법에 대하여 알아보겠습니다.

- **간단한 모델 살펴보기**
- **실무에서의 딥러닝 시스템**
- **학습된 모델 저장하기**
- **모델 아키텍처 보기**
- **학습된 모델 불러오기**

1. 간단한 모델 살펴보기

아래는 MNIST 데이터셋(손글씨)을 학습하여 숫자를 분류하는 간단한 다층퍼셉트론 신경망 모델의 소스코드입니다. 이 코드는 모델 구성부터 학습, 평가, 사용까지 포함하고 있습니다. 이를 위해 데이터셋 구성을 모두 갖추어 훈련셋, 검증셋, 시험셋을 준비했습니다. 또한 훈련셋으로 학습한 모델을 임의의 시험셋으로 예측해보겠습니다.

```python
# 0. 사용할 패키지 불러오기
from keras.utils import np_utils
from keras.datasets import mnist
from keras.models import Sequential
from keras.layers import Dense, Activation
import numpy as np
from numpy import argmax

# 1. 데이터셋 생성하기

# 훈련셋과 시험셋 불러오기
(x_train, y_train), (x_test, y_test) = mnist.load_data()

# 데이터셋 전처리
x_train = x_train.reshape(60000, 784).astype('float32') / 255.0
x_test = x_test.reshape(10000, 784).astype('float32') / 255.0
```

```python
# 원핫인코딩 (one-hot encoding) 처리
y_train = np_utils.to_categorical(y_train)
y_test = np_utils.to_categorical(y_test)

# 훈련셋과 검증셋 분리
x_val = x_train[:42000] # 훈련셋의 30%를 검증셋으로 사용
x_train = x_train[42000:]
y_val = y_train[:42000] # 훈련셋의 30%를 검증셋으로 사용
y_train = y_train[42000:]

# 2. 모델 구성하기
model = Sequential()
model.add(Dense(units=64, input_dim=28*28, activation='relu'))
model.add(Dense(units=10, activation='softmax'))

# 3. 모델 학습과정 설정하기
model.compile(loss='categorical_crossentropy', optimizer='sgd', metrics=['accuracy'])

# 4. 모델 학습시키기
model.fit(x_train, y_train, epochs=5, batch_size=32, validation_data=(x_val, y_val))

# 5. 모델 평가하기
loss_and_metrics = model.evaluate(x_test, y_test, batch_size=32)
print('')
print('loss_and_metrics : ' + str(loss_and_metrics))

# 6. 모델 사용하기
xhat_idx = np.random.choice(x_test.shape[0], 5)
xhat = x_test[xhat_idx]
yhat = model.predict_classes(xhat)

for i in range(5):
    print('True : ' + str(argmax(y_test[xhat_idx[i]])) + ', Predict : ' + str(yhat[i]))
```

```
Train on 18000 samples, validate on 42000 samples
Epoch 1/5
18000/18000 [==============================] - 1s - loss: 1.1162 - acc: 0.7223 - val_loss:
0.6408 - val_acc: 0.8448
Epoch 2/5
18000/18000 [==============================] - 1s - loss: 0.5095 - acc: 0.8698 - val_loss:
0.4707 - val_acc: 0.8752
Epoch 3/5
18000/18000 [==============================] - 1s - loss: 0.4094 - acc: 0.8898 - val_loss:
0.4120 - val_acc: 0.8859
Epoch 4/5
18000/18000 [==============================] - 1s - loss: 0.3647 - acc: 0.8997 - val_loss:
0.3764 - val_acc: 0.8952
Epoch 5/5
18000/18000 [==============================] - 1s - loss: 0.3370 - acc: 0.9048 - val_loss:
0.3564 - val_acc: 0.9005
 9760/10000 [=========================>.] - ETA: 0s
loss_and_metrics : [0.33107854363918304, 0.90869999999999995]
```

```
5/5 [=============================] - 0s
True : 0, Predict : 0
True : 4, Predict : 4
True : 4, Predict : 1
True : 3, Predict : 3
True : 3, Predict : 3
```

이 코드에서 '5. 모델 평가하기'까지 학습을 하기 위한 과정이고, '6. 모델 사용하기' 이후 코드가 학
습된 모델을 사용하는 부분입니다. 이 사이를 분리하여 별도의 모듈로 만들면 우리가 원하는 결과
를 얻을 수 있습니다.

2. 실무에서의 딥러닝 시스템

모듈을 분리하기 전에 실무에서의 딥러닝 시스템을 살펴보겠습니다. 도메인, 문제에 따라 다양한 구
성이 있겠지만, 제가 생각하는 딥러닝 시스템 구성은 다음과 같습니다.

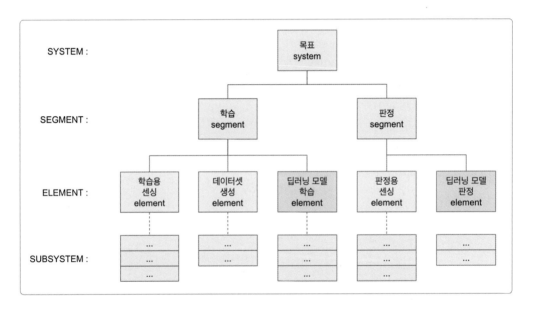

우리가 만들고자 하는 전체 시스템을 목표 시스템이라고 했을 때, 크게 '학습 segment'와 '판정
segment'로 나누어집니다. '학습 segment'는 학습을 위해, 학습 데이터를 얻기 위한 '학습용 센싱
element', 센싱 데이터에서 학습에 적합한 형태로 전처리를 수행하는 '데이터셋 생성 element', 그
리고 데이터셋으로 딥러닝 모델을 학습시키는 '딥러닝 모델 학습 element'으로 나누어집니다. '판정
segment'는 실무 환경에서 수집되는 센서인 '판정용 센싱 element'과 학습된 딥러닝 모델을 이용하
여 센싱 데이터를 판정하는 '딥러닝 모델 판정 element'으로 나누어집니다. 앞서 본 코드에는 딥러닝
모델 학습 element와 딥러닝 모델 판정 element가 모두 포함되어 있습니다. 이 두 가지 element
를 분리해보겠습니다.

딥러닝 시스템은 크게 학습 부분과 판정 부분으로 나누어진다.

3. 학습된 모델 저장하기

모델은 크게 모델 아키텍처와 모델 가중치로 구성됩니다. 모델 아키텍처는 모델이 어떤 층으로 어떻게 쌓여있는지에 대한 모델 구성이 정의되어 있고, 모델 가중치는 처음에는 임의의 값으로 초기화되어 있지만 훈련셋으로 학습하면서 갱신됩니다. 학습된 모델을 저장한다는 말은 '모델 아키텍처'와 '모델 가중치'를 저장한다는 말입니다. 케라스에서는 save() 함수 하나로 '모델 아키텍처'와 '모델 가중치'를 'h5'파일 형식으로 모두 저장할 수 있습니다.

```
from keras.models import load_model

model.save('mnist_mlp_model.h5')
```

전체 소스코드는 다음과 같습니다.

```
# 0. 사용할 패키지 불러오기
from keras.utils import np_utils
from keras.datasets import mnist
from keras.models import Sequential
from keras.layers import Dense, Activation
import numpy as np
from numpy import argmax

# 1. 데이터셋 생성하기

# 훈련셋과 시험셋 불러오기
(x_train, y_train), (x_test, y_test) = mnist.load_data()

# 데이터셋 전처리
x_train = x_train.reshape(60000, 784).astype('float32') / 255.0
x_test = x_test.reshape(10000, 784).astype('float32') / 255.0

# 원핫인코딩 (one-hot encoding) 처리
y_train = np_utils.to_categorical(y_train)
y_test = np_utils.to_categorical(y_test)

# 훈련셋과 검증셋 분리
x_val = x_train[:42000] # 훈련셋의 30%를 검증셋으로 사용
x_train = x_train[42000:]
y_val = y_train[:42000] # 훈련셋의 30%를 검증셋으로 사용
y_train = y_train[42000:]

# 2. 모델 구성하기
model = Sequential()
model.add(Dense(units=64, input_dim=28*28, activation='relu'))
model.add(Dense(units=10, activation='softmax'))

# 3. 모델 학습과정 설정하기
model.compile(loss='categorical_crossentropy', optimizer='sgd', metrics=['accuracy'])
```

```
# 4. 모델 학습시키기
model.fit(x_train, y_train, epochs=5, batch_size=32, validation_data=(x_val, y_val))

# 5. 모델 평가하기
loss_and_metrics = model.evaluate(x_test, y_test, batch_size=32)
print('')
print('loss_and_metrics : ' + str(loss_and_metrics))

# 6. 모델 저장하기
from keras.models import load_model
model.save('mnist_mlp_model.h5')
```

```
Train on 18000 samples, validate on 42000 samples
Epoch 1/5
18000/18000 [==============================] - 1s - loss: 1.1162 - acc: 0.7223 - val_loss:
0.6408 - val_acc: 0.8448
Epoch 2/5
18000/18000 [==============================] - 1s - loss: 0.5095 - acc: 0.8698 - val_loss:
0.4707 - val_acc: 0.8752
Epoch 3/5
18000/18000 [==============================] - 1s - loss: 0.4094 - acc: 0.8898 - val_loss:
0.4120 - val_acc: 0.8859
...
Epoch 3/5
18000/18000 [==============================] - 1s - loss: 0.4079 - acc: 0.8896 - val_loss:
0.4065 - val_acc: 0.8875
Epoch 4/5
18000/18000 [==============================] - 1s - loss: 0.3621 - acc: 0.9001 - val_loss:
0.3733 - val_acc: 0.8952
Epoch 5/5
18000/18000 [==============================] - 1s - loss: 0.3342 - acc: 0.9061 - val_loss:
0.3521 - val_acc: 0.8993
 9472/10000 [=========================>..] - ETA: 0s
loss_and_metrics : [0.32272637211084365, 0.9093]
```

'mnist_mlp_model.h5'라는 파일이 작업 디렉토리에 생성되었는지 확인해봅니다. 예제에서는 424KB로 생성되었습니다. 저장된 파일에는 다음의 정보가 담겨 있습니다.

- **나중에 모델을 재구성하기 위한 모델의 구성 정보**
- **모델를 구성하는 각 뉴런들의 가중치**
- **손실함수, 최적화하기 등의 학습 설정**
- **재학습을 할 수 있도록 마지막 학습 상태**

4. 모델 아키텍처 보기

model_to_dat() 함수를 통해 모델 아키텍처를 가시화할 수 있습니다. model 객체를 생성한 뒤라면 언제든지 아래 코드를 호출하여 모델 아키텍처를 블록 형태로 볼 수 있습니다.

```
from IPython.display import SVG
from keras.utils.vis_utils import model_to_dot

%matplotlib inline

SVG(model_to_dot(model, show_shapes=True).create(prog='dot', format='svg'))
```

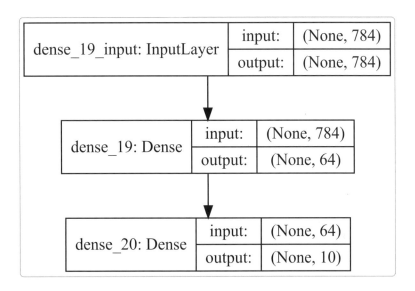

5. 학습된 모델 불러오기

'mnist_mlp_model.h5'에는 모델 아키텍처와 학습된 모델 가중치가 저장되어 있으니, 이를 불러와서 사용해보겠습니다. 코드 흐름은 다음과 같습니다.

- 모델을 불러오는 함수를 이용하여 앞서 저장한 모델 파일로부터 모델을 재형성합니다.
- 실제 데이터로 모델을 사용합니다. 이 때, 주로 사용되는 함수가 predict() 함수이지만 Sequential 기반의 분류모델을 사용할 경우 좀 더 편리하게 사용할 수 있도록 predict_classes() 함수를 제공합니다. 이 함수를 이용하면 가장 확률이 높은 클래스의 인덱스를 알려줍니다.

```
# 0. 사용할 패키지 불러오기
from keras.utils import np_utils
from keras.datasets import mnist
from keras.models import Sequential
from keras.layers import Dense, Activation
import numpy as np
```

```
from numpy import argmax

# 1. 실무에 사용할 데이터 준비하기
(x_train, y_train), (x_test, y_test) = mnist.load_data()
x_test = x_test.reshape(10000, 784).astype('float32') / 255.0
y_test = np_utils.to_categorical(y_test)
xhat_idx = np.random.choice(x_test.shape[0], 5)
xhat = x_test[xhat_idx]

# 2. 모델 불러오기
from keras.models import load_model
model = load_model('mnist_mlp_model.h5')

# 3. 모델 사용하기
yhat = model.predict_classes(xhat)

for i in range(5):
    print('True : ' + str(argmax(y_test[xhat_idx[i]])) + ', Predict : ' + str(yhat[i]))
```

```
5/5 [==============================] - 0s
True : 8, Predict : 8
True : 7, Predict : 7
True : 1, Predict : 1
True : 0, Predict : 0
True : 4, Predict : 4
```

파일로부터 모델 아키텍처와 모델 가중치를 재구성한 모델의 결과가 잘 나오는 것을 확인할 수 있습니다.

6. Q & A

Q1) 모델 아키텍처와 모델 가중치를 따로 저장할 수는 없나요?

A1) 있습니다. 모델 아키텍처는 model.to_json() 함수와 model.to_yaml() 함수를 이용하면 json 혹은 yaml 형식의 파일로 저장할 수 있습니다. 가중치는 model.save_weights() 함수로 파일 경로를 인자로 입력하면 h5 형식의 가중치 파일이 생성됩니다. 따로 저장한 경우에는 구성 시에도 따로 해야 합니다. 모델 아키텍처를 먼저 구성한 뒤 가중치를 불러와서 모델에 셋팅하면 됩니다.

```
from models import model_from_json
json_string = model.to_json() # 모델 아키텍처를 json 형식으로 저장
model = model_from_json(json_string) # json 파일에서 모델 아키텍처 재구성

from models import model_from_yaml
yaml_string = model.to_yaml() # 모델 아키텍처를 yaml 형식으로 저장
model = model_from_yaml(yaml_string) # yaml 파일에서 모델 아키텍처 재구성
```

Q2) predict_classes() 함수는 Sequential 기반 모델에서만 사용가능한지요?

A2) 네, 맞습니다. functional API 기반 모델은 여러 개의 입출력으로 구성된 다양한 모델을 구성할 수 있기 때문에 예측 함수의 출력 형태 또한 다양합니다. 따라서 클래스 인덱스를 알려주는 간단한 예측 함수는 제공하지 않습니다.

{요약}

학습한 모델을 저장하고 불러오는 방법에 대하여 알아보았습니다. 저장된 파일에는 모델 구성과 가중치 정보 외에도 학습 설정 및 상태가 저장되므로 모델을 불러온 후 재학습을 시킬 수 있습니다. 신규 데이터셋이 계속 발생하는 경우에는 재학습 및 평가가 빈번하게 일어날 수 있습니다. 또한 일반적인 딥러닝 시스템에서는 학습 처리 시간을 단축시키기 위해 GPU나 클러스터 장비에서 학습과정이 이루어지나, 판정 과정은 학습된 모델 결과 파일을 이용하여 일반 PC 및 모바일, 임베디드 등에서 이루어집니다. 이처럼 도메인, 사용 목적 등에 따라 운영 시나리오 및 환경이 다양하기 때문에 딥러닝 모델에 대한 연구도 중요하지만 실무에 적용하기 위해서는 목표 시스템에 대한 설계도 중요합니다.

## PART 03

레이어 개념잡기

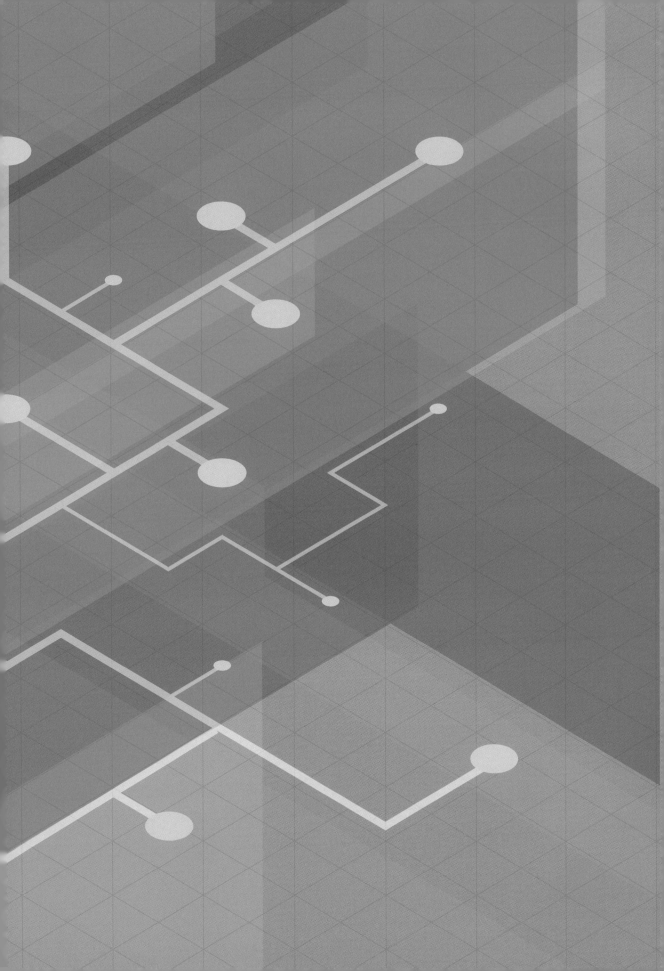

## CHAPTER 01

다층 퍼셉트론 레이어 이야기

케라스에서 사용되는 레이어(layer, 층)의 개념에 대하여 알아봅니다. 케라스의 핵심 데이터 구조는 모델이고 이 모델을 구성하는 것이 레이어입니다. 간단히 뉴런에 대하여 알아본 다음, 주요 레이어에 대해 기본 개념, 역할 등에 대하여 살펴보고 레이어를 어떻게 쌓아서 모델을 만들 수 있는지 알아봅니다. 기본적인 레이어 개념을 익히면 모델을 블록을 쌓는 것처럼 쉽게 구성할 수 있습니다. 다층 퍼셉트론 신경망 모델에서 사용되는 Dense 레이어를 중점으로 알아보겠습니다.

1. 인간의 신경계를 모사한 뉴런 이야기

다음 쪽에 나오는 신경망에서 사용되는 뉴런은 인간의 신경계를 모사한 것입니다. 왼쪽 그림이 인간의 뉴런이고 오른쪽 그림이 이를 모델링한 것입니다.

- **axon(축삭돌기)** : 팔처럼 몸체에서 뻗어나와 다른 뉴런의 수상돌기와 연결됩니다.
- **dendrite(수상돌기)** : 다른 뉴런의 축삭 돌기와 연결되며, 몸체에 나뭇가지 형태로 붙어 있습니다.
- **synapse(시냅스)** : 축사돌기와 수상돌기가 연결된 지점입니다. 여기서 한 뉴런이 다른 뉴런으로 신호를 전달합니다.

하나의 뉴런은 여러 다른 뉴런의 축삭돌기와 연결되어 있는데 연결된 시냅스의 강도에 따라 연결된 뉴런들의 영향력이 결정됩니다. 이러한 영향력의 합이 어떤 값을 초과하면 신호가 발생하여 축삭돌기를 통하여 다른 뉴런에 신호가 전달되는 식입니다. 오른쪽 그림의 모델링과는 다음과 같이 매칭됩니다.

- x_0, x_1, x_2 : 입력되는 뉴런의 축삭돌기로부터 전달되는 신호의 양을 나타냅니다.
- w_0, w_1, w_2 : 시냅스의 강도, 즉 입력되는 뉴런의 영향력을 나타냅니나.
- $w_0 x_0 + w_1 x_1 + w_2 x_2$: 입력되는 신호의 양과 해당 신호의 시냅스 강도가 곱해진 값의 합계를 나타냅니다.
- f : 최종 합계가 다른 뉴런에게 전달되는 신호의 양을 결정짓는 규칙, 이를 활성화 함수라고 부릅니다.

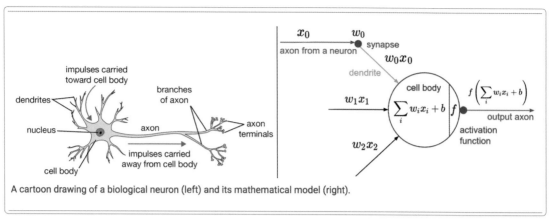

A cartoon drawing of a biological neuron (left) and its mathematical model (right).

그림 출처: http://cs231n.github.io/neural-networks-1/

세 개의 신호를 받아 하나의 신호를 전달하는 뉴런을 블록으로 표현하면 다음과 같습니다. 녹색 블록은 시냅스의 강도, 노란색과 빨간색 블록은 연산자, 파란색 블록은 활성화 함수를 나타냅니다.

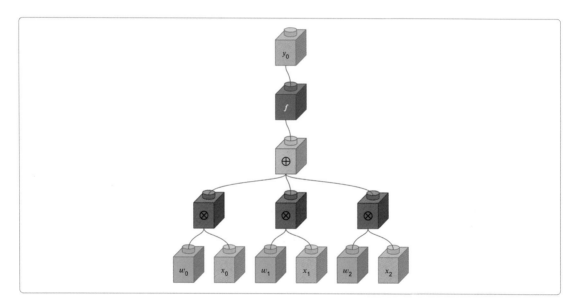

만약 세 개의 신호가 서로 다른 뉴런 두 개에 전달된다고 한다면, 각 뉴런은 하나의 신호가 출력되므로 총 두 개의 신호가 출력됩니다. 이를 블록으로 표현하면 다음과 같습니다.

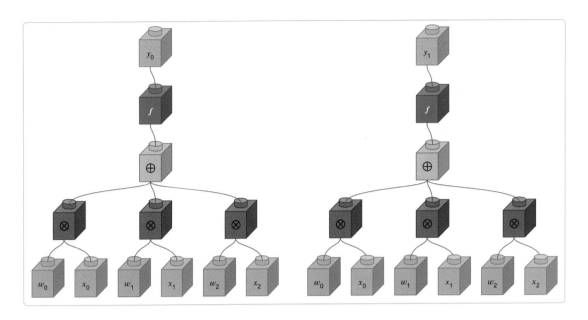

위와 같은 표현이지만 이를 겹쳐 표현하면 아래와 같습니다. 다시 말해 세 개의 신호를 받는 뉴런 두 개를 표현한 것입니다. 여기서 유심히 봐야할 점은 시냅스의 강도, 즉 녹색 블록의 개수입니다. 세 개의 신호가 뉴런 두 개에 연결되므로 총 연결 경우의 수(3×2=6)인 6개가 됩니다.

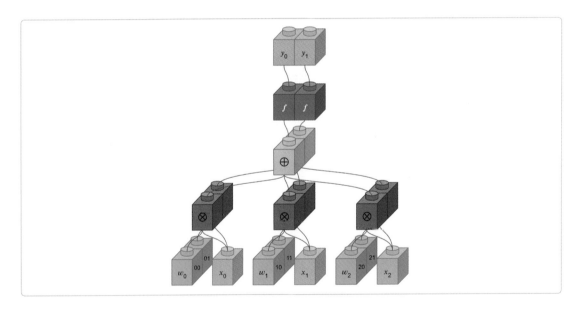

2. 입출력을 모두 연결해주는 Dense 레이어

Dense 레이어는 입력과 출력을 모두 연결해줍니다. 예를 들어 입력 뉴런이 4개, 출력 뉴런이 8개있다면 총 연결선은 32개(4×8=32)입니다. 각 연결선은 가중치(weight)를 포함하고 있는데, 이 가중치가 연결강도를 의미합니다. 현재 연결선이 32개이므로 가중치도 32개입니다.

가중치가 높을수록 해당 입력 뉴런이 출력 뉴런에 미치는 영향이 크고, 낮을수록 미치는 영향이 작다.

예를 들어 성별을 판단하는 문제에서 출력 뉴런의 값이 성별을 의미하고 입력 뉴런에 머리카락길이, 키, 혈액형 등이 있다고 가정했을 때, 머리카락 길이의 가중치가 가장 높고, 키의 가중치가 중간이고, 혈액형의 가중치가 가장 낮을 겁니다. 딥러닝 학습과정에서 이러한 가중치들이 조정됩니다. 이렇게 입력 뉴런과 출력 뉴런을 모두 연결한다고 해서 전결합층이라고 불리고, 케라스에서는 Dense라는 클래스로 구현이 되어 있습니다. 아래는 Dense 클래스 사용 예제입니다.

```
Dense(8, input_dim=4, activation='relu')
```

주요 인자는 다음과 같습니다.
- **첫 번째 인자 :** 출력 뉴런의 수를 설정합니다.
- **input_dim :** 입력 뉴런의 수를 설정합니다.
- **activation :** 활성화 함수를 설정합니다.
  - 'linear' : 디폴트 값, 입력뉴런과 가중치로 계산된 결과값이 그대로 출력으로 나옵니다.
  - 'relu' : rectifier 함수, 은닉층에 주로 쓰입니다.
  - 'sigmoid' : 시그모이드 함수, 이진 분류 문제에서 출력층에 주로 쓰입니다.
  - 'softmax' : 소프트맥스 함수, 다중 클래스분류 문제에서 출력층에 주로 쓰입니다.

Dense 레이어는 입력 뉴런 수에 상관없이 출력 뉴런 수를 자유롭게 설정할 수 있기 때문에 출력층으로 많이 사용합니다. 이진 분류 문제에서는 0과 1을 나타내는 출력 뉴런이 하나만 있으면 되기 때문에 아래 코드처럼 출력 뉴런이 1개이고, 입력 뉴런과 가중치를 계산한 값을 0에서 1사이로 표현할 수 있는 활성화 함수인 'sigmoid'를 사용합니다.

```
Dense(1, input_dim=3, activation='sigmoid'))
```

이를 블록으로 표시하면 다음과 같습니다. 왼쪽 그림은 앞서 설명한 뉴런 상세 구조를 도식화한 것이고, 오른쪽 그림은 이를 간단하게 나타낸 것입니다. 왼쪽 그림에서 시냅스 강도가 녹색 블록으로 표시되어 있다면, 중간 그림에서는 시냅스 강도가 연결선으로 표시되어 있고, 오른쪽 그림에서는 생략되어 있습니다. 생략되어 있더라도 입력 신호의 수와 출력 신호의 수만 알면 곱셈으로 쉽게 유추할 수 있습니다.

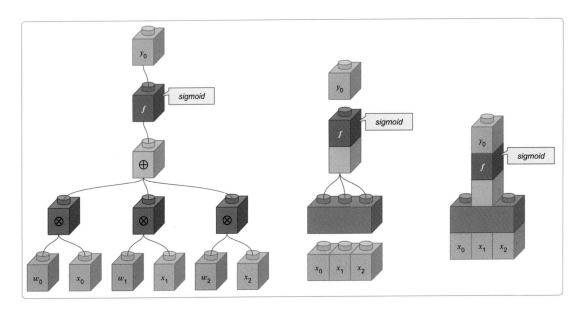

다중클래스분류 문제에서는 클래스 수만큼 출력 뉴런이 필요합니다. 만약 세 가지 종류로 분류한다면, 아래 코드처럼 출력 뉴런이 3개이고 입력 뉴런과 가중치를 계산한 값을 각 클래스의 확률 개념으로 표현할 수 있는 활성화 함수인 'softmax'를 사용합니다.

```
Dense(3, input_dim=4, activation='softmax')
```

이를 블록으로 표시하면 다음과 같습니다. 입력 신호가 4개이고 출력 신호가 3개이므로 시냅스 강도의 개수는 12개입니다.

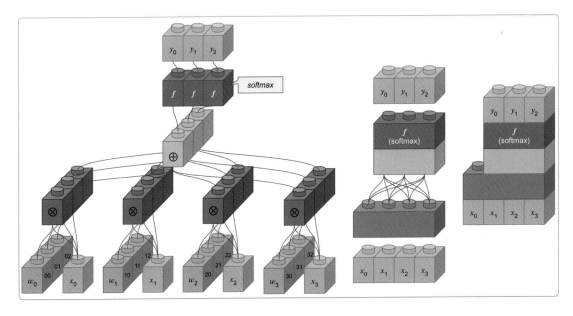

Dense 레이어는 보통 출력층 이전의 은닉층으로 많이 쓰이고 영상이 아닌 수치자료 입력 시에는 입력층으로도 많이 쓰입니다. 이 때 활성화 함수로 'relu'가 주로 사용됩니다. 'relu'는 학습과정에서 역전파 시에 좋은 성능이 나오는 것으로 알려져 있습니다.

```
Dense(4, input_dim=6, activation='relu')
```

이를 블록으로 표시하면 다음과 같습니다.

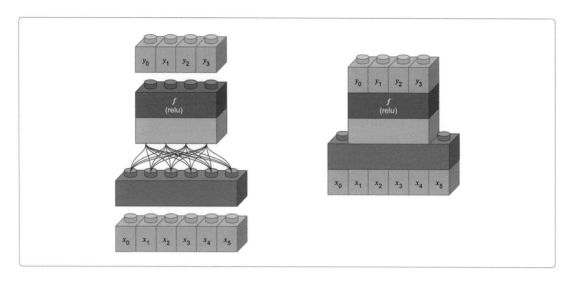

또한 입력층이 아닐 때에는 이전층의 출력 뉴런 수를 알 수 있기 때문에 input_dim을 지정하지 않아도 됩니다. 아래 코드를 보면, 입력층에만 input_dim을 정의하였고 이후 층에서는 input_dim을 지정하지 않았습니다.

```
model.add(Dense(8, input_dim=4, activation='relu'))
model.add(Dense(6, activation='relu'))
model.add(Dense(1, activation='sigmoid'))
```

이를 블록으로 표시하면 다음과 같습니다. 왼쪽 그림은 Dense 레이어 세 개를 도식화한 것이고, 오른쪽 그림은 입력과 출력의 수에 맞게 연결하여 입력 신호가 인가되었을 때, 출력 신호가 나오는 것까지의 구성을 표시한 것입니다. 이제 블록만 봐도 입력값이 4이고 출력값이 0에서 1까지 범위를 가지는 값이 나올 수 있도록 설계된 구조임을 알 수 있습니다. 활성화 함수가 'sigmoid'이기 때문에 이진 분류에 적합합니다.

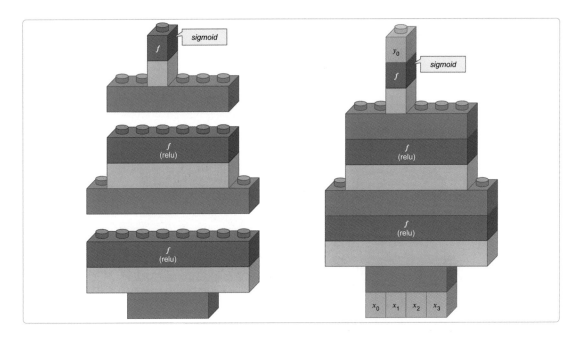

쌓았던 블록을 실제 케라스로 구현해봅니다. 4개의 입력 값을 받아 이진 분류하는 문제를 풀 수 있는 모델입니다.

```
from keras.models import Sequential
from keras.layers import Dense

model = Sequential()

model.add(Dense(8, input_dim=4, activation='relu'))
model.add(Dense(6, activation='relu'))
model.add(Dense(1, activation='sigmoid'))
```

케라스의 시각화 기능을 이용하여 구성된 레이어를 벡터 이미지 형태로 볼 수 있습니다. 블록과 비교해서 봤을 때 위아래만 바뀌었을 뿐 크게 차이가 없습니다.

```
from IPython.display import SVG
from keras.utils.vis_utils import model_to_dot

%matplotlib inline

SVG(model_to_dot(model, show_shapes=True).create(prog='dot', format='svg'))
```

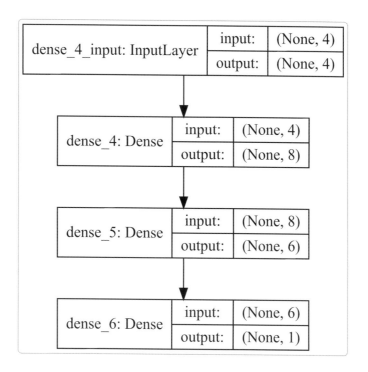

{요약}

신경망의 기본인 뉴런에 대하여 알아보고, 이를 다양한 방식으로 도식화해 보았습니다. 그리고 다층 퍼셉트론 신경망 모델에서 가장 기본이 되는 전결합층인 Dense 레이어와 Dense 레이어를 쌓는 법에 대하여 알아보았습니다.

CHAPTER 02 다층 퍼셉트론 신경망 모델 만들어보기

케라스를 이용하여 간단한 다층 퍼셉트론 신경망 모델을 만들어보겠습니다. 다음과 같은 순서로 진행하겠습니다.

- **문제 정의하기**
- **데이터 준비하기**
- **데이터셋 생성하기**
- **모델 구성하기**
- **모델 학습과정 설정하기**
- **모델 학습시키기**
- **모델 평가하기**

1. 문제 정의하기

다층 퍼셉트론 신경망 모델은 가장 기본적인 모델이라 대부분의 문제에 적용할 수 있습니다. 본 예제에서는 비교적 쉬운 이진 분류 문제를 적용해 보고자 합니다. 이진 분류 예제에 적합한 데이터셋은 8개 변수와 당뇨병 발병 유무가 기록된 '피마족 인디언 당뇨병 발병 데이터셋'이 있습니다. 이 데이터셋을 이용하여 8개 변수를 독립변수로 보고 당뇨병 발병 유무를 예측하는 이진 분류 문제로 정의해 보겠습니다.

데이터셋은 아래 링크에서 다운로드 받으실 수 있습니다.

https://archive.ics.uci.edu/ml/datasets/Pima+Indians+Diabetes

'피마족 인디언 당뇨병 발병 데이터셋'을 선정한 이유는 다음과 같습니다.

- **인스턴스 수와 속성 수가 예제로 사용하기에 적당합니다.**
- **모든 특징이 정수 혹은 실수로 되어 있어서 별도의 전처리 과정이 필요없습니다.**

데이터셋을 준비하기에 앞서, 매번 실행 시마다 결과가 달라지지 않도록 랜덤 시드를 명시적으로 지정합니다. 이것을 하지 않으면 매번 실행 시마다 동일 모델임에도 불구하고 다른 결과가 나오기 때문에 연구 개발 단계에서 파라미터 조정이나 데이터셋에 따른 결과 차이를 보려면 랜덤 시드를 지정해주는 것이 좋습니다.

```python
import numpy as np
from keras.models import Sequential
from keras.layers import Dense

# 랜덤시드 고정시키기
np.random.seed(5)
```

2. 데이터 준비하기

위 링크에서 'pima-indians-diabetes.names'을 열어보면 데이터셋에 대한 설명이 포함되어 있습니다. 먼저 몇 가지 주요 항목을 살펴보겠습니다.

- **인스턴스 수 :** 768개
- **속성 수 :** 8가지
- **클래스 수 :** 2가지

8가지 속성(1번~8번)과 결과(9번)의 상세 내용은 다음과 같습니다.

1. 임신 횟수
2. 경구 포도당 내성 검사에서 2시간 동안의 혈장 포도당 농도
3. 이완기 혈압(mm Hg)
4. 삼두근 피부 두겹 두께(mm)
5. 2시간 혈청 인슐린(mu U/ml)
6. 체질량 지수
7. 당뇨 직계 가족력
8. 나이(세)
9. 5년 이내 당뇨병이 발병 여부

좀 더 살펴보면, 양성인 경우가 268개(34.9%), 음성인 경우가 500개(65.1%)입니다. 즉, 모델이 모두 음성이라고 판별한다 하더라도 65.1%의 기본 정확도(baseline accuracy)를 달성할 수 있습니다. 즉, 우리의 모델이 65.1%보다 낮으면 모두 음성이라고 판별하는 것보다 낮은 정확도를 가진다고 생각하면 됩니다. 지금까지 개발된 알고리즘의 최대 정확도는 10-fold 교차검증(cross validataion) 했을 때 77.7%이라고 웹사이트에는 표기되어 있습니다.

'pima-indians-diabetes.data'가 실제 데이터 파일입니다. 열어보면 CSV 형태로 되어 있습니다. CSV는 값들이 쉼표로 분리된 텍스트파일이며 메모장이나 엑셀에서 쉽게 확인할 수 있습니다.

```
6,148,72,35,0,33.6,0.627,50,1
1,85,66,29,0,26.6,0.351,31,0
8,183,64,0,0,23.3,0.672,32,1
1,89,66,23,94,28.1,0.167,21,0
0,137,40,35,168,43.1,2.288,33,1
```

속성별 간단한 통계 정보는 다음과 같습니다.

No.	속성	평균	표준편차
1	임신 횟수	3.8	3.4
2	포도당 내성	102.9	32.0
3	이완기 혈압	69.1	19.4
4	삼두근 피부 두겹 두께	20.5	16.0
5	혈청 인슐린	79.8	115.2
6	체질량 지수	32.0	7.9
7	당뇨 직계 가족력	0.5	0.3
8	나이	33.2	11.8

numpy 패키지에서 제공하는 loadtxt() 함수를 통해 데이터를 불러옵니다.

```
dataset = np.loadtxt("./warehouse/pima-indians-diabetes.data", delimiter=",")
```

3. 데이터셋 생성하기

CSV 형식의 파일은 numpy 패키지에서 제공하는 loadtxt() 함수로 직접 불러올 수 있습니다. 데이터셋에는 속성값과 판정결과가 모두 포함되어 있기 때문에 입력(속성값 8개)과 출력(판정결과 1개) 변수로 분리합니다.

```
x_train = dataset[:700,0:8]
y_train = dataset[:700,8]
x_test = dataset[700:,0:8]
y_test = dataset[700:,8]
```

4. 모델 구성하기

Dense 레이어만을 사용하여 다층 퍼셉트론 신경망 모델을 구성할 수 있습니다. 속성이 8개이기 때문에 입력 뉴런이 8개이고 이진 분류이기 때문에 0~1사이의 값을 나타내는 출력 뉴런이 1개입니다.

• **첫 번째 Dense 레이어는 은닉층(hidden layer)으로 8개 뉴런을 입력받아 12개 뉴런을 출력합니다.**
• **두 번째 Dense 레이어는 은닉층으로 12개 뉴런을 입력받아 8개 뉴런을 출력합니다.**
• **마지막 Dense 레이어는 출력 레이어로 8개 뉴런을 입력받아 1개 뉴런을 출력합니다.**

이 구성을 블록으로 표시해 보았습니다. 총 세 개의 Dense 레이어 블록으로 모델을 구성한 다음, 8개의 속성 값을 입력하면 1개의 출력값을 얻을 수 있는 구성입니다.

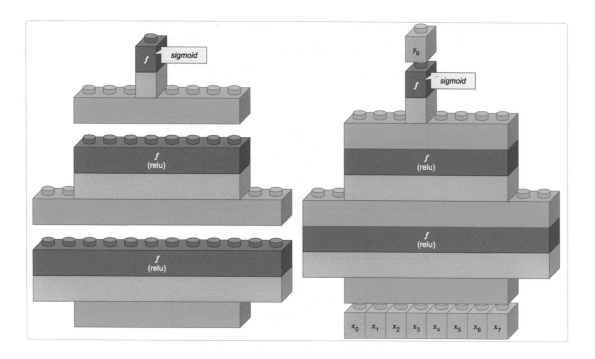

```
model = Sequential()
model.add(Dense(12, input_dim=8, activation='relu'))
model.add(Dense(8, activation='relu'))
model.add(Dense(1, activation='sigmoid'))
```

은닉 레이어의 활성화 함수는 모두 'relu'를 사용하였고 출력 레이어만 0과 1사이로 값이 출력될 수 있도록 활성화 함수를 'sigmoid'로 사용했습니다. 0과 1사이의 실수값이 나오기 때문에 양성 클래스의 확률로 쉽게 매칭할 수 있습니다.

```
from IPython.display import SVG
from keras.utils.vis_utils import model_to_dot

%matplotlib inline

SVG(model_to_dot(model, show_shapes=True).create(prog='dot', format='svg'))
```

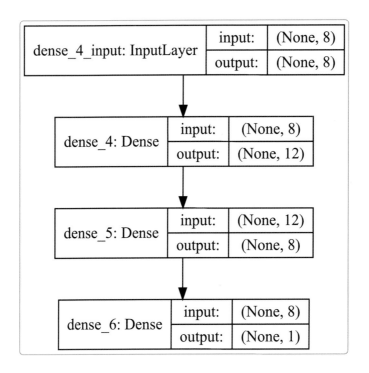

5. 모델 학습과정 설정하기

모델을 정의하였다면 모델을 손실함수와 최적화 알고리즘으로 엮어봅니다.

- **loss :** 현재 가중치 세트를 평가하는데 사용한 손실 함수입니다. 이진 클래스 문제이므로 'binary_crossentropy'으로 지정합니다.
- **optimizer :** 최적의 가중치를 검색하는데 사용하는 최적화 알고리즘으로 효율적인 경사 하강법 알고리즘 중 하나인 'adam'을 사용합니다.
- **metrics :** 평가 척도를 나타내며 분류 문제에서는 일반적으로 'accuracy'으로 지정합니다.

```
model.compile(loss='binary_crossentropy', optimizer='adam', metrics=['accuracy'])
```

6. 모델 학습시키기

모델을 학습시키기 위해서 fit() 함수를 사용합니다.

- **첫 번째 인자 :** 입력 변수입니다. 8개의 속성 값을 담고 있는 X를 입력합니다.
- **두 번째 인자 :** 출력 변수 즉 라벨값입니다. 결과값을 담고 있는 Y를 입력합니다.
- **epochs :** 전체 훈련 데이터셋에 대해 학습 반복 횟수를 지정합니다. 1500번을 반복적으로 학습시켜 보겠습니다.
- **batch_size :** 가중치를 업데이트할 배치 크기를 의미하며, 64개로 지정했습니다.

```
model.fit(x_train, y_train, epochs=1500, batch_size=64)
```

```
Epoch 1/1500
700/700 [==============================] - 0s - loss: 6.7867 - acc: 0.4457
Epoch 2/1500
700/700 [==============================] - 0s - loss: 5.5095 - acc: 0.5329
Epoch 3/1500
700/700 [==============================] - 0s - loss: 4.3757 - acc: 0.6257
Epoch 4/1500
700/700 [==============================] - 0s - loss: 3.9384 - acc: 0.6400
...
Epoch 1474/1500
700/700 [==============================] - 0s - loss: 0.4070 - acc: 0.7986
Epoch 1475/1500
700/700 [==============================] - 0s - loss: 0.4049 - acc: 0.8100
Epoch 1476/1500
 64/700 [=>............................] - ETA: 0s - loss: 0.4664 - acc: 0.7656
```

7. 모델 평가하기

시험셋으로 학습한 모델을 평가해봅니다.

```
scores = model.evaluate(x_test, y_test)
print("%s: %.2f%%" %(model.metrics_names[1], scores[1]*100))

32/68 [=============>................] - ETA: 0sacc: 77.94%
```

77.94% 이라는 결과가 나왔습니다. 평가 방법이 조금 다르기는 하지만 77.7%이라고 웹사이트 표기
된 것에 비교하면 만족할 만한 수준입니다.

8. 전체 소스

```
# 0. 사용할 패키지 불러오기
import numpy as np
from keras.models import Sequential
from keras.layers import Dense

# 랜덤시드 고정시키기
np.random.seed(5)

# 1. 데이터 준비하기
dataset = np.loadtxt("./warehouse/pima-indians-diabetes.data", delimiter=",")

# 2. 데이터셋 생성하기
x_train = dataset[:700,0:8]
y_train = dataset[:700,8]
x_test = dataset[700:,0:8]
y_test = dataset[700:,8]
```

```python
# 3. 모델 구성하기
model = Sequential()
model.add(Dense(12, input_dim=8, activation='relu'))
model.add(Dense(8, activation='relu'))
model.add(Dense(1, activation='sigmoid'))

# 4. 모델 학습과정 설정하기
model.compile(loss='binary_crossentropy', optimizer='adam', metrics=['accuracy'])

# 5. 모델 학습시키기
model.fit(x_train, y_train, epochs=1500, batch_size=64)

# 6. 모델 평가하기
scores = model.evaluate(x_test, y_test)
print("%s: %.2f%%" %(model.metrics_names[1], scores[1]*100))
```

```
Epoch 1/1500
700/700 [==============================] - 0s - loss: 6.7867 - acc: 0.4457
Epoch 2/1500
700/700 [==============================] - 0s - loss: 5.5095 - acc: 0.5329
Epoch 3/1500
700/700 [==============================] - 0s - loss: 4.3757 - acc: 0.6257
Epoch 4/1500
700/700 [==============================] - 0s - loss: 3.9384 - acc: 0.6400
...
Epoch 1498/1500
700/700 [==============================] - 0s - loss: 0.4021 - acc: 0.8057
Epoch 1499/1500
700/700 [==============================] - 0s - loss: 0.4056 - acc: 0.8000
Epoch 1500/1500
700/700 [==============================] - 0s - loss: 0.4082 - acc: 0.8043
32/68 [============>..............] - ETA: 0sacc: 77.94%
```

다층 퍼셉트론 신경망 모델을 만들어보고 실제 데이터셋을 사용하여 학습시켜보았습니다. 수치로 된 데이터를 불러오는 법과 모델에 학습시키기 위하여 간단히 가공을 해보았습니다. 또한 이진 분류 문제를 풀기 위해서 입력 레이어와 출력 레이어를 어떻게 구성해야 하는지 알아보았습니다.

이번 장을 마치기 전에 '피마족 인디언 당뇨병 발병 데이터셋'에 대하여 조금 더 알아보고자 합니다. 위 링크의 'Data Folder'안에 'costs'라는 폴더가 있는데 여기에 있는 파일에는 각 속성별로 비용이라든지 획득 시간 등의 수치 정보가 포함되어 있습니다. 먼저 costs 폴더에 어떤 파일이 있는지 알아보겠습니다.

- pima-indians-diabetes.cost : 속성별로 테스트를 위한 비용이 캐나다 달러로 표시되어 있습니다.
- pima-indians-diabetes.delay : 속성별로 테스트 시에 바로 결과가 나오는 지('immediate') 아니면 시간이 걸리는 지('delayed')가 표시되어 있습니다. 예를 들어 혈액 검사는 혈액을 취득 후에 실험실로 보내졌다가 다음날 의사에게 전달되기 때문에 테스트에 시간이 걸립니다.
- pima-indians-diabetes.expense : 단체로 테스트를 할 경우에는 할인이 될 수 있기 때문에, 각 속성별로 단체 할인 비용을 표시하였습니다.
- pima-indians-diabetes.group : 단체로 그룹핑할 수 있는 속성이 표기되어 있습니다.

표로 요약해보았습니다. 임신 횟수나 나이, 혈압 등은 구두로 물어보거나 측정기로 간단하게 측정할 수 있기 때문에 비용이 얼마 들지 않지만, 포도당 내성 검사나 혈청 인슐린 수치 등 혈액 검사가 필요한 것은 비용도 발생하고 테스트 결과도 즉시 알 수 없습니다. 실제로도 딥러닝을 실무에 적용하려다 보면 데이터 수집 및 판정 결과를 얻기가 쉽지 않고 비용 산정도 어려울 때가 많습니다. 기간, 비용등을 고려하여 계획을 세워야 효율적으로 데이터를 원활하게 수집할 수가 있습니다.

No.	속성	테스트 시간	비용(CAD)	단체할인비용(CAD)
1	임신 횟수	즉시	1.00	N/A
2	포도당 내성	지연	17.61	15.51
3	이완기 혈압	즉시	1.00	N/A
4	삼두근 피부 두겹 두께	즉시	1.00	N/A
5	혈청 인슐린	지연	22.78	20.68
6	체질량 지수	즉시	1.00	N/A
7	당뇨 직계 가족력	즉시	1.00	N/A
8	나이	즉시	1.00	N/A

CHAPTER 03 컨볼루션 신경망 레이어 이야기

컨볼루션 신경망은 다층 퍼셉트론 신경망과 매우 유사하나 이미지가 가지고 있는 특성이 고려되어 설계된 신경망이기에 영상 처리에 주로 사용됩니다. 컨볼루션 신경망 모델의 주요 레이어는 컨볼루션(Convolution) 레이어, 맥스풀링(Max Pooling) 레이어, 플래튼(Flatten) 레이어이며, 각 레이어별로 레이어 구성 및 역할에 대하여 알아보겠습니다.

1. 필터로 특징을 뽑아주는 컨볼루션(Convolution) 레이어

케라스에서 제공하는 컨볼루션 레이어 종류에도 여러 가지가 있으나 영상 처리에 주로 사용되는 Conv2D 레이어를 살펴보겠습니다. 레이어는 영상 인식에 주로 사용하며, 필터가 탑재되어 있습니다. 아래는 Conv2D 클래스 사용 예제입니다.

```
Conv2D(32, (5, 5), padding='valid', input_shape=(28, 28, 1), activation='relu')
```

주요 인자는 다음과 같습니다.
- **첫 번째 인자** : 컨볼루션 필터의 수입니다.
- **두 번째 인자** : 컨볼루션 커널의 (행, 열)입니다.
- **padding** : 경계 처리 방법을 정의합니다.
    - 'valid' : 유효한 영역만 출력됩니다. 따라서 출력 이미지 사이즈는 입력 이미지 사이즈보다 작습니다.
    - 'same' : 출력 이미지 사이즈가 입력 이미지 사이즈와 동일합니다.
- **input_shape** : 샘플 수를 제외한 입력 형태를 정의 합니다. 모델에서 첫 레이어일 때만 정의하면 됩니다.
    - (행, 열, 채널 수)로 정의합니다. 흑백영상인 경우에는 채널이 1이고, 컬러(RGB)영상인 경우에는 채널을 3으로 설정합니다.
- **activation** : 활성화 함수를 설정합니다.
    - 'linear' : 디폴트 값, 입력뉴런과 가중치로 계산된 결과값이 그대로 출력으로 나옵니다.
    - 'relu' : rectifier 함수, 은닉층에 주로 쓰입니다.
    - 'sigmoid' : 시그모이드 함수, 이진 분류 문제에서 출력층에 주로 쓰입니다.
    - 'softmax' : 소프트맥스 함수, 다중 클래스분류 문제에서 출력층에 주로 쓰입니다.

입력 형태는 다음과 같습니다.

- image_data_format이 'channels_first'인 경우 (샘플 수, 채널 수, 행, 열)로 이루어진 4D 텐서입니다.
- image_data_format이 'channels_last'인 경우 (샘플 수, 행, 열, 채널 수)로 이루어진 4D 텐서입니다.

image_data_format 옵션은 "keras.json" 파일 안에 있는 설정입니다. 콘솔에서 "vi ~/.keras/keras.json"으로 keras.json 파일 내용을 변경할 수 있습니다.

출력 형태는 다음과 같습니다.
- image_data_format이 'channels_first'인 경우 (샘플 수, 필터 수, 행, 열)로 이루어진 4D 텐서입니다.
- image_data_format이 'channels_last'인 경우 (샘플 수, 행, 열, 필터 수)로 이루어진 4D 텐서입니다.
- 행과 열의 크기는 padding이 'same'인 경우에는 입력 형태의 행과 열의 크기가 동일합니다.

간단한 예제로 컨볼루션 레이어와 필터에 대하여 알아보겠습니다. 입력 이미지는 채널 수가 1, 너비가 3 픽셀, 높이가 3 픽셀이고, 크기가 2x2인 필터가 하나인 경우를 레이어로 표시하면 다음과 같습니다. 단, image_data_format이 'channels_last'인 경우입니다.

```
Conv2D(1, (2, 2), padding='valid', input_shape=(3, 3, 1))
```

이를 도식화하면 다음과 같습니다.

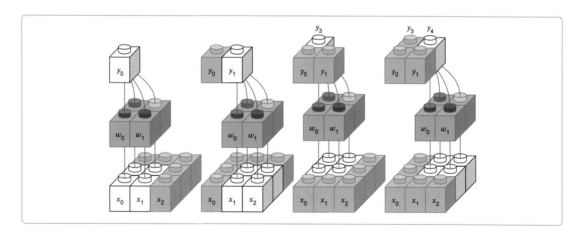

필터는 가중치를 의미합니다. 하나의 필터가 입력 이미지를 순회하면서 적용된 결과값을 모으면 출력 이미지가 생성됩니다. 여기에는 두 가지 특성이 있습니다.
- 하나의 필터로 입력 이미지를 순회하기 때문에 순회할 때 적용하는 가중치는 모두 동일합니다. 이를 파라미터 공유라고 부릅니다. 이는 학습해야 할 가중치 수를 현저하게 줄여줍니다. 위치가 바뀌더라도 그 연결 가중치가 공유되기 때문에 위치에 무관하게 특징을 추출할 수 있습니다.
- 출력에 영향을 미치는 영역이 지역적으로 제한되어 있습니다. 즉, 그림에서 y~0~에 영향을 미치는 입력은 x~0~, x~1~, x~3~, x~4~으로 한정되어 있습니다. 이는 지역적인 특징을 잘 뽑아내게 되어 영상 인식에 적합합니다. 예를 들어 코를 볼 때는 코 주변만 보고, 눈을 볼 때는 눈 주변만 보면서 학습 및 인식하는 것입니다.

• 가중치의 수

이를 Dense 레이어, 컨볼루션 레이어와 비교해 보면서 차이점을 알아보겠습니다. 영상도 결국에는 픽셀의 집합이므로 입력 뉴런이 9개 (3x3)이고, 출력 뉴런이 4개 (2x2)인 Dense 레이어로 표현할 수 있습니다.

```
Dense(4, input_dim=9))
```

이를 도식화하면 다음과 같습니다.

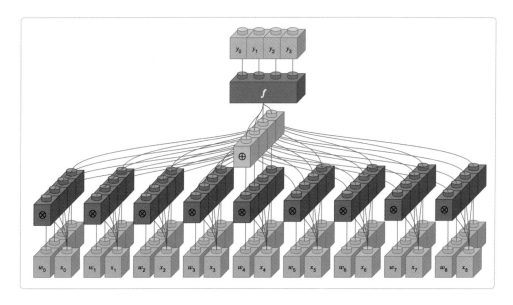

가중치 즉 시냅스 강도는 녹색 블록으로 표시되어 있습니다. 컨볼루션 레이어에서의 뉴런 상세 구조는 다음과 같습니다. 이 때 사용된 필터는 가중치 4개(2x2)로 이루어져 있습니다.

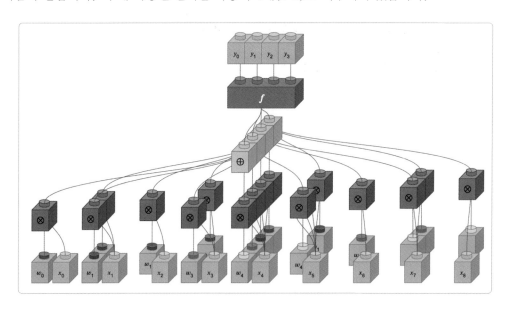

필터가 지역적으로만 적용되어 출력 뉴런에 영향을 미치는 입력 뉴런이 제한적이므로 Dense 레이어와 비교했을 때, 가중치가 많이 줄어든 것을 볼 수 있습니다. 게다가 녹색 블록 상단에 표시된 빨간색, 파란색, 분홍색, 노란색끼리는 모두 동일한 가중치(파라미터 공유)이므로 결국 사용되는 가중치는 4개입니다. 즉, Dense 레이어에서는 36개의 가중치가 사용되었지만, 컨볼루션 레이어에서는 필터의 크기인 4개의 가중치만을 사용합니다.

• 경계 처리 방법

이번에는 경계 처리 방법에 대하여 알아봅니다. 컨볼루션 레이어 설정 옵션에는 padding이 있는데 'valid'와 'same'으로 설정할 수 있습니다. 이 둘의 차이는 아래 그림에서 확인할 수 있습니다.

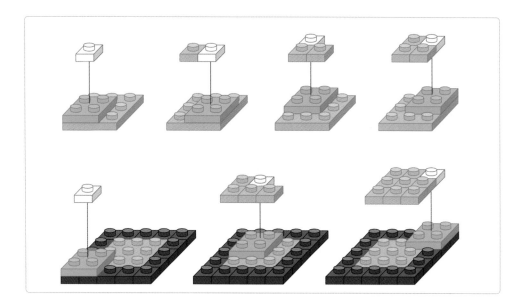

'valid'인 경우에는 입력 이미지 영역에 맞게 필터를 적용하기 때문에 출력 이미지 크기가 입력 이미지 크기보다 작아집니다. 반면에 'same'은 출력 이미지와 입력 이미지 사이즈가 동일하도록 입력 이미지 경계에 빈 영역을 추가하여 필터를 적용합니다. 'same'으로 설정 시, 입력 이미지에 경계를 학습시키는 효과가 있습니다. 깊은 층을 가진 모델인 경우 'valid'일 때 특징맵이 계속 작아져서 정보가 많이 손실되므로 필터를 통과하더라도 원본 사이즈가 유지될 수 있도록 'same'으로 설정합니다.

• 필터 수

다음은 필터의 개수에 대하여 알아봅니다. 입력 이미지가 단채널의 3x3이고, 2x2인 필터가 하나 있다면 다음과 같이 컨볼루션 레이어를 정의할 수 있습니다.

```
Conv2D(1, (2, 2), padding='same', input_shape=(3, 3, 1))
```

이를 도식화하면 다음과 같습니다.

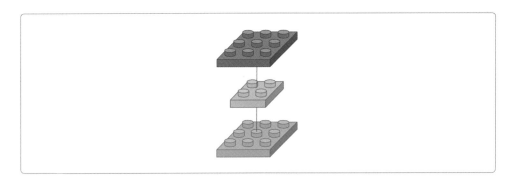

만약 여기서 사이즈가 2x2 필터를 3개 사용한다면 다음과 같이 정의할 수 있습니다.

```
Conv2D(3, (2, 2), padding='same', input_shape=(3, 3, 1))
```

이를 도식화하면 다음과 같습니다.

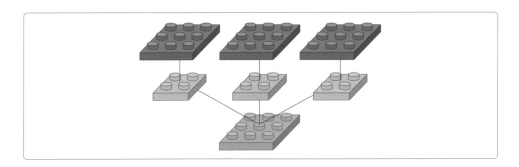

여기서 살펴봐야 할 것은 필터가 3개라서 출력 이미지도 필터 수에 따라 3개로 늘어났습니다. 총 가중치의 수는 3x2x2으로 12개입니다. 필터마다 고유한 특징을 뽑아 고유한 출력 이미지로 만들기 때문에 필터의 출력값을 더해서 하나의 이미지로 만들거나 그렇게 하지 않습니다. 필터에 대해 생소하신 분은 카메라 필터라고 생각하면 됩니다. 스마트폰 카메라로 사진을 찍을 때 필터를 적용해볼 수 있는데 적용하는 필터 수에 따라 다른 사진이 나오는 것을 알 수 있습니다.

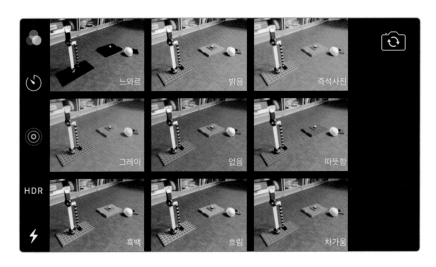

뒤에서 각 레이어를 블록처럼 쌓아올리기 위해서 약식으로 표현하면 다음과 같습니다.

이 표현은 다음을 의미합니다.

- **입력 이미지 사이즈가 33 입니다.**
- **2x2 커널을 가진 필터가 3개입니다. 가중치는 총 12개입니다.**
- **출력 이미지 사이즈가 3x3이고 총 3개입니다. 이는 채널이 3개라고도 표현합니다.**

다음은 입력 이미지의 채널이 여러 개인 경우를 살펴보겠습니다. 만약 입력 이미지의 채널이 3개이 며 사이즈가 3x3이고, 사이즈가 2x2 필터를 1개 사용한다면 다음과 같이 컨볼루션 레이어를 정의할 수 있습니다.

```
Conv2D(1, (2, 2), padding='same', input_shape=(3, 3, 3))
```

이를 도식화하면 다음과 같습니다.

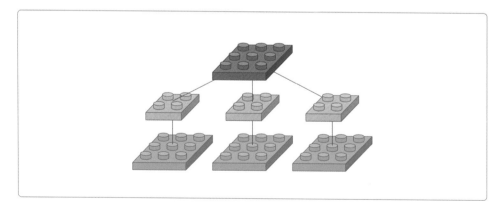

필터 개수가 3개인 것처럼 보이지만 이는 입력 이미지에 따라 할당되는 커널이고, 각 커널의 계산 값이 결국 더해져서 출력 이미지 한 장을 만들어내므로 필터 개수는 1개입니다. 이는 Dense 레이어 에서 입력 뉴런이 늘어나면 거기에 상응하는 시냅스가 늘어나서 가중치의 수가 늘어나는 것과 같은 원리입니다. 가중치는 2x2x3으로 총 12개 이지만 필터 수는 1개입니다. 이를 약식으로 표현하면 다 음과 같습니다.

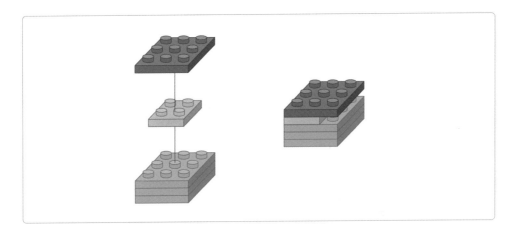

이 표현은 다음을 의미합니다.

- **입력 이미지 사이즈가 3x3이고 채널이 3개입니다.**
- **2x2 커널을 가진 필터가 1개입니다. 채널마다 커널이 할당되어 총 가중치는 12개입니다.**
- **출력 이미지는 사이즈가 3x3 이고 채널이 1개입니다.**

마지막으로 입력 이미지의 사이즈가 3x3이고 채널이 3개이며 사이즈가 2x2인 필터가 2개인 경우를 살펴보겠습니다.

```
Conv2D(2, (2, 2), padding='same', input_shape=(3, 3, 3))
```

이를 도식화하면 다음과 같습니다.

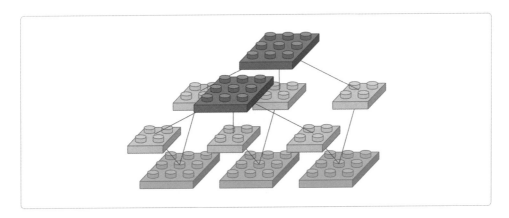

필터가 2개이므로 출력 이미지도 2개입니다. 약식 표현은 다음과 같습니다.

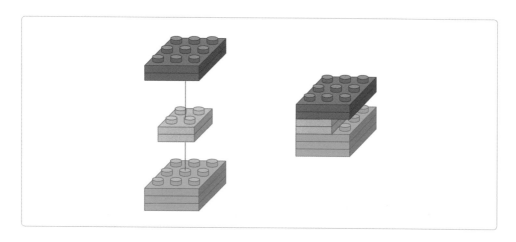

이 표현은 다음을 의미합니다.

- 입력 이미지 사이즈가 3x3이고 채널이 3개입니다.
- 2x2 커널을 가진 필터가 2개입니다. 채널마다 커널이 할당되어 총 가중치는 3x2x2x2로 24개 입니다.
- 출력 이미지는 사이즈가 3x3이고 채널이 2개입니다.

2. 사소한 변화를 무시해주는 맥스풀링(Max Pooling) 레이어

컨볼루션 레이어의 출력 이미지에서 주요값만 뽑아 크기가 작은 출력 영상을 만듭니다. 이것은 지역적인 사소한 변화가 영향을 미치지 않도록 합니다.

```
MaxPooling2D(pool_size=(2, 2))
```

주요 인자는 다음과 같습니다.

- **pool_size** : 수직, 수평 축소 비율을 지정합니다. (2, 2)이면 출력 영상 크기는 입력 영상 크기의 반으로 줄어듭니다.

예를 들어, 입력 영상 크기가 4x4이고, pool size를 (2, 2)로 했을 때를 도식화하면 다음과 같습니다. 녹색 블록은 입력 영상을 나타내고, 노란색 블록은 pool size에 따라 나눈 경계를 표시합니다. 해당 경계에서 가장 큰 값을 선택하여 파란 블록으로 만들면, 그것이 출력 영상이 됩니다. 가장 오른쪽은 맥스풀링 레이어를 약식으로 표시한 것입니다.

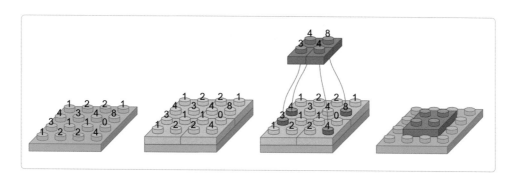

이 레이어는 영상의 작은 변화라든지 사소한 움직임이 특징을 추출할 때 크게 영향을 미치지 않도록 합니다. 영상 내에 특징이 세 개가 있다고 가정했을 때, 아래 그림에서 첫 번째 영상을 기준으로 두 번째 영상은 오른쪽으로 이동하였고, 세 번째 영상은 약간 비틀어 졌고, 네 번째 영상은 조금 확대되었지만, 맥스풀링한 결과는 모두 동일합니다. 얼굴 인식 문제를 예를 들면, 맥스풀링의 역할은 사람마다 눈, 코, 입 위치가 조금씩 다른데 이러한 차이가 사람이라고 인식하는데 있어서는 큰 영향을 미치지 않게 합니다.

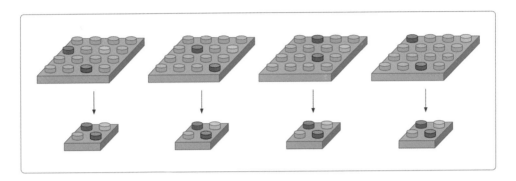

3. 영상을 일차원으로 바꿔주는 플래튼(Flatten) 레이어

컨볼루션 신경망 모델에서 컨볼루션 레이어나 맥스풀링 레이어를 반복적으로 거치면 주요 특징만 추출되고 추출된 주요 특징은 전결합층에 전달되어 학습됩니다. 컨볼루션 레이어나 맥스풀링 레이어는 주로 2차원 자료를 다루지만 전결합층에 전달하기 위해선 1차원 자료로 바꿔줘야 합니다. 이 때 사용되는 것이 플래튼 레이어입니다. 사용 예시는 다음과 같습니다.

```
Flatten()
```

이전 레이어의 출력 정보를 이용하여 입력 정보는 자동으로 설정되며, 출력 형태는 입력 형태에 따라 자동으로 계산되기 때문에 별도로 사용자가 파라미터를 지정해주지 않아도 됩니다. 크기가 3x3인 영상을 1차원으로 변경했을 경우를 도식화하면 다음과 같습니다.

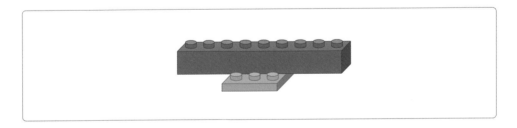

4. 한 번 쌓아보기

지금까지 알아본 레이어를 이용해서 간단한 컨볼루션 신경망 모델을 만들어보겠습니다. 먼저 간단한 문제를 정의해봅시다. 삼각형, 사각형, 원을 손으로 그린 이미지가 있고 이미지 크기가 8x8이라고 가정해봅니다. 삼각형, 사각형, 원을 구분하는 3개의 클래스를 분류하는 문제이기 때문에 출력 벡터는 3개여야 합니다. 필요하다고 생각하는 레이어를 구성해보았습니다.

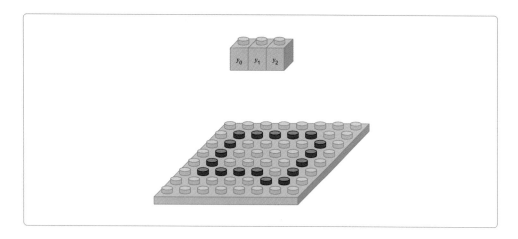

- **컨볼루션 레이어 :** 입력 이미지 크기 8x8, 입력 이미지 채널 1개, 필터 크기 3x3, 필터 수 2개, 경계 타입 'same', 활성화 함수 'relu'

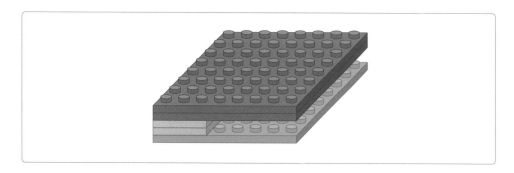

- **맥스풀링 레이어 :** 풀 크기 2x2

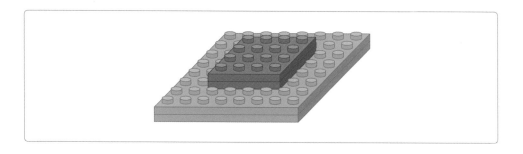

- **컨볼루션 레이어 :** 입력 이미지 크기 4×4, 입력 이미지 채널 2개, 필터 크기 2×2, 필터 수 3개, 경계 타입 'same', 활성화 함수 'relu'

- **맥스풀링 레이어 :** 풀 크기 2×2

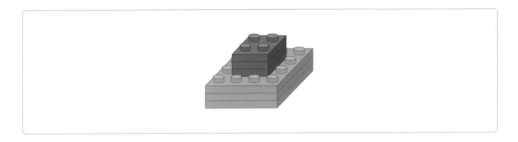

- **플래튼 레이어**

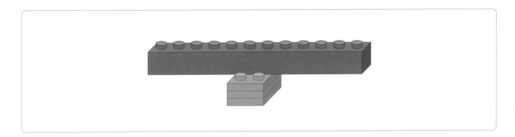

- **댄스 레이어 :** 입력 뉴런 수 12개, 출력 뉴런 수 8개, 활성화 함수 'relu'

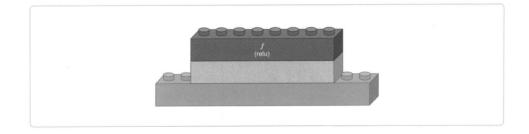

- **댄스 레이어** : 입력 뉴런 수 8개, 출력 뉴런 수 3개, 활성화 함수 'softmax'

모든 레이어 블록이 준비되었으니 이를 조합해 봅니다. 입출력 크기만 맞으면 블록 끼우듯이 합치면 됩니다. 참고로 케라스 코드에서는 가장 첫 번째 레이어를 제외하고는 입력 형태를 자동으로 계산하므로 이 부분은 신경쓰지 않아도 됩니다. 레이어를 조립하니 간단한 컨볼루션 모델이 생성되었습니다. 이 모델에 이미지를 입력하면, 삼각형, 사각형, 원을 나타내는 벡터가 출력됩니다.

그럼 케라스 코드로 어떻게 구현하는지 알아봅니다. 먼저 필요한 패키지를 추가하는 과정입니다. 케라스의 레이어는 'keras.layers'에 정의되어 있으며, 여기서 필요한 레이어를 추가합니다.

```
import numpy
from keras.models import Sequential
from keras.layers import Dense
from keras.layers import Flatten
from keras.layers.convolutional import Conv2D
from keras.layers.convolutional import MaxPooling2D
from keras.utils import np_utils
```

Sequential 모델을 하나 생성한 뒤 위에서 정의한 레이어를 차례차례 추가하면 컨볼루션 모델이 생성됩니다.

```
model = Sequential()

model.add(Conv2D(2, (3, 3), padding='same', activation='relu', input_shape=(8, 8, 1)))
model.add(MaxPooling2D(pool_size=(2, 2)))
model.add(Conv2D(3, (2, 2), padding='same', activation='relu'))
model.add(MaxPooling2D(pool_size=(2, 2)))
model.add(Flatten())
model.add(Dense(8, activation='relu'))
model.add(Dense(3, activation='softmax'))
```

생성한 모델을 케라스에서 제공하는 함수를 이용하여 가시화 시켜봅니다.

```
from IPython.display import SVG
from keras.utils.vis_utils import model_to_dot

%matplotlib inline

SVG(model_to_dot(model, show_shapes=True).create(prog='dot', format='svg'))
```

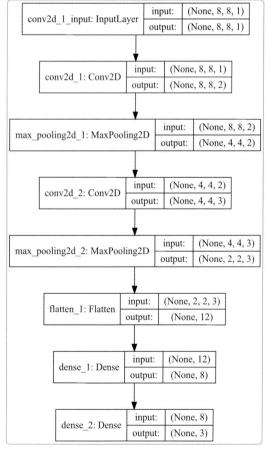

{요약}

컨볼루션 신경망 모델에서 사용되는 주요 레이어의 원리와 역할에 대하여 알아보았고 레이어를 조합하여 간단한 컨볼루션 신경망 모델을 만들어보았습니다.

컨볼루션 신경망 모델 만들어보기

간단한 컨볼루션 신경망 모델을 만들어봅니다. 다음과 같은 순서로 진행하겠습니다.

- **문제 정의하기**
- **데이터 준비하기**
- **데이터셋 생성하기**
- **모델 구성하기**
- **모델 학습과정 설정하기**
- **모델 학습시키기**
- **모델 평가하기**
- **모델 사용하기**

1. 문제 정의하기

좋은 예제와 그와 관련된 데이터셋도 공개된 것이 많이 있지만, 직접 문제를 정의하고 데이터를 만들어보는 것도 딥러닝을 처음 접하시는 분들에게는 큰 도움이 될 것 같습니다. 컨볼루션 신경망 모델에 적합한 문제는 이미지 기반의 분류입니다. 따라서 우리는 직접 손으로 삼각형, 사각형, 원을 그려 이미지로 저장한 다음 이를 분류해보는 모델을 만들어보겠습니다. 문제 형태와 입출력을 다음과 같이 정의해봅니다.

- **문제 형태 :** 다중 클래스분류
- **입력 :** 손으로 그린 삼각형, 사각형, 원 이미지
- **출력 :** 삼각형, 사각형, 원일 확률을 나타내는 벡터

가장 처음 필요한 패키지를 불러오고, 매번 실행 시마다 결과가 달라지지 않도록 랜덤 시드를 명시적으로 지정합니다.

```python
import numpy as np
from keras.models import Sequential
from keras.layers import Dense
from keras.layers import Flatten
from keras.layers.convolutional import Conv2D
from keras.layers.convolutional import MaxPooling2D
from keras.preprocessing.image import ImageDataGenerator

# 랜덤시드 고정시키기
np.random.seed(3)
```

2. 데이터 준비하기

손으로 그린 삼각형, 사각형, 원 이미지를 만들기 위해서는 여러 가지 방법이 있을 수 있습니다. 태블릿을 이용할 수도 있고, 종이에 그려서 사진으로 찍을 수도 있습니다. 저는 그림 그리는 툴을 이용해서 만들어보았습니다. 이미지 사이즈는 24×24으로 해보았습니다.

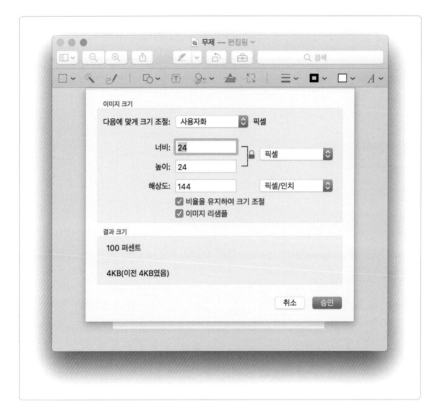

모양별로 20개 정도를 만들어서 15개를 훈련에 사용하고, 5개를 테스트에 사용해보겠습니다. 이미지는 png나 jpg로 저장합니다. 실제로 데이터셋이 어떻게 구성되어 있는지 모른 채 튜토리얼을 따라하거나 예제 코드를 실행시키다보면 결과는 잘 나오지만 막상 실제 문제에 적용할 때 막막해질 수가 있습니다. 간단한 예제로 직접 데이터셋을 만들어봄으로써 실제 문제에 접근할 때 시행착오를 줄이는 것이 중요합니다.

데이터 폴더는 다음과 같이 구성했습니다.

- **train**
  - circle
  - rectangle
  - triangle
- **test**
  - circle
  - rectangle
  - triangle

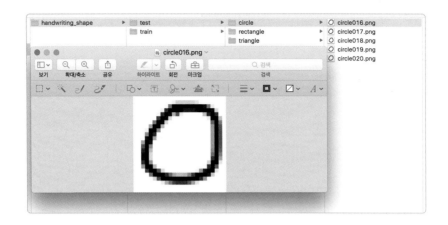

직접 그려보는 것을 권장하지만 아래 링크에서도 다운로드를 받을 수 있습니다.

http://tykimos.github.com/Keras/warehouse/2017-3-8_CNN_Getting_Started_handwriting_shape.zip

3. 데이터셋 생성하기

케라스에서는 이미지 파일을 쉽게 학습시킬 수 있도록 ImageDataGenerator 클래스를 제공합니다. ImageDataGenerator 클래스는 데이터 부풀리기(data augmentation)을 위해 막강한 기능을 제공하는데 이 기능은 다음 장에서 다루기로 하고, 이번 장에서는 특정 폴더에 이미지를 분류해놓았을 때 이를 학습시키기 위한 데이터셋으로 만들어주는 기능을 사용해보겠습니다.

먼저 ImageDataGenerator 클래스를 이용하여 객체를 생성한 뒤 flow_from_directory() 함수를 호출하여 제너레이터(generator)를 생성합니다. flow_from_directory() 함수의 주요 인자는 다음과 같습니다.

- **첫 번째 인자** : 이미지 경로를 지정합니다.
- **target_size** : 패치 이미지 크기를 지정합니다. 폴더에 있는 원본 이미지 크기가 다르더라도 target_size에 지정된 크기로 자동 조절됩니다.
- **batch_size** : 배치 크기를 지정합니다.
- **class_mode** : 분류 방식에 대하여 지정합니다.
    - categorical : 2D one-hot 부호화된 라벨이 반환됩니다.
    - binary : 1D 이진 라벨이 반환됩니다.
    - sparse : 1D 정수 라벨이 반환됩니다.
    - None : 라벨이 반환되지 않습니다.

본 예제에서는 패치 이미지 크기를 24×24로 하였으니 target_size도 (24, 24)로 셋팅하였습니다. 훈련 데이터 수가 클래스당 15개이니 배치 크기를 3으로 지정하여 총 5번 배치를 수행하면 하나의 epoch가 수행될 수 있도록 하였습니다. 다중 클래스 문제이므로 class_mode는 'categorical'로 지정하였습니다. 그리고 제너레이터는 훈련용과 검증용으로 두 개를 만들었습니다.

```
train_datagen = ImageDataGenerator(rescale=1./255)

train_generator = train_datagen.flow_from_directory(
        'warehouse/handwriting_shape/train',
        target_size=(24, 24),
        batch_size=3,
        class_mode='categorical')

test_datagen = ImageDataGenerator(rescale=1./255)

test_generator = test_datagen.flow_from_directory(
        'warehouse/handwriting_shape/test',
        target_size=(24, 24),
        batch_size=3,
        class_mode='categorical')
```

```
Found 45 images belonging to 3 classes.
Found 15 images belonging to 3 classes.
```

4. 모델 구성하기

영상 분류에 높은 성능을 보이고 있는 컨볼루션 신경망 모델을 구성해 보겠습니다. 각 레이어들은 이전 강좌에서 살펴보았으므로 크게 어려움없이 구성할 수 있습니다.

- **컨볼루션 레이어 :** 입력 이미지 크기 24x24, 입력 이미지 채널 3개, 필터 크기 3x3, 필터 수 32개, 활성화 함수 'relu'
- **컨볼루션 레이어 :** 필터 크기 3x3, 필터 수 64개, 활성화 함수 'relu'
- **맥스풀링 레이어 :** 풀 크기 2x2
- **플래튼 레이어**
- **댄스 레이어 :** 출력 뉴런 수 128개, 활성화 함수 'relu'
- **댄스 레이어 :** 출력 뉴런 수 3개, 활성화 함수 'softmax'

```
model = Sequential()
model.add(Conv2D(32, kernel_size=(3, 3),
                 activation='relu',
                 input_shape=(24,24,3)))
model.add(Conv2D(64, (3, 3), activation='relu'))
model.add(MaxPooling2D(pool_size=(2, 2)))
model.add(Flatten())
model.add(Dense(128, activation='relu'))
model.add(Dense(3, activation='softmax'))
```

구성한 모델을 가시화하면 다음과 같습니다.

```
from IPython.display import SVG
from keras.utils.vis_utils import model_to_dot

%matplotlib inline

SVG(model_to_dot(model, show_shapes=True).create(prog='dot', format='svg'))
```

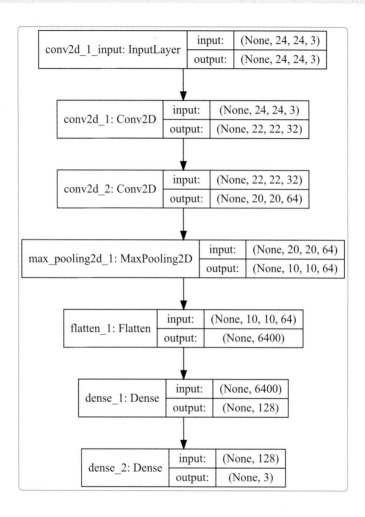

---

5. 모델 학습과정 설정하기

모델을 정의하였다면 모델을 손실함수와 최적화 알고리즘으로 엮어봅니다.

- **loss** : 현재 가중치 세트를 평가하는데 사용한 손실함수입니다. 다중 클래스 문제이므로 'categorical_crossentropy'으로 지정합니다.
- **optimizer** : 최적의 가중치를 검색하는데 사용하는 최적화 알고리즘으로 효율적인 경사 하강법 알고리즘 중 하나인 'adam'을 사용합니다.
- **metrics** : 평가 척도를 나타내며 분류 문제에서는 일반적으로 'accuracy'으로 지정합니다.

```
model.compile(loss='categorical_crossentropy', optimizer='adam', metrics=['accuracy'])
```

6. 모델 학습시키기

케라스에서는 모델을 학습시킬 때 주로 fit() 함수를 사용하지만 제너레이터로 생성된 배치로 학습시킬 경우에는 fit_generator() 함수를 사용합니다. 본 예제에서는 ImageDataGenerator라는 제너레이터로 이미지를 담고 있는 배치로 학습시키기 때문에 fit_generator() 함수를 사용하겠습니다.

- **첫 번째 인자** : 훈련 데이터셋을 제공할 제너레이터를 지정합니다. 본 예제에서는 앞서 생성한 train_generator으로 지정합니다.
- **steps_per_epoch** : 한 epoch에 사용한 스텝 수를 지정합니다. 총 45개의 훈련 샘플이 있고 배치 사이즈가 3이므로 15스텝으로 지정합니다.
- **epochs** : 전체 훈련 데이터셋에 대해 학습 반복 횟수를 지정합니다. 100번을 반복적으로 학습시켜 보겠습니다.
- **validation_data** : 검증 데이터셋을 제공할 제너레이터를 지정합니다. 본 예제에서는 앞서 생성한 validation_generator으로 지정합니다.
- **validation_steps** : 한 epoch 종료 시마다 검증할 때 사용되는 검증 스텝 수를 지정합니다. 총 15개의 검증 샘플이 있고 배치사이즈가 3이므로 5스텝으로 지정합니다.

```
model.fit_generator(
        train_generator,
        steps_per_epoch=15,
        epochs=50,
        validation_data=test_generator,
        validation_steps=5)
```

```
Epoch 1/50
15/15 [==============================] - 0s - loss: 0.8595 - acc: 0.5778 - val_loss: 0.5781 -
val_acc: 1.0000
Epoch 2/50
15/15 [==============================] - 0s - loss: 0.1930 - acc: 0.9778 - val_loss: 0.1103 -
val_acc: 1.0000
Epoch 3/50
15/15 [==============================] - 0s - loss: 0.0187 - acc: 1.0000 - val_loss: 0.2022 -
val_acc: 0.9333
Epoch 4/50
15/15 [==============================] - 0s - loss: 0.0085 - acc: 1.0000 - val_loss: 0.0048 -
val_acc: 1.0000
...
Epoch 48/50
15/15 [==============================] - 0s - loss: 8.8877e-07 - acc: 1.0000 - val_loss:
7.7623e-04 - val_acc: 1.0000
Epoch 49/50
15/15 [==============================] - 0s - loss: 7.3380e-07 - acc: 1.0000 - val_loss:
0.1564 - val_acc: 0.8667
Epoch 50/50
15/15 [==============================] - 0s - loss: 8.2784e-07 - acc: 1.0000 - val_loss:
0.0676 - val_acc: 1.0000
Out[8]:
<keras.callbacks.History at 0x1102a3110>
```

7. 모델 평가하기

학습한 모델을 평가해봅니다. 제너레이터에서 제공되는 샘플로 평가할 때는 evaluate_generator 함수를 사용합니다.

```
print("-- Evaluate --")
scores = model.evaluate_generator(test_generator, steps=5)
print("%s: %.2f%%" %(model.metrics_names[1], scores[1]*100))

-- Evaluate --
acc: 100.00%
```

데이터셋이 적고 간단한 모델임에도 불구하고 100%라는 높은 정확도를 얻었습니다.

8. 모델 사용하기

모델 사용 시에 제너레이터에서 제공되는 샘플을 입력할 때는 predict_generator 함수를 사용합니다. 예측 결과는 클래스별 확률 벡터로 출력됩니다. 제너레이터의 'class_indices'를 출력하면 해당 열의 클래스명을 알 수 있습니다.

```
print("-- Predict --")
output = model.predict_generator(test_generator, steps=5)
np.set_printoptions(formatter={'float': lambda x: "{0:0.3f}".format(x)})
print(test_generator.class_indices)
print(output)

-- Predict --
{'circle': 0, 'triangle': 2, 'rectangle': 1}
[[1.000 0.000 0.000]
 [0.315 0.363 0.322]
 [0.000 1.000 0.000]
 [0.000 0.006 0.994]
 [1.000 0.000 0.000]
 [0.000 1.000 0.000]
 [0.000 1.000 0.000]
 [1.000 0.000 0.000]
 [0.000 0.001 0.999]
 [1.000 0.000 0.000]
 [1.000 0.000 0.000]
 [1.000 0.000 0.000]
 [0.000 0.006 0.994]
 [0.315 0.363 0.322]
 [0.000 0.000 1.000]]
```

9. 전체 소스

```python
# 0. 사용할 패키지 불러오기
import numpy as np
from keras.models import Sequential
from keras.layers import Dense
from keras.layers import Flatten
from keras.layers.convolutional import Conv2D
from keras.layers.convolutional import MaxPooling2D
from keras.preprocessing.image import ImageDataGenerator

# 랜덤시드 고정시키기
np.random.seed(3)

# 1. 데이터 생성하기
train_datagen = ImageDataGenerator(rescale=1./255)

train_generator = train_datagen.flow_from_directory(
        'warehouse/handwriting_shape/train',
        target_size=(24, 24),
        batch_size=3,
        class_mode='categorical')

test_datagen = ImageDataGenerator(rescale=1./255)

test_generator = test_datagen.flow_from_directory(
        'warehouse/handwriting_shape/test',
        target_size=(24, 24),
        batch_size=3,
        class_mode='categorical')

# 2. 모델 구성하기
model = Sequential()
model.add(Conv2D(32, kernel_size=(3, 3),
                 activation='relu',
                 input_shape=(24,24,3)))
model.add(Conv2D(64, (3, 3), activation='relu'))
model.add(MaxPooling2D(pool_size=(2, 2)))
model.add(Flatten())
model.add(Dense(128, activation='relu'))
model.add(Dense(3, activation='softmax'))

# 3. 모델 학습과정 설정하기
model.compile(loss='categorical_crossentropy', optimizer='adam', metrics=['accuracy'])

# 4. 모델 학습시키기
model.fit_generator(
        train_generator,
        steps_per_epoch=15,
        epochs=50,
        validation_data=test_generator,
```

```
        validation_steps=5)

# 6. 모델 평가하기
print("-- Evaluate --")
scores = model.evaluate_generator(test_generator, steps=5)
print("%s: %.2f%%" %(model.metrics_names[1], scores[1]*100))

# 7. 모델 사용하기
print("-- Predict --")
output = model.predict_generator(test_generator, steps=5)
np.set_printoptions(formatter={'float': lambda x: "{0:0.3f}".format(x)})
print(test_generator.class_indices)
print(output)
```

```
Found 45 images belonging to 3 classes.
Found 15 images belonging to 3 classes.
Epoch 2/50
15/15 [==============================] - 0s - loss: 0.1930 - acc: 0.9778 - val_loss: 0.1103 -
val_acc: 1.0000
Epoch 3/50
15/15 [==============================] - 0s - loss: 0.0187 - acc: 1.0000 - val_loss: 0.2022 -
val_acc: 0.9333
Epoch 4/50
15/15 [==============================] - 0s - loss: 0.0085 - acc: 1.0000 - val_loss: 0.0048 -
val_acc: 1.0000
...
Epoch 48/50
15/15 [==============================] - 0s - loss: 6.2121e-07 - acc: 1.0000 - val_loss:
0.0031 - val_acc: 1.0000
Epoch 49/50
15/15 [==============================] - 0s - loss: 6.0002e-07 - acc: 1.0000 - val_loss:
0.0033 - val_acc: 1.0000
Epoch 50/50
15/15 [==============================] - 0s - loss: 5.7883e-07 - acc: 1.0000 - val_loss:
0.0032 - val_acc: 1.0000
-- Evaluate --
acc: 100.00%
-- Predict --
{'circle': 0, 'triangle': 2, 'rectangle': 1}
[[0.000 0.000 1.000]
 [0.000 1.000 0.000]
 [0.000 0.000 1.000]
 [0.000 1.000 0.000]
 [0.000 0.000 1.000]
 [1.000 0.000 0.000]
 [0.016 0.956 0.028]
 [0.000 1.000 0.000]
 [0.000 0.000 1.000]
 [0.998 0.000 0.002]
 [0.000 0.000 1.000]
 [0.016 0.956 0.028]
 [0.000 0.000 1.000]
```

```
[0.000 1.000 0.000]
[1.000 0.000 0.000]]
```

{요약}

이미지 분류 문제에 높은 성능을 보이고 있는 컨볼루션 신경망 모델을 이용하여 직접 만든 데이터셋으로 학습 및 평가를 해보았습니다. 학습 결과는 좋게 나왔지만 이 모델은 한사람이 그린 것에 대하여만 학습이 되어 있어 다른 사람에 그린 모양은 분류를 잘 하지 못합니다. 이를 해결하기 위한 방안으로 '데이터 부풀리기' 기법이 있습니다.

참고로 실제 문제에 적용하기 전에 데이터셋을 직접 만들어보거나 좀 더 쉬운 문제로 추상화해서 프로토타이핑 하시는 것을 권장드립니다. 객담도말 결핵 이미지 판별 모델을 만들 때, 결핵 이미지를 바로 사용하지 않고, MNIST의 손글씨 중 '1'과 '7'을 결핵이라고 보고, 나머지는 결핵이 아닌 것으로 학습시켜 봤습니다. 결핵균이 간균(막대모양)이라 적절한 프로토타이핑이었고, 프로토타이핑 모델과 실제 데이터셋으로 학습한 모델 결과가 크게 차이나지 않았습니다.

CHAPTER 05 컨볼루션 신경망 모델을 위한 데이터 부풀리기

컨볼루션 신경망 모델의 성능을 높이기 위한 방법 중 하나인 데이터 부풀리기에 대하여 알아보겠습니다. 훈련셋이 부족하거나 훈련셋이 시험셋의 특성을 충분히 반영하지 못할 때 이 방법을 사용하면 모델의 성능을 크게 향상시킬 수 있습니다. 케라스에서는 데이터 부풀리기를 위한 함수를 제공하기 때문에 파라미터 셋팅만으로 간단히 데이터 부풀리기를 할 수 있습니다.

- **현실적인 문제**
- **기존 모델 결과보기**
- **데이터 부풀리기**
- **개선 모델 결과보기**

1. 현실적인 문제

앞서 컨볼루션 신경망 모델 만들어보기에서 사용하였던 원, 사각형, 삼각형 데이터셋을 예제로 살펴보겠습니다. 구성은 훈련셋과 시험셋으로 되어있는데 아래 그림은 훈련셋입니다.

- **훈련셋**

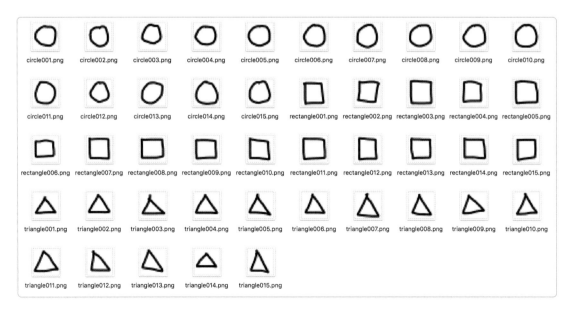

그리고 아래 그림은 시험셋입니다. 훈련셋과 시험셋은 모두 한사람 그린 것이라 거의 비슷합니다. 그래서 인지 100% 정확도의 좋은 결과를 얻었나 봅니다.

- 시험셋

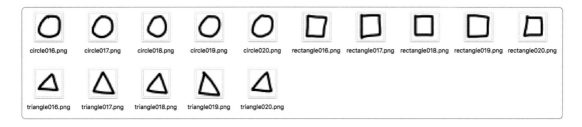

100% 정확도를 얻은 모델이니 원, 사각형, 삼각형을 그려주면 다 분류를 해보겠다며 지인에게 자랑을 해봅니다. 그래서 지인이 그려준 시험셋은 다음과 같습니다.

- 도전 시험셋

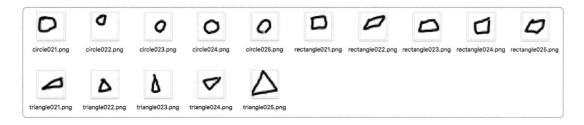

막상 시험셋을 받아보니 자신감이 없어지면서 여러 가지 생각이 듭니다.
- 아, 이것도 원, 사각형, 삼각형이구나
- 왜 이런 데이터를 진작에 학습시키지 않았을까?
- 새로 받은 시험셋 일부를 학습시켜볼까?
- 이렇게 간단한 문제도 개발과 현실과의 차이가 이렇게 나는데, 실제 문제는 더 상황이 좋지 않겠지?
결국 하나의 결론에 도달합니다.

개발자가 시험셋을 만들면 안된다.

하지만 어떠한 문제에서도 미래에 들어올 데이터에 대하여는 알 수가 없기 때문에 비슷한 상황에 부딪히는 분들이 많을 것입니다. 먼저 도전 시험셋으로 시험한 결과를 살펴본 뒤, 한정적인 훈련셋을 이용하여 최대한 발생할 수 있는 경우를 고려하여 훈련셋을 만드는 방법인 데이터 부풀리기에 대하여 알아보겠습니다.

2. 기존 모델 결과보기

컨볼루션 신경망 모델 만들어보기에서 사용했던 모델을 그대로 가지고 왔습니다.
제가 만든 시험셋('warehouse/handwriting_shape/test')에서는 결과가 100%로 나왔는데, 도전 시험셋('warehouse/hard_handwriting_shape/test')에서는 어떤 결과가 나오는지 테스트해 보겠습니다.

```python
# 0. 사용할 패키지 불러오기
import numpy as np
from keras.models import Sequential
from keras.layers import Dense
from keras.layers import Flatten
from keras.layers.convolutional import Conv2D
from keras.layers.convolutional import MaxPooling2D
from keras.preprocessing.image import ImageDataGenerator

# 랜덤시드 고정시키기
np.random.seed(3)

# 1. 데이터 생성하기
train_datagen = ImageDataGenerator(rescale=1./255)

train_generator = train_datagen.flow_from_directory(
        'warehouse/hard_handwriting_shape/train',
        target_size=(24, 24),
        batch_size=3,
        class_mode='categorical')

test_datagen = ImageDataGenerator(rescale=1./255)

test_generator = test_datagen.flow_from_directory(
        'warehouse/hard_handwriting_shape/test',
        target_size=(24, 24),
        batch_size=3,
        class_mode='categorical')

# 2. 모델 구성하기
model = Sequential()
model.add(Conv2D(32, kernel_size=(3, 3),
                 activation='relu',
                 input_shape=(24,24,3)))
model.add(Conv2D(64, (3, 3), activation='relu'))
model.add(MaxPooling2D(pool_size=(2, 2)))
model.add(Flatten())
model.add(Dense(128, activation='relu'))
model.add(Dense(3, activation='softmax'))

# 3. 모델 학습과정 설정하기
model.compile(loss='categorical_crossentropy', optimizer='adam', metrics=['accuracy'])

# 4. 모델 학습시키기
model.fit_generator(
        train_generator,
        steps_per_epoch=15,
        epochs=50,
        validation_data=test_generator,
        validation_steps=5)

# 5. 모델 평가하기
```

```
print("-- Evaluate --")
scores = model.evaluate_generator(test_generator, steps=5)
print("%s: %.2f%%" %(model.metrics_names[1], scores[1]*100))

# 6. 모델 사용하기
print("-- Predict --")
output = model.predict_generator(test_generator, steps=5)
np.set_printoptions(formatter={'float': lambda x: "{0:0.3f}".format(x)})
print(test_generator.class_indices)
print(output)
```

```
Found 45 images belonging to 3 classes.
Found 15 images belonging to 3 classes.
Epoch 1/50
15/15 [==============================] - 0s - loss: 0.8350 - acc: 0.5778 - val_loss: 1.8721 -
val_acc: 0.3333
Epoch 2/50
15/15 [==============================] - 0s - loss: 0.1013 - acc: 1.0000 - val_loss: 4.3315 -
val_acc: 0.2667
Epoch 3/50
15/15 [==============================] - 0s - loss: 0.0054 - acc: 1.0000 - val_loss: 4.6139 -
val_acc: 0.4000
...
Epoch 48/50
15/15 [==============================] - 0s - loss: 9.8985e-06 - acc: 1.0000 - val_loss:
6.5501 - val_acc: 0.3333
Epoch 49/50
15/15 [==============================] - 0s - loss: 9.4150e-06 - acc: 1.0000 - val_loss:
6.4482 - val_acc: 0.4000
Epoch 50/50
15/15 [==============================] - 0s - loss: 9.0243e-06 - acc: 1.0000 - val_loss:
6.5722 - val_acc: 0.4000
-- Evaluate --
acc: 33.33%
-- Predict --
{'circle': 0, 'triangle': 2, 'rectangle': 1}
[[0.000 0.000 1.000]
 [0.000 0.000 1.000]
 [0.000 0.000 1.000]
 [0.000 0.000 1.000]
 [0.000 0.005 0.995]
 [0.000 0.000 1.000]
 [0.000 0.000 1.000]
 [0.000 0.000 1.000]
 [0.191 0.053 0.756]
 [0.000 0.000 1.000]
 [0.000 0.000 1.000]
 [0.308 0.008 0.685]
 [0.000 0.000 1.000]
 [0.000 0.010 0.990]
 [0.000 0.000 1.000]]
```

훈련셋의 정확도는 100%에 가깝지만 시험셋의 평가결과는 33.3%입니다. 세 개 중 하나를 맞추는 문제에서 33.3%의 정확도는 사실상 의미없는 분류모델입니다. 이 모델은 훈련셋에서만 결과가 좋은 오버피팅된 모델이라고 볼 수 있습니다.

3. 데이터 부풀리기

케라스에서는 ImageDataGenerator 함수를 통하여 데이터 부풀리기 기능을 제공합니다. keras.io 페이지를 보면 아래와 같은 옵션으로 데이터 부풀리기를 할 수 있습니다.

```
keras.preprocessing.image.ImageDataGenerator(featurewise_center=False,
samplewise_center=False,
featurewise_std_normalization=False,
samplewise_std_normalization=False,
zca_whitening=False,
rotation_range=0.,
width_shift_range=0.,
height_shift_range=0.,
shear_range=0.,
zoom_range=0.,
channel_shift_range=0.,
fill_mode='nearest',
cval=0.,
horizontal_flip=False,
vertical_flip=False,
rescale=None,
preprocessing_function=None,
data_format=K.image_data_format())
```

그럼 훈련셋 중 하나인 삼각형을 골라 데이터 부풀리기를 해보겠습니다. 원본이 되는 삼각형은 다음과 같습니다.

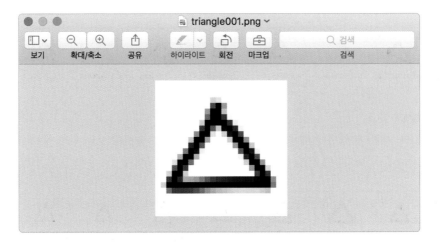

이 삼각형에 대해 ImageDataGenerator() 함수를 이용하여 각 파라미터별로 어떻게 부풀리기를 하는지 살펴보겠습니다.

- **rotation_range = 90**

지정된 각도 범위 내에서 임의로 원본 이미지를 회전시킵니다. 단위는 도이며, 정수형입니다. 예를 들어 90이라면 0도에서 90도 사이에 임의의 각도로 회전시킵니다.

- **width_shift_range = 0.1**

지정된 수평방향 이동 범위 내에서 임의로 원본 이미지를 이동시킵니다. 수치는 전체 넓이의 비율(실수)로 나타냅니다. 예를 들어 이 값이 0.1이고 전체 넓이가 100이면, 10픽셀 내외로 좌우 이동시킵니다.

- **height_shift_range = 0.1**

지정된 수식방향 이동 범위 내에서 임의로 원본 이미지를 이동시킵니다. 수치는 전체 높이의 비율(실수)로 나타냅니다. 예를 들어 이 값이 0.1이고 전체 높이가 100이면, 10픽셀 내외로 상하 이동시킵니다.

- **shear_range = 0.5**

밀림 강도 범위 내에서 임의로 원본 이미지를 변형시킵니다. 수치는 시계 반대 방향으로 밀림 강도를 라디안으로 나타냅니다. 예를 들어 이 값이 0.5이라면, 0.5 라이안내외로 시계 반대 방향으로 변형시킵니다.

- **zoom_range = 0.3**

지정된 확대/축소 범위 내에서 임의로 원본 이미지를 확대/축소합니다. "1-수치"부터 "1+수치" 사이 범위로 확대/축소를 합니다. 예를 들어 이 값이 0.3이라면, 0.7배에서 1.3배 크기 변화를 시킵니다.

- **horizontal_flip = True**

수평방향으로 뒤집기를 합니다.

- **vertical_flip = True**

수직방향으로 뒤집기를 합니다.

아래 코드는 ImageDataGenerator() 함수를 이용하여 지정된 파라미터로 원본 이미지에 대해 데이터 부풀리기를 수행한 후 그 결과를 특정 폴더에 저장하는 코드입니다. 여러 파라미터를 사용하였기 때문에 이를 혼합하여 데이터 부풀리기를 수행합니다. 즉, 확대/축소도 하고 좌우 이동도 지정하였다면, 축소하면서 좌로 이동된 이미지도 생성합니다.

```python
from keras.preprocessing.image import ImageDataGenerator, array_to_img, img_to_array, load_img
import numpy as np

# 랜덤시드 고정시키기
np.random.seed(5)

# 데이터셋 생성하기
data_aug_gen = ImageDataGenerator(rescale=1./255,
                                  rotation_range=10,
                                  width_shift_range=0.2,
                                  height_shift_range=0.2,
                                  shear_range=0.7,
                                  zoom_range=[0.9, 2.2],
                                  horizontal_flip=True,
                                  vertical_flip=True,
                                  fill_mode='nearest')

img = load_img('warehouse/hard_handwriting_shape/train/triangle/triangle001.png')
x = img_to_array(img)
x = x.reshape((1,) + x.shape)

i = 0

# 이 for는 무한으로 반복되기 때문에 우리가 원하는 반복 횟수를 지정하여, 지정된 반복 횟수가
되면 빠져나오도록 해야 합니다.
for batch in train_datagen.flow(x, batch_size=1, save_to_dir='warehouse/preview', save_prefix='tri', save_format='png'):
    i += 1
```

```
        if i > 30:
            break
```

위 코드로 데이터 부풀리기가 수행된 결과 이미지는 다음과 같습니다. 지인이 만든 도전 시험셋 중 비슷한 것들도 보입니다.

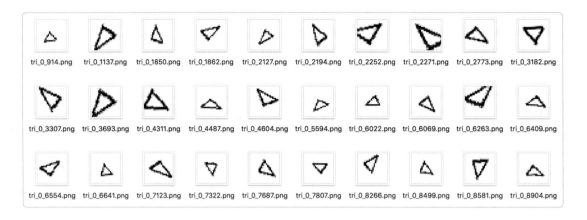

4. 개선 모델 결과보기

데이터 부풀리기를 하기 위해서는 기존 코드에서 아래 코드를 추가합니다. 각 파라미터 설정값에 따라 결과가 다르게 나오니 실제 데이터에 있을만한 수준으로 적정값을 지정해야 합니다.

```
train_datagen = ImageDataGenerator(rescale=1./255,
                                   rotation_range=10,
                                   width_shift_range=0.2,
                                   height_shift_range=0.2,
                                   shear_range=0.7,
                                   zoom_range=[0.9, 2.2],
                                   horizontal_flip=True,
                                   vertical_flip=True,
                                   fill_mode='nearest')
```

수정된 전체 코드는 다음과 같습니다. 참고로 시험셋은 데이터 부풀리기를 할 필요가 없으니, test_datagen 객체 생성 시에는 별도의 파라미터를 추가하지 않았습니다. 그리고 fit_generator함수에서 steps_per_epoch의 값은 기존 15개에서 더 많은 수(현재 예는 1500개)로 설정합니다. batch_size×steps_per_epoch가 전체 샘플 수인데 데이터 부풀리기를 하지 않을 때는 기존의 15개의 배치 사이즈(3개)로 전체 45개를 모두 학습에 사용할 수 있지만, ImageDataGenerator함수를 통해 데이터 부풀리기를 할 때는 하나의 샘플로 여러 개의 결과를 얻기 때문에 요청하는대로 무한의 샘플이 제공됩니다. 여기서는 100배 정도인 1500개로 설정했습니다.

```python
# 0. 사용할 패키지 불러오기
import numpy as np
from keras.preprocessing.image import ImageDataGenerator
from keras.models import Sequential
from keras.layers import Dense
from keras.layers import Flatten
from keras.layers.convolutional import Conv2D
from keras.layers.convolutional import MaxPooling2D
from keras.layers import Dropout

# 랜덤시드 고정시키기
np.random.seed(3)

# 1. 데이터셋 생성하기
train_datagen = ImageDataGenerator(rescale=1./255,
                                   rotation_range=10,
                                   width_shift_range=0.2,
                                   height_shift_range=0.2,
                                   shear_range=0.7,
                                   zoom_range=[0.9, 2.2],
                                   horizontal_flip=True,
                                   vertical_flip=True,
                                   fill_mode='nearest')

train_generator = train_datagen.flow_from_directory(
        'warehouse/hard_handwriting_shape/train',
        target_size=(24, 24),
        batch_size=3,
        class_mode='categorical')

test_datagen = ImageDataGenerator(rescale=1./255)

test_generator = test_datagen.flow_from_directory(
        'warehouse/hard_handwriting_shape/test',
        target_size=(24, 24),
        batch_size=3,
        class_mode='categorical')

# 2. 모델 구성하기
model = Sequential()
model.add(Conv2D(32, kernel_size=(3, 3),
                 activation='relu',
                 input_shape=(24,24,3)))
model.add(Conv2D(64, (3, 3), activation='relu'))
model.add(MaxPooling2D(pool_size=(2, 2)))
model.add(Flatten())
model.add(Dense(128, activation='relu'))
model.add(Dense(3, activation='softmax'))

# 3. 모델 학습과정 설정하기
model.compile(loss='categorical_crossentropy', optimizer='adam', metrics=['accuracy'])
```

```
# 4. 모델 학습시키기
model.fit_generator(
        train_generator,
        steps_per_epoch=15 * 100,
        epochs=200,
        validation_data=test_generator,
        validation_steps=5)

# 5. 모델 평가하기
print("-- Evaluate --")
scores = model.evaluate_generator(test_generator, steps=5)
print("%s: %.2f%%" %(model.metrics_names[1], scores[1]*100))

# 6. 모델 사용하기
print("-- Predict --")
output = model.predict_generator(test_generator, steps=5)
np.set_printoptions(formatter={'float': lambda x: "{0:0.3f}".format(x)})
print(test_generator.class_indices)
print(output)
```

```
Found 45 images belonging to 3 classes.
Found 15 images belonging to 3 classes.
Epoch 1/50
15/15 [==============================] - 0s - loss: 0.8350 - acc: 0.5778 - val_loss: 1.8721 -
val_acc: 0.3333
Epoch 2/50
15/15 [==============================] - 0s - loss: 0.1013 - acc: 1.0000 - val_loss: 4.3315 -
val_acc: 0.2667
Epoch 3/50
15/15 [==============================] - 0s - loss: 0.0054 - acc: 1.0000 - val_loss: 4.6139 -
val_acc: 0.4000
...
Epoch 198/200
1500/1500 [==============================] - 58s - loss: 0.0187 - acc: 0.9967 - val_loss:
3.2297 - val_acc: 0.8000
Epoch 199/200
1500/1500 [==============================] - 59s - loss: 0.0193 - acc: 0.9964 - val_loss:
2.8833 - val_acc: 0.8000
Epoch 200/200
1500/1500 [==============================] - 59s - loss: 0.0231 - acc: 0.9964 - val_loss:
1.4149 - val_acc: 0.8667
-- Evaluate --
acc: 86.67%
-- Predict --
{'circle': 0, 'triangle': 2, 'rectangle': 1}
[[0.000 0.000 1.000]
 [0.000 0.000 1.000]
 [0.000 0.000 1.000]
 [1.000 0.000 0.000]
 [0.999 0.001 0.000]
 [0.000 1.000 0.000]
 [0.000 0.000 1.000]
```

```
[0.993 0.007 0.000]
[1.000 0.000 0.000]
[1.000 0.000 0.000]
[0.000 0.000 1.000]
[0.068 0.932 0.000]
[0.000 1.000 0.000]
[1.000 0.000 0.000]
[0.000 0.000 1.000]]
```

86.67%의 정확도를 얻었습니다. 만족할만한 수준은 아니지만, 도전 시험셋으로 기존 모델을 시험했을 때의 결과가 50%를 못 미치는 수준에 비하면 비약적인 개선이 일어났습니다. 이는 동일한 모델을 사용하면서 훈련 데이터만 부풀려서 학습을 시켰을 뿐인데 성능 향상이 일어났습니다.

{요약}

원, 삼각형, 사각형을 분류하는 간단한 문제에서도 개발 모델이 현실에 적용하기 위해서는 어떠한 어려움이 있는지 알게되었습니다. 그리고 이를 극복하는 방안으로 데이터 부풀리기 방법에 대하여 알아보고, 각 파라미터 별로 어떻게 데이터를 부풀리는지 생성된 이미지를 통해 살펴보았습니다. 훈련셋이 충분하지 않거나 시험셋의 다양한 특성이 반영되어 있지 않다면 데이터 부풀리기 방법은 성능 개선에 큰 도움을 줄 수 있습니다.

순환 신경망 레이어 이야기

순환 신경망 모델은 순차적인 자료에서 규칙적인 패턴을 인식하거나 그 의미를 추론할 수 있습니다. 순차적이라는 특성 때문에 간단한 레이어로도 다양한 형태의 모델을 구성할 수 있습니다. 케라스에서 제공하는 순환 신경망 레이어는 SimpleRNN, GRU, LSTM이 있으나 주로 사용하는 LSTM에 대하여 알아보겠습니다.

1. 긴 시퀀스를 기억할 수 있는 LSTM(Long Short-Term Memory units) 레이어

LSTM 레이어는 아래와 같이 간단히 사용할 수 있습니다.

- **입력 형태**

```
LSTM(3, input_dim=1)
```

기본 인자는 다음과 같습니다.
  - 첫 번째 인자 : 메모리 셀의 개수입니다.
  - input_dim : 입력 속성 수입니다.
이는 앞서 살펴본 Dense 레이어 형태와 비슷합니다. 첫 번째 인자인 메모리 셀의 개수는 기억용량 정도와 출력 형태를 결정짓습니다. Dense 레이어에서의 출력 뉴런 수와 비슷하다고 보면 됩니다. input_dim에는 Dense 레이어와 같이 일반적으로 속성의 개수가 들어갑니다.

```
Dense(3, input_dim=1)
```

LSTM의 한 가지 인자에 대해 더 알아보겠습니다.

```
LSTM(3, input_dim=1, input_length=4)
```

  - input_length : 시퀀스 데이터의 입력 길이
Dense와 LSTM을 블록으로 도식화하면 다음과 같습니다. 왼쪽이 Dense이고, 중앙이 input_length가 1인 LSTM이고 오른쪽이 input_length가 4인 LSTM입니다. 사실 LSTM의 내부구조는 복잡하지만 간소화하여 외형만 표시한 것입니다. Dense 레이어와 비교한다면 히든 뉴런들이 밖으로 나와 있음을 볼 수 있습니다. 그리고 오른쪽 블록의 경우 input_length가 길다고 해서 각 입력마다 다른

가중치를 사용하는 것이 아니라 중앙에 있는 블록을 입력 길이만큼 연결한 것이기 때문에 모두 동일한 가중치를 공유합니다.

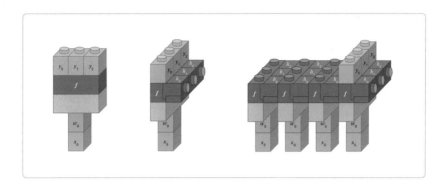

- **출력 형태**

  - return_sequences : 시퀀스 출력 여부

LSTM 레이어는 return_sequences 인자에 따라 마지막 시퀀스에서 한 번만 출력할 수 있고 각 시퀀스에서 출력을 할 수 있습니다. many to many 문제를 풀거나 LSTM 레이어를 여러 개로 쌓아올릴 때는 return_sequence=True 옵션을 사용합니다. 자세한 것은 뒤에서 살펴보겠습니다. 아래 그림에서 왼쪽은 return_sequences=False일 때, 오른쪽은 return_sequence=True일 때의 형상입니다.

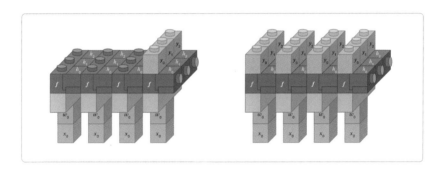

- **상태유지(stateful) 모드**

  - stateful : 상태 유지 여부

학습 샘플의 가장 마지막 상태가 다음 샘플 학습 시에 입력으로 전달 여부를 지정하는 것입니다. 하나의 샘플은 4개의 시퀀스 입력이 있고 총 3개의 샘플이 있을 때, 아래 그림에서 위의 블록들은 stateful=False일 때의 형상이고 아래 블록들은 stateful=True일 때의 형상입니다. 도출된 현재 상태의 가중치가 다음 샘플 학습 시의 초기 상태로 입력되는 것을 알 수 있습니다.

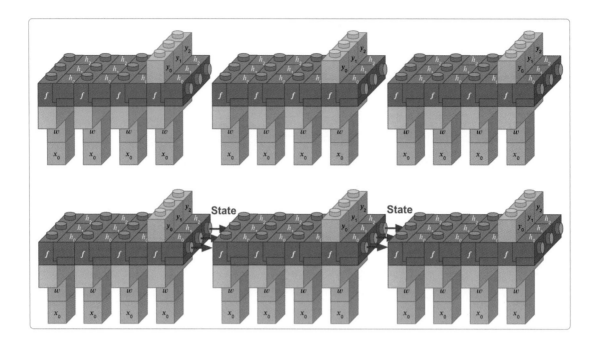

{요약}

순환 신경망 레이어 중 LSTM 레이어에 대하여 알아보았습니다. 사용법은 Dense 레이어와 비슷하지만 시퀀스 출력 여부와 상태유지 모드 설정으로 다양한 형태의 신경망을 구성할 수 있습니다.

CHAPTER 07 순환 신경망 모델 만들어보기

앞서 살펴본 LSTM 레이어를 이용하여 몇 가지 순환 신경망 모델을 만들어보고, 각 모델에 "나비야" 동요를 학습시켜 보면서 자세히 살펴보겠습니다.

1. 시퀀스 데이터 준비

순환 신경망은 주로 자연어 처리에 많이 쓰이기 때문에 문장 학습 예제가 일반적이지만 이번 장에서는 악보 학습을 해보겠습니다. 그 이유는

- 음계가 문장보다 더 코드화하기 쉽고,
- 시계열 자료이며,
- 나온 결과를 악보로 볼 수 있으며,
- 무엇보다 우리가 학습한 모델이 연주하는 곡을 들어볼 수 있기 때문입니다. 일단 쉬운 악보인 '나비야'를 준비했습니다.

음표 밑에 간단한 음표코드를 표시하였습니다. 알파벳은 음계를 나타내며, 숫자는 음의 길이를 나타냅니다.

- c(도), d(레), e(미), f(파), g(솔), a(라), b(시)
- 4(4분음표), 8(8분음표)

2. 데이터셋 생성

먼저 두 마디만 살펴보겠습니다.

- g8 e8 e4
- f8 d8 d4

여기서 우리가 정의한 문제대로 4개 음표 입력으로 다음 출력 음표를 예측하려면, 아래와 같이 데이터셋을 구성합니다.

- g8 e8 e4 f8 d8 : 1~4번째 음표, 5번째 음표
- e8 e4 f8 d8 d4 : 2~5번째 음표, 6번째 음표

6개의 음표로는 위와 같이 2개의 샘플이 나옵니다. 각 샘플은 4개의 입력 데이터와 1개의 라벨값으로 구성되어 있습니다. 즉, 1~4번째 열은 속성(feature)이고, 5번째 열은 클래스(class)를 나타냅니다. 이렇게 4개씩 구간을 보는 것을 윈도우 크기가 4라고 합니다. 그리고 문자와 숫자로 된 음표(코드)로는 모델 입출력으로 사용할 수 없기 때문에 각 코드를 숫자로 변환할 수 있는 사전을 하나 만들어 봅니다. 첫 번째 사전은 코드를 숫자로, 두 번째 사전은 숫자를 코드로 만드는 코드입니다.

```
code2idx = {'c4':0, 'd4':1, 'e4':2, 'f4':3, 'g4':4, 'a4':5, 'b4':6,
            'c8':7, 'd8':8, 'e8':9, 'f8':10, 'g8':11, 'a8':12, 'b8':13}

idx2code = {0:'c4', 1:'d4', 2:'e4', 3:'f4', 4:'g4', 5:'a4', 6:'b4',
            7:'c8', 8:'d8', 9:'e8', 10:'f8', 11:'g8', 12:'a8', 13:'b8'}
```

이러한 사전을 이용하여 순차적인 음표를 우리가 지정한 윈도우 크기만큼 잘라 데이터셋을 생성하는 함수를 정의해보겠습니다.

```
import numpy as np

def seq2dataset(seq, window_size):
    dataset = []
    for i in range(len(seq)-window_size):
        subset = seq[i:(i+window_size+1)]
        dataset.append([code2idx[item] for item in subset])
    return np.array(dataset)
```

seq라는 변수에 "나비야" 곡 전체 음표를 저장한 다음, seq2dataset() 함수를 호출하여 dataset을 생성합니다. 데이터셋은 앞서 정의한 사전에 따라 숫자로 변환되어 생성됩니다.

```
seq = ['g8', 'e8', 'e4', 'f8', 'd8', 'd4', 'c8', 'd8', 'e8', 'f8', 'g8', 'g8', 'g4',
       'g8', 'e8', 'e8', 'e8', 'f8', 'd8', 'd4', 'c8', 'e8', 'g8', 'g8', 'e8', 'e8', 'e4',
       'd8', 'd8', 'd8', 'd8', 'd8', 'e8', 'f4', 'e8', 'e8', 'e8', 'e8', 'e8', 'f8', 'g4',
       'g8', 'e8', 'e4', 'f8', 'd8', 'd4', 'c8', 'e8', 'g8', 'g8', 'e8', 'e8', 'e4']

dataset = seq2dataset(seq, window_size = 4)
```

```
print(dataset.shape)
print(dataset)
```

```
(50, 5)
[[11  9  2 10  8]
 [ 9  2 10  8  1]
 [ 2 10  8  1  7]
 [10  8  1  7  8]
 [ 8  1  7  8  9]
 ...
 ...
 ...
 [ 8  1  7  9 11]
 [ 1  7  9 11 11]
 [ 7  9 11 11  9]
 [ 9 11 11  9  9]
 [11 11  9  9  2]]
```

3. 학습과정

"나비야"노래는 우리에게 너무나 익숙한 노래입니다. 만약 옆사람이 "나비야~ 나"까지만 불러도 나머지를 이어서 다 부를 수 있을 정도로 말이죠. 이렇게 첫 4개 음표를 입력하면 나머지를 연주할 수 있는 모델을 만드는 것이 목표입니다. 우리가 정의한 문제를 풀기 위해, 먼저 모델을 학습시켜야 합니다. 학습시키는 방식은 아래와 같습니다.

　- 파란색 박스가 입력값이고, 빨간색 박스가 우리가 원하는 출력값입니다.
　- 1~4번째 음표를 데이터로 5번째 음표를 라벨값으로 학습을 시킵니다.
　- 다음에는 2~5번째 음표를 데이터로 6번째 음표를 라벨값으로 학습을 시킵니다.
　- 이후 한 음표씩 넘어가면서 노래를 끝까지 학습시킵니다.

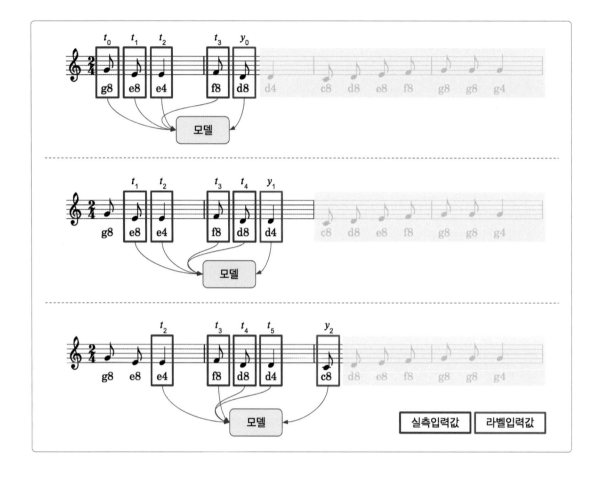

실측입력값 　 라벨입력값

4. 예측 과정

예측은 두 가지 방법으로 해보겠습니다. 한 스텝 예측과 곡 전체 예측입니다.

• 한 스텝 예측

한 스텝 예측이란 실제 음표 4개를 입력하여 다음 음표 1개를 예측하는 과정을 반복하는 것입니다.
이 방법에서는 모델의 입력값으로는 항상 실제 음표가 들어갑니다.

- 모델에 t0, t1, t2, t3를 입력하면 y0 출력이 나옵니다.
- 모델에 t1, t2, t3, t4를 입력하면 y1 출력이 나옵니다.
- 모델에 t2, t3, t4, t5를 입력하면 y2 출력이 나옵니다.
- 이 과정을 y49 출력까지 반복합니다.

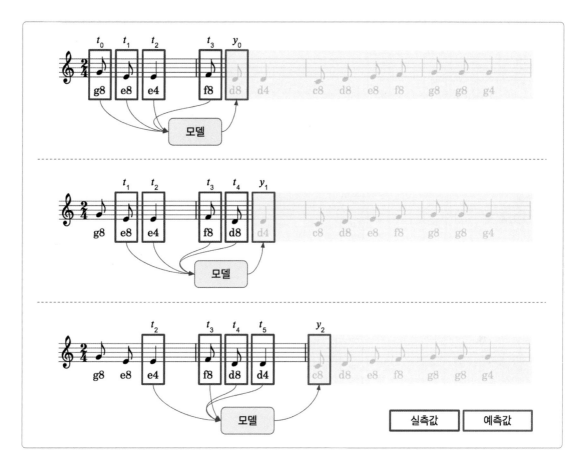

• 곡 전체 예측

곡 전체 예측이란 입력된 초가 4개 음표만을 입력으로 곡 전체를 예측하는 것입니다. 초반부가 지나면, 예측값만으로 모델에 입력되어 다음 예측값이 나오는 식입니다. 그야말로 "나비야~ 나"까지 알려주면 나머지까지 모두 연주를 하는 것이죠. 만약 중간에 틀린 부분이 생긴다면, 이후 음정과 박자는 모두 이상하게 될 가능성이 많습니다. 예측 오류가 누적되는 것이겠죠.

- 모델에 t0, t1, t2, t3를 입력하면 y0 출력이 나옵니다.
- 예측값인 y0를 t4라고 가정하고, 모델에 t1, t2, t3, t4을 입력하면 y1 출력이 나옵니다.
- 예측값인 y1을 t5라고 가정하고, 모델에 t2, t3, t4(예측값), t5(예측값)을 입력하면 y2 출력이 나옵니다.
- 이 과정을 y49 출력까지 반복합니다.

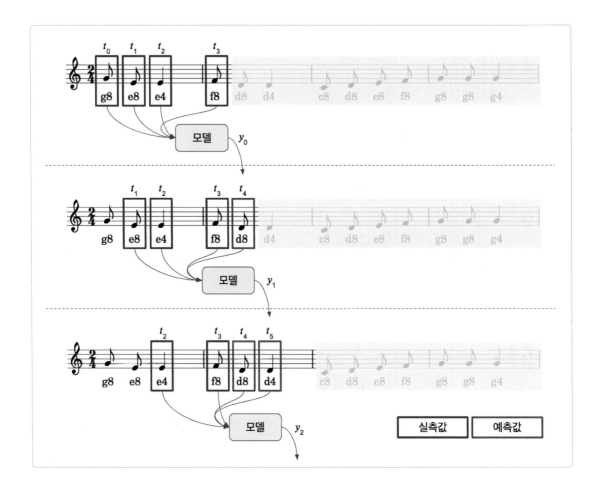

5. 다층 퍼셉트론 신경망 모델

앞서 생성한 데이터셋으로 먼저 다층 퍼셉트론 신경망 모델을 학습시켜 보겠습니다. Dense 레이어 3개로 구성하였고, 입력 속성을 4개, 출력을 12개(one_hot_vec_size=12)로 설정했습니다.

```
model = Sequential()
model.add(Dense(128, input_dim=4, activation='relu'))
model.add(Dense(128, activation='relu'))
model.add(Dense(one_hot_vec_size, activation='softmax'))
```

"나비야" 악보를 이 모델로 학습할 경우 다음 그림과 같이 수행됩니다. 4개의 음표를 입력으로 받고, 그 다음 음표가 라벨값으로 지정됩니다. 이 과정을 곡이 마칠 때까지 반복하게 됩니다.

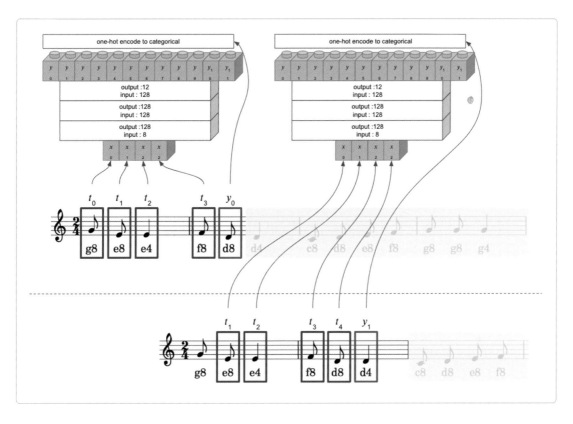

전체 소스는 다음과 같습니다.

```python
# 0. 사용할 패키지 불러오기
import keras
from keras.models import Sequential
from keras.layers import Dense
from keras.utils import np_utils
import numpy as np

# 랜덤시드 고정시키기
np.random.seed(5)

# 손실 이력 클래스 정의
class LossHistory(keras.callbacks.Callback):
    def init(self):
        self.losses = []

    def on_epoch_end(self, batch, logs={}):
        self.losses.append(logs.get('loss'))

# 데이터셋 생성 함수
def seq2dataset(seq, window_size):
    dataset = []
    for i in range(len(seq)-window_size):
        subset = seq[i:(i+window_size+1)]
        dataset.append([code2idx[item] for item in subset])
```

```python
        return np.array(dataset)

# 1. 데이터 준비하기

# 코드 사전 정의

code2idx = {'c4':0, 'd4':1, 'e4':2, 'f4':3, 'g4':4, 'a4':5, 'b4':6,
            'c8':7, 'd8':8, 'e8':9, 'f8':10, 'g8':11, 'a8':12, 'b8':13}

idx2code = {0:'c4', 1:'d4', 2:'e4', 3:'f4', 4:'g4', 5:'a4', 6:'b4',
            7:'c8', 8:'d8', 9:'e8', 10:'f8', 11:'g8', 12:'a8', 13:'b8'}

# 시퀀스 데이터 정의

seq = ['g8', 'e8', 'e4', 'f8', 'd8', 'd4', 'c8', 'd8', 'e8', 'f8', 'g8', 'g8', 'g4',
       'g8', 'e8', 'e8', 'e8', 'f8', 'd8', 'd4', 'c8', 'e8', 'g8', 'g8', 'e8', 'e8', 'e4',
       'd8', 'd8', 'd8', 'd8', 'd8', 'e8', 'f4', 'e8', 'e8', 'e8', 'e8', 'e8', 'f8', 'g4',
       'g8', 'e8', 'e4', 'f8', 'd8', 'd4', 'c8', 'e8', 'g8', 'g8', 'e8', 'e8', 'e4']

# 2. 데이터셋 생성하기
dataset = seq2dataset(seq, window_size = 4)

print(dataset.shape)
print(dataset)

# 입력(X)과 출력(Y) 변수로 분리하기
x_train = dataset[:,0:4]
y_train = dataset[:,4]

max_idx_value = 13

# 입력값 정규화 시키기
x_train = x_train / float(max_idx_value)

# 라벨값에 대한 one-hot 인코딩 수행
y_train = np_utils.to_categorical(y_train)

one_hot_vec_size = y_train.shape[1]

print("one hot encoding vector size is ", one_hot_vec_size)

# 3. 모델 구성하기
model = Sequential()
model.add(Dense(128, input_dim=4, activation='relu'))
model.add(Dense(128, activation='relu'))
model.add(Dense(one_hot_vec_size, activation='softmax'))

# 4. 모델 학습과정 설정하기
model.compile(loss='categorical_crossentropy', optimizer='adam', metrics=['accuracy'])

history = LossHistory() # 손실 이력 객체 생성
history.init()
```

```python
# 5. 모델 학습시키기
model.fit(x_train, y_train, epochs=2000, batch_size=10, verbose=2, callbacks=[history])

# 6. 학습과정 살펴보기
%matplotlib inline
import matplotlib.pyplot as plt

plt.plot(history.losses)
plt.ylabel('loss')
plt.xlabel('epoch')
plt.legend(['train'], loc='upper left')
plt.show()

# 7. 모델 평가하기
scores = model.evaluate(x_train, y_train)
print("%s: %.2f%%" %(model.metrics_names[1], scores[1]*100))

# 8. 모델 사용하기

pred_count = 50 # 최대 예측 개수 정의

# 한 스텝 예측

seq_out = ['g8', 'e8', 'e4', 'f8']
pred_out = model.predict(x_train)

for i in range(pred_count):
    idx = np.argmax(pred_out[i]) # one-hot 인코딩을 인덱스 값으로 변환
    seq_out.append(idx2code[idx]) # seq_out는 최종 악보이므로 인덱스 값을 코드로 변환하여 저장

print("one step prediction : ", seq_out)

# 곡 전체 예측

seq_in = ['g8', 'e8', 'e4', 'f8']
seq_out = seq_in
seq_in = [code2idx[it] / float(max_idx_value) for it in seq_in] # 코드를 인덱스값으로 변환

for i in range(pred_count):
    sample_in = np.array(seq_in)
    sample_in = np.reshape(sample_in, (1, 4)) # batch_size, feature
    pred_out = model.predict(sample_in)
    idx = np.argmax(pred_out)
    seq_out.append(idx2code[idx])
    seq_in.append(idx / float(max_idx_value))
    seq_in.pop(0)

print("full song prediction : ", seq_out)
```

```
(50, 5)
[[11  9  2 10  8]
 [ 9  2 10  8  1]
 [ 2 10  8  1  7]
 [10  8  1  7  8]
 [ 8  1  7  8  9]
 ...
 ...
 ...
 [ 8  1  7  9 11]
 [ 1  7  9 11 11]
 [ 7  9 11 11  9]
 [ 9 11 11  9  9]
 [11 11  9  9  2]]
('one hot encoding vector size is ', 12)
Epoch 1/2000
0s - loss: 2.4744 - acc: 0.1600
Epoch 2/2000
0s - loss: 2.3733 - acc: 0.3400
Epoch 3/2000
0s - loss: 2.2871 - acc: 0.3400
...
Epoch 1998/2000
0s - loss: 0.1885 - acc: 0.9200
Epoch 1999/2000
0s - loss: 0.1859 - acc: 0.9200
Epoch 2000/2000
0s - loss: 0.1727 - acc: 0.9200
32/50 [===============>..........] - ETA: 0sacc: 92.00%
('one step prediction : ', ['g8', 'e8', 'e4', 'f8', 'd8', 'd4', 'c8', 'e8', 'e8', 'f8', 'g8',
'g8', 'g4', 'g8', 'e8', 'e8', 'e8', 'f8', 'g4', 'd4', 'c8', 'e8', 'g8', 'g8', 'e8', 'e8',
'e4', 'd8', 'd8', 'd8', 'd8', 'd8', 'd8', 'f4', 'e8', 'e8', 'e8', 'e8', 'f8', 'f8', 'g4',
'g8', 'e8', 'e4', 'f8', 'd8', 'd4', 'c8', 'e8', 'g8', 'g8', 'e8', 'e8', 'e4'])
('full song prediction : ', ['g8', 'e8', 'e4', 'f8', 'd8', 'd4', 'c8', 'e8', 'g8', 'g8', 'e8',
'e8', 'e4', 'd8', 'd8', 'd8', 'd8', 'd8', 'd8', 'd8', 'd8', 'd8', 'd8', 'd8', 'd8', 'd8',
'd8', 'd8', 'd8', 'd8', 'd8', 'd8', 'd8', 'd8', 'd8', 'd8', 'd8', 'd8', 'd8', 'd8', 'd8',
'd8', 'd8', 'd8', 'd8', 'd8', 'd8', 'd8', 'd8', 'd8', 'd8', 'd8', 'd8'])
```

한 스텝 예측 결과와 곡 전체 예측 결과를 악보로 그려보았습니다. 이 중 틀린 부분을 빨간색 박스로 표시해 보았습니다. 총 50개 예측 중 4개가 틀려서 92%의 정확도가 나왔습니다. 중간에 틀린 부분이 생기면 곡 전체를 예측하는데 있어서 그리 좋은 성능이 나오지 않습니다.

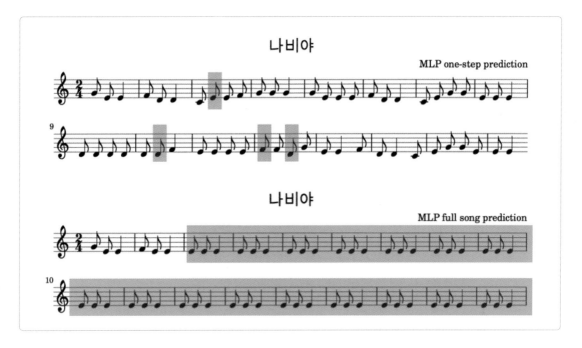

위 악보로 연주한 곡은 아래 링크에서 다운로드 받으실 수 있습니다.

http://tykimos.github.com/Keras/warehouse/2017-4-9-MLP_one_step_prediction.mp3

http://tykimos.github.com/Keras/warehouse/2017-4-9-MLP_full_song_prediction.mp3

6. 기본 LSTM 모델

이번에는 간단한 기본 LSTM 모델로 먼저 테스트를 해보겠습니다. 모델 구성은 다음과 같습니다.

- 128 메모리 셀을 가진 LSTM 레이어 1개와 Dense 레이어로 구성
- 입력은 샘플 50개, 타임스텝 4개, 속성 1개로 구성
- 상태유지(stateful) 모드 비활성화

케라스에서는 아래와 같이 LSTM을 구성할 수 있습니다.

```
model = Sequential()
model.add(LSTM(128, input_shape = (4, 1)))
model.add(Dense(one_hot_vec_size, activation='softmax'))
```

LSTM을 제대로 활용하기 위해서는 상태유지 모드, 배치사이즈, 타임스텝, 속성에 대한 개념에 이해가 필요합니다. 본 절에서는 타임스텝에 대하여 먼저 알아보겠습니다. 타임스텝이란 하나의 샘플에 포함된 시퀀스 개수입니다. 이는 앞서 살펴본 "input_length"와 동일합니다. 현재 문제에서는 매 샘플마다 4개의 값을 입력하므로 타임스텝을 4개로 지정할 수 있습니다. 즉, 윈도우 크기와 동일하게 타임스텝으로 설정하면 됩니다. 속성에 대하여는 나중에 알아보겠지만, 입력되는 음표 1개당 하나의 인덱스 값을 입력하므로 속성이 1개입니다. 나중에 이 속성의 개수를 다르게 해서 테스트해 보

겠습니다. 인자로 "input_shape = (4, 1)'과 "input_dim = 1, input_length = 4"는 동일합니다. 설정한 LSTM 모델에 따라 입력할 데이터셋도 샘플 수, 타임스텝 수, 속성 수 형식으로 맞추어야 합니다. 따라서 앞서 구성한 x_train를 아래와 같이 형식을 변환합니다.

```
x_train = np.reshape(x_train, (50, 4, 1)) # 샘플 수, 타임스텝 수, 속성 수
```

이 모델로 악보를 학습할 경우, 다층 퍼셉트론 신경망 모델과 동일하게 4개의 음표를 입력으로 받고, 그 다음 음표가 라벨값으로 지정됩니다. 이 과정을 곡이 마칠 때까지 반복하게 됩니다. 다층 퍼셉트론 신경망 모델과 차이점이 있다면, 다층 퍼셉트론 신경망 모델에서는 4개의 음표가 4개의 속성으로 입력되고, LSTM에서는 4개의 음표가 4개의 시퀀스 입력으로 들어갑니다. 여기서 속성은 1개입니다.

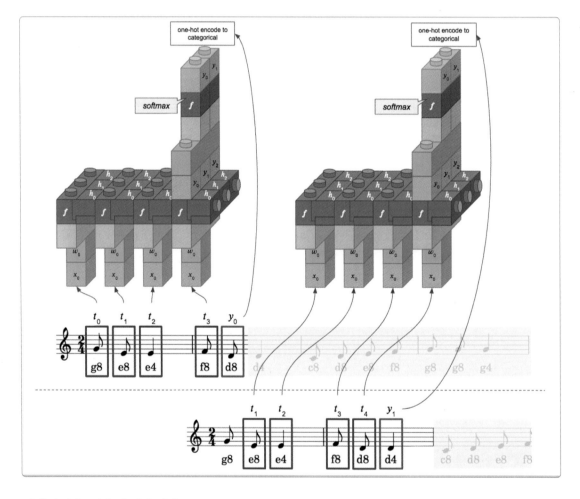

전체 소스는 다음과 같습니다.

```
# 0. 사용할 패키지 불러오기
import keras
import numpy as np
```

```python
from keras.models import Sequential
from keras.layers import Dense
from keras.layers import LSTM
from keras.utils import np_utils

# 랜덤시드 고정시키기
np.random.seed(5)

# 손실 이력 클래스 정의
class LossHistory(keras.callbacks.Callback):
    def init(self):
        self.losses = []

    def on_epoch_end(self, batch, logs={}):
        self.losses.append(logs.get('loss'))

# 데이터셋 생성 함수
def seq2dataset(seq, window_size):
    dataset = []
    for i in range(len(seq)-window_size):
        subset = seq[i:(i+window_size+1)]
        dataset.append([code2idx[item] for item in subset])
    return np.array(dataset)

# 1. 데이터 준비하기

# 코드 사전 정의

code2idx = {'c4':0, 'd4':1, 'e4':2, 'f4':3, 'g4':4, 'a4':5, 'b4':6,
            'c8':7, 'd8':8, 'e8':9, 'f8':10, 'g8':11, 'a8':12, 'b8':13}

idx2code = {0:'c4', 1:'d4', 2:'e4', 3:'f4', 4:'g4', 5:'a4', 6:'b4',
            7:'c8', 8:'d8', 9:'e8', 10:'f8', 11:'g8', 12:'a8', 13:'b8'}

# 시퀀스 데이터 정의

seq = ['g8', 'e8', 'e4', 'f8', 'd8', 'd4', 'c8', 'd8', 'e8', 'f8', 'g8', 'g8', 'g4',
       'g8', 'e8', 'e8', 'e8', 'f8', 'd8', 'd4', 'c8', 'e8', 'g8', 'g8', 'e8', 'e8', 'e4',
       'd8', 'd8', 'd8', 'd8', 'd8', 'e8', 'f4', 'e8', 'e8', 'e8', 'e8', 'e8', 'f8', 'g4',
       'g8', 'e8', 'e4', 'f8', 'd8', 'd4', 'c8', 'e8', 'g8', 'g8', 'e8', 'e8', 'e4']

# 2. 데이터셋 생성하기

dataset = seq2dataset(seq, window_size = 4)

print(dataset.shape)

# 입력(X)과 출력(Y) 변수로 분리하기
x_train = dataset[:,0:4]
y_train = dataset[:,4]

max_idx_value = 13
```

```python
# 입력값 정규화 시키기
x_train = x_train / float(max_idx_value)

# 입력을 (샘플 수, 타입스텝, 특성 수)로 형태 변환
x_train = np.reshape(x_train, (50, 4, 1))

# 라벨값에 대한 one-hot 인코딩 수행
y_train = np_utils.to_categorical(y_train)

one_hot_vec_size = y_train.shape[1]

print("one hot encoding vector size is ", one_hot_vec_size)

# 3. 모델 구성하기
model = Sequential()
model.add(LSTM(128, input_shape = (4, 1)))
model.add(Dense(one_hot_vec_size, activation='softmax'))

# 4. 모델 학습과정 설정하기
model.compile(loss='categorical_crossentropy', optimizer='adam', metrics=['accuracy'])

history = LossHistory() # 손실 이력 객체 생성
history.init()

# 5. 모델 학습시키기
model.fit(x_train, y_train, epochs=2000, batch_size=14, verbose=2, callbacks=[history])

# 6. 학습과정 살펴보기
%matplotlib inline
import matplotlib.pyplot as plt

plt.plot(history.losses)
plt.ylabel('loss')
plt.xlabel('epoch')
plt.legend(['train'], loc='upper left')
plt.show()

# 7. 모델 평가하기
scores = model.evaluate(x_train, y_train)
print("%s: %.2f%%" %(model.metrics_names[1], scores[1]*100))

# 8. 모델 사용하기

pred_count = 50 # 최대 예측 개수 정의

# 한 스텝 예측

seq_out = ['g8', 'e8', 'e4', 'f8']
pred_out = model.predict(x_train)

for i in range(pred_count):
```

```
        idx = np.argmax(pred_out[i]) # one-hot 인코딩을 인덱스 값으로 변환
        seq_out.append(idx2code[idx]) # seq_out는 최종 악보이므로 인덱스 값을 코드로 변환하여 저장

print("one step prediction : ", seq_out)

# 곡 전체 예측

seq_in = ['g8', 'e8', 'e4', 'f8']
seq_out = seq_in
seq_in = [code2idx[it] / float(max_idx_value) for it in seq_in] # 코드를 인덱스값으로 변환

for i in range(pred_count):
    sample_in = np.array(seq_in)
    sample_in = np.reshape(sample_in, (1, 4, 1)) # 샘플 수, 타입스텝 수, 속성 수
    pred_out = model.predict(sample_in)
    idx = np.argmax(pred_out)
    seq_out.append(idx2code[idx])
    seq_in.append(idx / float(max_idx_value))
    seq_in.pop(0)

print("full song prediction : ", seq_out)
```

```
(50, 5)
('one hot encoding vector size is ', 12)
Epoch 1/2000
0s - loss: 2.4744 - acc: 0.1600
Epoch 2/2000
0s - loss: 2.3733 - acc: 0.3400
Epoch 3/2000
0s - loss: 2.2871 - acc: 0.3400
...
Epoch 1998/2000
0s - loss: 0.2946 - acc: 0.8800
Epoch 1999/2000
0s - loss: 0.3039 - acc: 0.8800
Epoch 2000/2000
0s - loss: 0.2982 - acc: 0.8800
32/50 [==============>..........] - ETA: 0sacc: 92.00%
('one step prediction : ', ['g8', 'e8', 'e4', 'f8', 'd8', 'd4', 'c8', 'e8', 'e8', 'f8', 'g8',
'g8', 'g4', 'g8', 'e8', 'e8', 'e8', 'f8', 'g4', 'd4', 'c8', 'e8', 'g8', 'g8', 'e8', 'e8',
'e4', 'd8', 'd8', 'd8', 'd8', 'd8', 'd8', 'f4', 'e8', 'e8', 'e8', 'e8', 'f8', 'f8', 'g4',
'g8', 'e8', 'e4', 'f8', 'd8', 'd4', 'c8', 'e8', 'g8', 'g8', 'e8', 'e8', 'e4'])
('full song prediction : ', ['g8', 'e8', 'e4', 'f8', 'd8', 'd4', 'c8', 'e8', 'g8', 'g8', 'e8',
'e8', 'e4', 'd8', 'd8', 'd8', 'd8', 'd8', 'd8', 'd8', 'd8', 'd8', 'd8', 'd8', 'd8', 'd8',
'd8', 'd8', 'd8', 'd8', 'd8', 'd8', 'd8', 'd8', 'd8', 'd8', 'd8', 'd8', 'd8', 'd8', 'd8',
'd8', 'd8', 'd8', 'd8', 'd8', 'd8', 'd8', 'd8', 'd8', 'd8', 'd8', 'd8'])
```

한 스텝 예측 결과와 곡 전체 예측 결과를 악보로 그려보았습니다. 이 중 틀린 부분을 빨간색 박스로 표시해 보았습니다. 총 50개 예측 중 4개가 틀려서 92%의 정확도가 나왔습니다. 중간에 틀린 부분이 생기면 곡 전체를 예측하는데 있어서 좋은 결과가 나오지 않습니다.

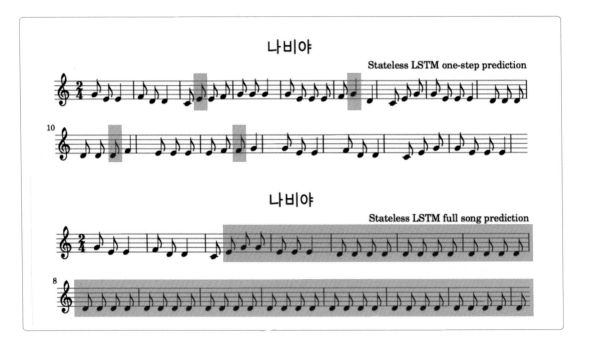

위 악보로 연주한 곡은 아래 링크에서 다운로드할 수 있습니다.

http://tykimos.github.com/Keras/warehouse/2017-4-9-Stateless_LSTM_one_step_prediction.mp3

http://tykimos.github.com/Keras/warehouse/2017-4-9-Stateless_LSTM_full_song_prediction.mp3

7. 상태유지 LSTM 모델

이번에는 상태유지(Stateful) LSTM 모델에 대하여 알아보겠습니다. 여기서 상태유지라는 것은 현재 학습된 상태가 다음 학습 시 초기 상태로 전달된다는 것을 의미합니다.

> 상태유지 모드에서는 현재 샘플의 학습 상태가 다음 샘플의 초기 상태로 전달된다.

긴 시퀀스 데이터를 처리할 때, LSTM 모델은 상태유지 모드에서 그 진가를 발휘합니다. 긴 시퀀스 데이터를 샘플 단위로 잘라서 학습하더라도 LSTM 내부적으로 기억할 것은 기억하고, 버릴 것은 버려서 기억해야 할 중요한 정보만 이어갈 수 있도록 상태가 유지되기 때문입니다. 상태유지 LSTM 모델을 생성하기 위해서는 LSTM 레이어 생성 시, stateful=True로 설정합니다. 또한 상태유지 모드에서는 입력형태를 batch_input_shape = (배치사이즈, 타임스텝, 속성)으로 설정해야 합니다. 상태유지 모드에서 배치사이즈 개념은 조금 어려우므로 다음 장에서 다루기로 하겠습니다.

```
model = Sequential()
model.add(LSTM(128, batch_input_shape = (1, 4, 1), stateful=True))
model.add(Dense(one_hot_vec_size, activation='softmax'))
```

상태유지 모드에서는 모델 학습 시, 상태 초기화에 대한 고민이 필요합니다. 현재 샘플 학습 상태가 다음 샘플 학습의 초기상태로 상태를 유지시키지 않고 초기화해야 합니다. 전달되는 식인데, 현재 샘플과 다음 샘플 간의 순차적인 관계가 없을 경우에는 상태가 유지되지 않고 초기화가 되어야 합니다. 예를 들면,

- 마지막 샘플 학습을 마치고, 새로운 에포크 수행 시 새로운 샘플 학습을 해야하므로 상태 초기화 필요
- 한 에포크 안에 여러 시퀀스 데이터 세트가 있을 경우, 새로운 시퀀스 데이터 세트를 학습 전에 상태 초기화 필요

현재 코드에서는 한 곡을 가지고 계속 학습을 시키고 있으므로 새로운 에포크 시작 시에만 상태 초기화를 수행하면 됩니다.

```
num_epochs = 2000

for epoch_idx in range(num_epochs):
    print ('epochs : ' + str(epoch_idx) )
    model.fit(x_train, y_train, epochs=1, batch_size=1, verbose=2, shuffle=False) # 50 is
X.shape[0]
    model.reset_states()
```

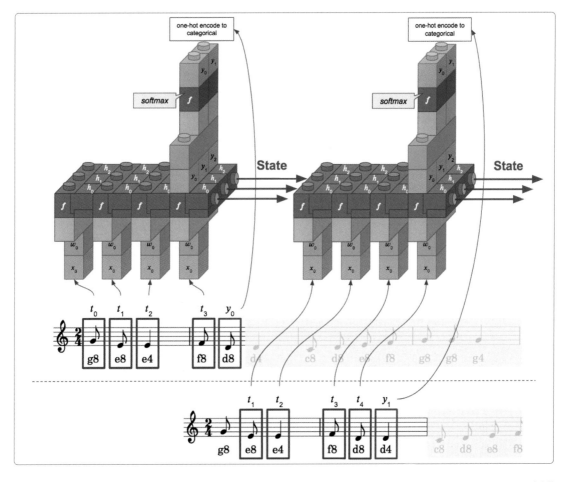

전체 소스는 다음과 같습니다.

```python
# 0. 사용할 패키지 불러오기
import keras
import numpy as np
from keras.models import Sequential
from keras.layers import Dense, LSTM
from keras.utils import np_utils

# 랜덤시드 고정시키기
np.random.seed(5)

# 손실 이력 클래스 정의
class LossHistory(keras.callbacks.Callback):
    def init(self):
        self.losses = []

    def on_epoch_end(self, batch, logs={}):
        self.losses.append(logs.get('loss'))

# 데이터셋 생성 함수
def seq2dataset(seq, window_size):
    dataset = []
    for i in range(len(seq)-window_size):
        subset = seq[i:(i+window_size+1)]
        dataset.append([code2idx[item] for item in subset])
    return np.array(dataset)

# 1. 데이터 준비하기

# 코드 사전 정의

code2idx = {'c4':0, 'd4':1, 'e4':2, 'f4':3, 'g4':4, 'a4':5, 'b4':6,
            'c8':7, 'd8':8, 'e8':9, 'f8':10, 'g8':11, 'a8':12, 'b8':13}

idx2code = {0:'c4', 1:'d4', 2:'e4', 3:'f4', 4:'g4', 5:'a4', 6:'b4',
            7:'c8', 8:'d8', 9:'e8', 10:'f8', 11:'g8', 12:'a8', 13:'b8'}

# 시퀀스 데이터 정의

seq = ['g8', 'e8', 'e4', 'f8', 'd8', 'd4', 'c8', 'd8', 'e8', 'f8', 'g8', 'g8', 'g4',
       'g8', 'e8', 'e8', 'e8', 'f8', 'd8', 'd4', 'c8', 'e8', 'g8', 'g8', 'e8', 'e8', 'e4',
       'd8', 'd8', 'd8', 'd8', 'd8', 'e8', 'f4', 'e8', 'e8', 'e8', 'e8', 'e8', 'f8', 'g4',
       'g8', 'e8', 'e4', 'f8', 'd8', 'd4', 'c8', 'e8', 'g8', 'g8', 'e8', 'e8', 'e4']

# 2. 데이터셋 생성하기

dataset = seq2dataset(seq, window_size = 4)

print(dataset.shape)

# 입력(X)과 출력(Y) 변수로 분리하기
```

```python
x_train = dataset[:,0:4]
y_train = dataset[:,4]

max_idx_value = 13

# 입력값 정규화 시키기
x_train = x_train / float(max_idx_value)

# 입력을 (샘플 수, 타임스텝, 특성 수)로 형태 변환
x_train = np.reshape(x_train, (50, 4, 1))

# 라벨값에 대한 one-hot 인코딩 수행
y_train = np_utils.to_categorical(y_train)

one_hot_vec_size = y_train.shape[1]

print("one hot encoding vector size is ", one_hot_vec_size)

# 3. 모델 구성하기
model = Sequential()
model.add(LSTM(128, batch_input_shape = (1, 4, 1), stateful=True))
model.add(Dense(one_hot_vec_size, activation='softmax'))

# 4. 모델 학습과정 설정하기
model.compile(loss='categorical_crossentropy', optimizer='adam', metrics=['accuracy'])

# 5. 모델 학습시키기
num_epochs = 2000

history = LossHistory() # 손실 이력 객체 생성

history.init()

for epoch_idx in range(num_epochs):
    print ('epochs : ' + str(epoch_idx) )
    model.fit(x_train, y_train, epochs=1, batch_size=1, verbose=2, shuffle=False,
callbacks=[history]) # 50 is X.shape[0]
    model.reset_states()

# 6. 학습과정 살펴보기
%matplotlib inline
import matplotlib.pyplot as plt

plt.plot(history.losses)
plt.ylabel('loss')
plt.xlabel('epoch')
plt.legend(['train'], loc='upper left')
plt.show()

# 7. 모델 평가하기
scores = model.evaluate(x_train, y_train, batch_size=1)
print("%s: %.2f%%" %(model.metrics_names[1], scores[1]*100))
```

```python
model.reset_states()

# 8. 모델 사용하기

pred_count = 50 # 최대 예측 개수 정의

# 한 스텝 예측

seq_out = ['g8', 'e8', 'e4', 'f8']
pred_out = model.predict(x_train, batch_size=1)

for i in range(pred_count):
    idx = np.argmax(pred_out[i]) # one-hot 인코딩을 인덱스 값으로 변환
    seq_out.append(idx2code[idx]) # seq_out는 최종 악보이므로 인덱스 값을 코드로 변환하여 저장

model.reset_states()

print("one step prediction : ", seq_out)

# 곡 전체 예측

seq_in = ['g8', 'e8', 'e4', 'f8']
seq_out = seq_in
seq_in = [code2idx[it] / float(max_idx_value) for it in seq_in] # 코드를 인덱스값으로 변환

for i in range(pred_count):
    sample_in = np.array(seq_in)
    sample_in = np.reshape(sample_in, (1, 4, 1)) # 샘플 수, 타입스텝 수, 속성 수
    pred_out = model.predict(sample_in)
    idx = np.argmax(pred_out)
    seq_out.append(idx2code[idx])
    seq_in.append(idx / float(max_idx_value))
    seq_in.pop(0)

model.reset_states()

print("full song prediction : ", seq_out)
```

```
(50, 5)
('one hot encoding vector size is ', 12)
epochs : 0
Epoch 1/1
1s - loss: 2.3485 - acc: 0.1400
epochs : 1
Epoch 1/1
0s - loss: 2.0415 - acc: 0.3400
epochs : 2
Epoch 1/1
0s - loss: 1.9635 - acc: 0.3400
...
epochs : 1997
```

```
Epoch 1/1
0s - loss: 4.7890e-04 - acc: 1.0000
epochs : 1998
Epoch 1/1
0s - loss: 4.6464e-04 - acc: 1.0000
epochs : 1999
Epoch 1/1
0s - loss: 4.4886e-04 - acc: 1.0000
30/50 [==============>...........] - ETA: 0sacc: 100.00%
('one step prediction : ', ['g8', 'e8', 'e4', 'f8', 'd8', 'd4', 'c8', 'd8', 'e8', 'f8', 'g8',
 'g8', 'g4', 'g8', 'e8', 'e8', 'e8', 'f8', 'd8', 'd4', 'c8', 'e8', 'g8', 'g8', 'e8', 'e8',
 'e4', 'd8', 'd8', 'd8', 'd8', 'd8', 'e8', 'f4', 'e8', 'e8', 'e8', 'e8', 'e8', 'f8', 'g4',
 'g8', 'e8', 'e4', 'f8', 'd8', 'd4', 'c8', 'e8', 'g8', 'g8', 'e8', 'e8', 'e4'])
('full song prediction : ', ['g8', 'e8', 'e4', 'f8', 'd8', 'd4', 'c8', 'd8', 'e8', 'f8', 'g8',
 'g8', 'g4', 'g8', 'e8', 'e8', 'e8', 'f8', 'd8', 'd4', 'c8', 'e8', 'g8', 'g8', 'e8', 'e8',
 'e4', 'd8', 'd8', 'd8', 'd8', 'd8', 'e8', 'f4', 'e8', 'e8', 'e8', 'e8', 'e8', 'f8', 'g4',
 'g8', 'e8', 'e4', 'f8', 'd8', 'd4', 'c8', 'e8', 'g8', 'g8', 'e8', 'e8', 'e4'])
```

한 스텝 예측 결과와 곡 전체 예측 결과를 악보로 그려보았습니다. Stateful LSTM은 음표를 모두 맞췄고, 전체 곡 예측도 정확하게 예측했습니다.

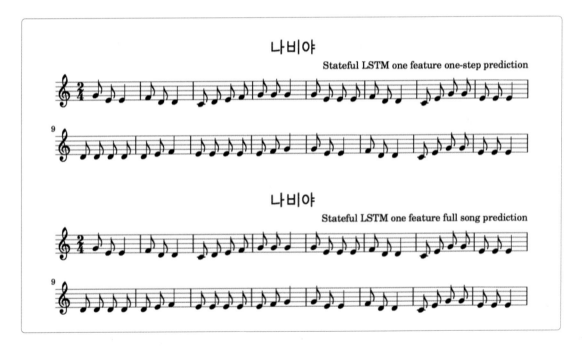

위 악보로 연주한 곡은 아래 링크에서 다운로드 받으실 수 있습니다.

http://tykimos.github.com/Keras/warehouse/2017-4-9-Stateful_LSTM_f1_one_step_prediction.mp3

http://tykimos.github.com/Keras/warehouse/2017-4-9-Stateful_LSTM_f1_full_song_prediction.mp3

8. 입력 속성이 여러 개인 모델 구성

입력 속성이 여러 개인 경우에 대하여 알아보겠습니다. 예를 들어 '기온'라는 것을 예측하기 위해서 입력으로 '기온'뿐만 아니라 '습도', '기압', '풍향', '풍속' 등 다양한 속성이 있을 수 있습니다. 상태유지 LSTM 모델에서 입력형태를 batch_input_shape = (배치사이즈, 타임스텝, 속성)으로 설정하는데, 마지막 인자를 통해 속성의 개수를 지정할 수 있습니다. '나비야' 예제에서는 현재 입력값이 'c4, e4, g8'등으로 되어 있는데, 이를 음정과 음길이로 나누어서 2개의 속성으로 입력해보겠습니다. 즉, 'c4'는 '(c, 4)'로 나누어서 입력하게 되는 것입니다. 이를 위해 데이터셋 만드는 함수를 아래와 같이 수정하였습니다.

```
def code2features(code):
    features = []
    features.append(code2scale[code[0]]/float(max_scale_value))
    features.append(code2length[code[1]])
    return features
```

LSTM 모델 생성 시 batch_input_shape 인자의 마지막 값이 '1'에서 '2'로 수정되었습니다.

```
model = Sequential()
model.add(LSTM(128, batch_input_shape = (1, 4, 2), stateful=True))
model.add(Dense(one_hot_vec_size, activation='softmax'))
```

아래 그림을 보시면 입력이 두 개로 나누어지는 것을 볼 수 있습니다. 이 방식은 'c8'이나 'd4'처럼 코드 자체를 학습하는 것이 아니라 음정과 음길이를 나누어서 학습하는 효과를 볼 수 있습니다. 사람이 악보를 읽을 때도 이 둘은 나누어서 인지를 하니 좀 더 사람에 가까운 학습이라고 볼 수 있습니다.

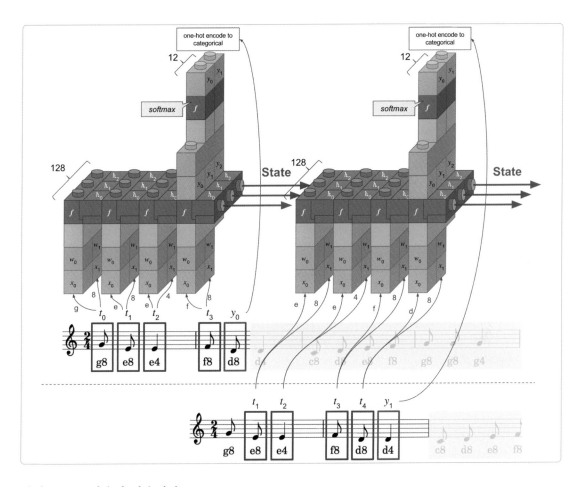

전체 소스는 다음과 같습니다.

```
# 0. 사용할 패키지 불러오기
import keras
import numpy as np
from keras.models import Sequential
from keras.layers import Dense, LSTM
from keras.utils import np_utils

# 랜덤시드 고정시키기
np.random.seed(5)

# 손실 이력 클래스 정의
class LossHistory(keras.callbacks.Callback):
    def init(self):
        self.losses = []

    def on_epoch_end(self, batch, logs={}):
        self.losses.append(logs.get('loss'))

# 데이터셋 생성 함수
def seq2dataset(seq, window_size):
    dataset_X = []
```

```
        dataset_Y = []

        for i in range(len(seq)-window_size):

            subset = seq[i:(i+window_size+1)]

            for si in range(len(subset)-1):
                features = code2features(subset[si])
                dataset_X.append(features)

            dataset_Y.append([code2idx[subset[window_size]]])

        return np.array(dataset_X), np.array(dataset_Y)

# 속성 변환 함수
def code2features(code):
    features = []
    features.append(code2scale[code[0]]/float(max_scale_value))
    features.append(code2length[code[1]])
    return features

# 1. 데이터 준비하기

# 코드 사전 정의

code2scale = {'c':0, 'd':1, 'e':2, 'f':3, 'g':4, 'a':5, 'b':6}
code2length = {'4':0, '8':1}

code2idx = {'c4':0, 'd4':1, 'e4':2, 'f4':3, 'g4':4, 'a4':5, 'b4':6,
            'c8':7, 'd8':8, 'e8':9, 'f8':10, 'g8':11, 'a8':12, 'b8':13}

idx2code = {0:'c4', 1:'d4', 2:'e4', 3:'f4', 4:'g4', 5:'a4', 6:'b4',
            7:'c8', 8:'d8', 9:'e8', 10:'f8', 11:'g8', 12:'a8', 13:'b8'}

max_scale_value = 6.0

# 시퀀스 데이터 정의
seq = ['g8', 'e8', 'e4', 'f8', 'd8', 'd4', 'c8', 'd8', 'e8', 'f8', 'g8', 'g8', 'g4',
       'g8', 'e8', 'e8', 'e8', 'f8', 'd8', 'd4', 'c8', 'e8', 'g8', 'g8', 'e8', 'e8', 'e4',
       'd8', 'd8', 'd8', 'd8', 'd8', 'e8', 'f4', 'e8', 'e8', 'e8', 'e8', 'e8', 'f8', 'g4',
       'g8', 'e8', 'e4', 'f8', 'd8', 'd4', 'c8', 'e8', 'g8', 'g8', 'e8', 'e8', 'e4']

# 2. 데이터셋 생성하기

x_train, y_train = seq2dataset(seq, window_size = 4)

# 입력을 (샘플 수, 타임스텝, 특성 수)로 형태 변환
x_train = np.reshape(x_train, (50, 4, 2))

# 라벨값에 대한 one-hot 인코딩 수행
y_train = np_utils.to_categorical(y_train)
```

```python
one_hot_vec_size = y_train.shape[1]

print("one hot encoding vector size is ", one_hot_vec_size)

# 3. 모델 구성하기
model = Sequential()
model.add(LSTM(128, batch_input_shape = (1, 4, 2), stateful=True))
model.add(Dense(one_hot_vec_size, activation='softmax'))

# 4. 모델 학습과정 설정하기
model.compile(loss='categorical_crossentropy', optimizer='adam', metrics=['accuracy'])

# 5. 모델 학습시키기
num_epochs = 2000

history = LossHistory() # 손실 이력 객체 생성
history.init()

for epoch_idx in range(num_epochs):
    print ('epochs : ' + str(epoch_idx) )
    model.fit(x_train, y_train, epochs=1, batch_size=1, verbose=2, shuffle=False,
callbacks=[history]) # 50 is X.shape[0]
    model.reset_states()

# 6. 학습과정 살펴보기
%matplotlib inline
import matplotlib.pyplot as plt

plt.plot(history.losses)
plt.ylabel('loss')
plt.xlabel('epoch')
plt.legend(['train'], loc='upper left')
plt.show()

# 7. 모델 평가하기
scores = model.evaluate(x_train, y_train, batch_size=1)
print("%s: %.2f%%" %(model.metrics_names[1], scores[1]*100))
model.reset_states()

# 8. 모델 사용하기

pred_count = 50 # 최대 예측 개수 정의

# 한 스텝 예측

seq_out = ['g8', 'e8', 'e4', 'f8']
pred_out = model.predict(x_train, batch_size=1)

for i in range(pred_count):
    idx = np.argmax(pred_out[i]) # one-hot 인코딩을 인덱스 값으로 변환
    seq_out.append(idx2code[idx]) # seq_out는 최종 악보이므로 인덱스 값을 코드로 변환하여 저장
```

```python
print("one step prediction : ", seq_out)

model.reset_states()

# 곡 전체 예측

seq_in = ['g8', 'e8', 'e4', 'f8']
seq_out = seq_in

seq_in_featrues = []

for si in seq_in:
    features = code2features(si)
    seq_in_featrues.append(features)

for i in range(pred_count):
    sample_in = np.array(seq_in_featrues)
    sample_in = np.reshape(sample_in, (1, 4, 2)) # 샘플 수, 타입스텝 수, 속성 수
    pred_out = model.predict(sample_in)
    idx = np.argmax(pred_out)
    seq_out.append(idx2code[idx])

    features = code2features(idx2code[idx])
    seq_in_featrues.append(features)
    seq_in_featrues.pop(0)

model.reset_states()

print("full song prediction : ", seq_out)
```

```
('one hot encoding vector size is ', 12)
epochs : 0
Epoch 1/1
1s - loss: 2.3099 - acc: 0.1400
epochs : 1
Epoch 1/1
0s - loss: 2.0182 - acc: 0.3400
epochs : 2
Epoch 1/1
0s - loss: 1.9620 - acc: 0.3400
...
epochs : 1997
Epoch 1/1
0s - loss: 1.7306e-04 - acc: 1.0000
epochs : 1998
Epoch 1/1
0s - loss: 1.6895e-04 - acc: 1.0000
epochs : 1999
Epoch 1/1
0s - loss: 1.6470e-04 - acc: 1.0000
25/50 [============>..............] - ETA: 0s acc: 100.00%
('one step prediction : ', ['g8', 'e8', 'e4', 'f8', 'd8', 'd4', 'c8', 'd8', 'e8', 'f8', 'g8',
```

```
'g8', 'g4', 'g8', 'e8', 'e8', 'e8', 'f8', 'd8', 'd4', 'c8', 'e8', 'g8', 'g8', 'e8', 'e8',
'e4', 'd8', 'd8', 'd8', 'd8', 'd8', 'e8', 'f4', 'e8', 'e8', 'e8', 'e8', 'e8', 'f8', 'g4',
'g8', 'e8', 'e4', 'f8', 'd8', 'd4', 'c8', 'e8', 'g8', 'g8', 'e8', 'e8', 'e4'])
('full song prediction : ', ['g8', 'e8', 'e4', 'f8', 'd8', 'd4', 'c8', 'd8', 'e8', 'f8', 'g8',
'g8', 'g4', 'g8', 'e8', 'e8', 'e8', 'f8', 'd8', 'd4', 'c8', 'e8', 'g8', 'g8', 'e8', 'e8',
'e4', 'd8', 'd8', 'd8', 'd8', 'd8', 'e8', 'f4', 'e8', 'e8', 'e8', 'e8', 'e8', 'f8', 'g4',
'g8', 'e8', 'e4', 'f8', 'd8', 'd4', 'c8', 'e8', 'g8', 'g8', 'e8', 'e8', 'e4'])
```

수행결과는 곡 전체를 정확하게 예측을 했습니다.

위 악보로 연주한 곡은 아래 링크에서 다운로드 받으실 수 있습니다.

http://tykimos.github.com/Keras/warehouse/2017-4-9-Stateful_LSTM_f2_one_step_prediction.mp3

http://tykimos.github.com/Keras/warehouse/2017-4-9-Stateful_LSTM_f2_full_song_prediction.mp3

{요약}

익숙한 노래인 "나비야"를 가지고 순환 신경망 모델 학습시켜보았습니다. 순항 신경망 모델 중 가장 많이 사용되는 LSTM 모델에 대하여 알아보고, 주요 인자들이 어떤 특성을 가지고 있는지도 살펴보았습니다. 앞서 살펴본 4가지 모델에 대하여 학습 손실값을 그래프로 표시해 보았습니다. 다층퍼셉트론 신경망 모델 〉 기본 LSTM 모델 〉 상태유지 LSTM 모델 (1개 속성) 〉 상태유지 LSTM 모델 (2개 속성) 순으로 더 빨리 학습되는 것을 확인할 수 있습니다.

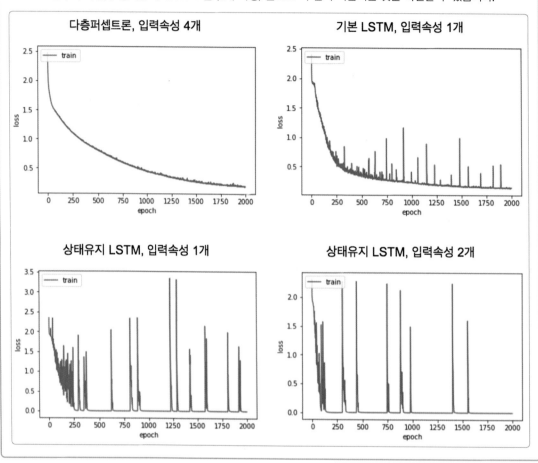

MEMO

## PART 04

레시피 따라해보기

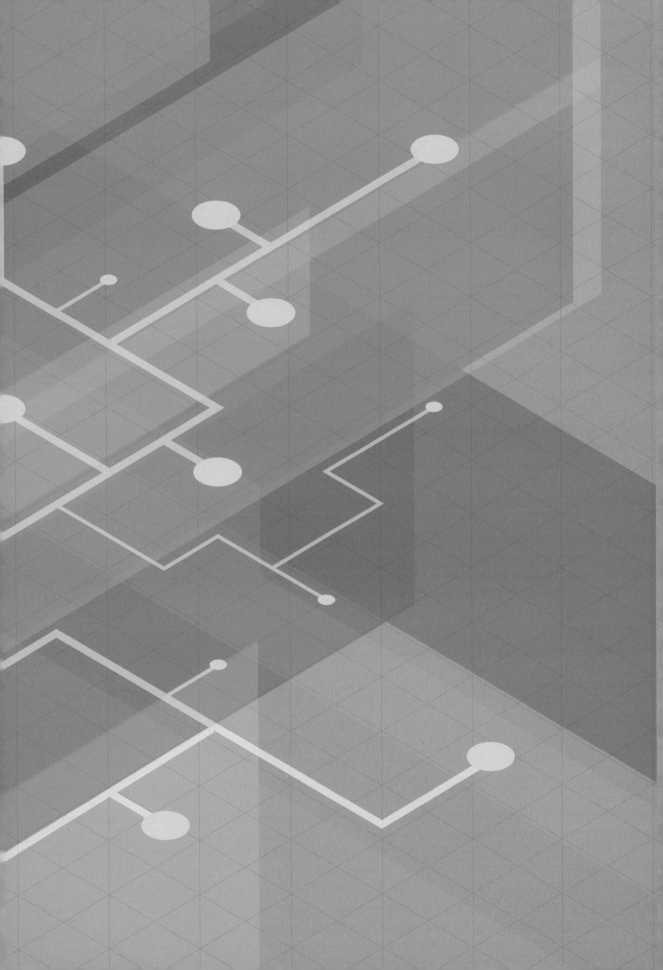

CHAPTER 01 수치입력 수치 예측 모델 레시피

수치를 입력해서 수치를 예측하는 모델들에 대하여 알아보겠습니다. 수치 예측을 위한 데이터셋 생성을 해보고, 선형회귀를 위한 가장 간단한 퍼셉트론 신경망 모델부터 깊은 다층퍼셉트론 신경망 모델까지 구성 및 학습을 시켜 보겠습니다

1. 데이터셋 준비

입력 x에 대해 2를 곱해 두 배 값을 갖는 출력 y가 되도록 데이터셋을 생성해보았습니다. 선형회귀 모델을 사용한다면 Y = w × X + b 일 때, w가 2에 가깝고, b가 0.16에 가깝게 되도록 학습시키는 것이 목표입니다.

```
import numpy as np

# 데이터셋 생성
x_train = np.random.random((1000, 1))
y_train = x_train * 2 + np.random.random((1000, 1)) / 3.0
x_test = np.random.random((100, 1))
y_test = x_test * 2 + np.random.random((100, 1)) / 3.0

# 데이터셋 확인
%matplotlib inline
import matplotlib.pyplot as plt

plt.plot(x_train, y_train, 'ro')
plt.plot(x_test, y_test, 'bo')
plt.legend(['train', 'test'], loc='upper left')
plt.show()
```

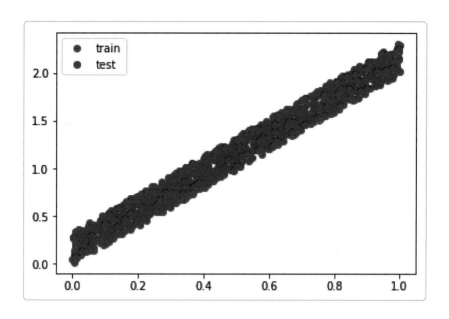

---

2. 레이어 준비

본 장에서 사용되는 블록들은 다음과 같습니다.

블록	이름	설명
	Input data, Labels	1차원의 입력 데이터 및 라벨입니다.
	Dense	모든 입력 뉴런과 출력 뉴런을 연결하는 전결합층입니다.
	relu	활성화 함수로 주로 은닉층에 사용됩니다.

---

3. 모델 준비

수치 예측을 하기 위해 선형회귀 모델, 퍼셉트론 신경망 모델, 다층퍼셉트론 신경망 모델, 깊은 다층 퍼셉트론 신경망 모델을 준비했습니다.

• 선형회귀 모델

가장 간단한 1차 선형회귀 모델로 수치 예측을 해보겠습니다. 아래 식에서 x, y는 우리가 만든 데이터셋이고 회귀분석을 통하여 w와 b값을 구하는 것이 목표입니다.

```
Y = w * X + b
```

w와 b값을 구하게 되면, 임의의 입력 x에 대하여 출력 y가 나오는데 이것이 예측값입니다. w, b 값은 분산, 공분산, 평균을 이용하여 쉽게 구할 수 있습니다.

```
w = np.cov(X, Y, bias=1)[0,1] / np.var(X)
b = np.average(Y) - w * np.average(X)
```

간단한 수식이지만 이 수식을 도출하기는 꽤나 복잡합니다. 오차를 최소화하는 극대값을 구하기 위해 편미분을 수행하고 다시 식을 전개하는 등의 과정이 필요합니다.

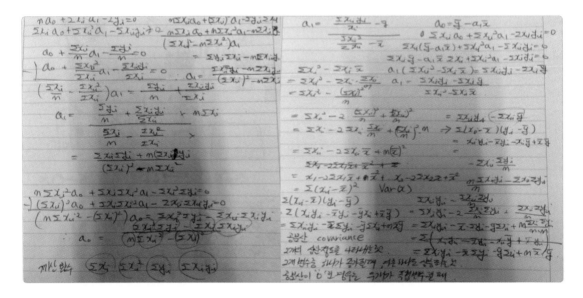

• 퍼셉트론 신경망 모델

Dense 레이어가 하나이고, 뉴런의 수도 하나인 가장 기본적인 퍼셉트론 신경망 모델입니다. 즉, 웨이트(w) 하나, 바이어스(b) 하나로 전형적인 Y = w × X + b를 풀기 위한 모델입니다. 수치 예측을 하기 위해서 출력 레이어에 별도의 활성화 함수를 사용하지 않았습니다. w, b 값이 손으로 푼 선형회귀 최적 해에 근접하려면 경우에 따라 만 번 이상의 에포크가 필요합니다. 실제로 사용하지는 않는 모델이지만 선형회귀부터 공부하시는 분들에게는 입문 모델로 나쁘지 않습니다.

```
model = Sequential()
model.add(Dense(1, input_dim=1))
```

• 다층퍼셉트론 신경망 모델

Dense 레이어가 두 개인 다층퍼셉트론 신경망 모델입니다. 첫 번째 레이어는 64개의 뉴런을 가진 Dense 레이어이고 오류 역전파가 용이한 relu 활성화 함수를 사용했습니다. 출력 레이어인 두 번째 레이어는 하나의 수치값을 예측하기 위해서 1개의 뉴런을 가지며, 별도의 활성화 함수를 사용하지 않았습니다.

```
model = Sequential()
model.add(Dense(64, input_dim=1, activation='relu'))
model.add(Dense(1))
```

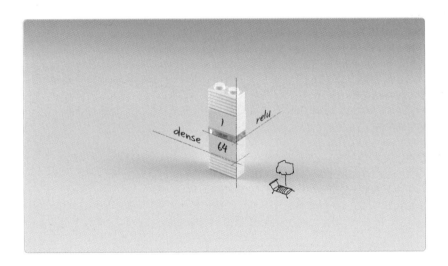

• 깊은 다층퍼셉트론 신경망 모델

Dense 레이어가 총 세 개인 다층퍼셉트론 신경망 모델입니다. 첫 번째, 두 번째 레이어는 64개의 뉴런을 가진 Dense 레이어이고 오류 역전파가 용이한 relu 활성화 함수를 사용했습니다. 출력 레이어인 세 번째 레이어는 하나의 수치값을 예측을 하기 위해서 1개의 뉴런을 가지며, 별도의 활성화 함수를 사용하지 않았습니다.

```
model = Sequential()
model.add(Dense(64, input_dim=1, activation='relu'))
model.add(Dense(64, activation='relu'))
model.add(Dense(1))
```

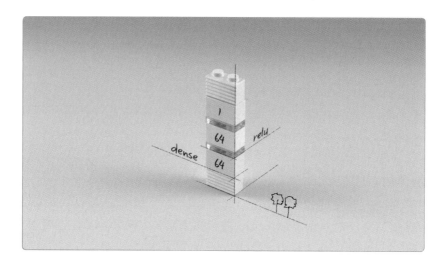

4. 전체 소스

앞서 살펴본 선형회귀 모델, 퍼셉트론 신경망 모델, 다층퍼셉트론 신경망 모델, 깊은 다층퍼셉트론
신경망 모델의 전체 소스는 다음과 같습니다.

• 선형회귀 모델

```
# 0. 사용할 패키지 불러오기
import numpy as np
from sklearn.metrics import mean_squared_error
import random

# 1. 데이터셋 생성하기
x_train = np.random.random((1000, 1))
y_train = x_train * 2 + np.random.random((1000, 1)) / 3.0
x_test = np.random.random((100, 1))
y_test = x_test * 2 + np.random.random((100, 1)) / 3.0

x_train = x_train.reshape(1000,)
y_train = y_train.reshape(1000,)
x_test = x_test.reshape(100,)
y_test = y_test.reshape(100,)

# 2. 모델 구성하기
w = np.cov(x_train, y_train, bias=1)[0,1] / np.var(x_train)
b = np.average(y_train) - w * np.average(x_train)
```

```
print w, b

# 3. 모델 평가하기
y_predict = w * x_test + b
mse = mean_squared_error(y_test, y_predict)
print('mse : ' + str(mse))
```

```
2.00574308629 0.166691995049
mse : 0.0103976035867
```

• **퍼셉트론 신경망 모델**

```
# 0. 사용할 패키지 불러오기
import numpy as np
from keras.models import Sequential
from keras.layers import Dense
import random

# 1. 데이터셋 생성하기
x_train = np.random.random((1000, 1))
y_train = x_train * 2 + np.random.random((1000, 1)) / 3.0
x_test = np.random.random((100, 1))
y_test = x_test * 2 + np.random.random((100, 1)) / 3.0

# 2. 모델 구성하기
model = Sequential()
model.add(Dense(1, input_dim=1))

# 3. 모델 학습과정 설정하기
model.compile(optimizer='rmsprop', loss='mse')

# 4. 모델 학습시키기
hist = model.fit(x_train, y_train, epochs=50, batch_size=64)
w, b = model.get_weights()
print w, b

# 5. 학습과정 살펴보기
%matplotlib inline
import matplotlib.pyplot as plt

plt.plot(hist.history['loss'])
plt.ylim(0.0, 1.5)
plt.ylabel('loss')
plt.xlabel('epoch')
plt.legend(['train'], loc='upper left')
plt.show()

# 6. 모델 평가하기
loss = model.evaluate(x_test, y_test, batch_size=32)
print('loss : ' + str(loss))
```

```
Epoch 1/50
1000/1000 [==============================] - 0s - loss: 3.3772
Epoch 2/50
1000/1000 [==============================] - 0s - loss: 3.2768
Epoch 3/50
1000/1000 [==============================] - 0s - loss: 3.1915
Epoch 4/50
1000/1000 [==============================] - 0s - loss: 3.1096
...
Epoch 48/50
1000/1000 [==============================] - 0s - loss: 0.6717
Epoch 49/50
1000/1000 [==============================] - 0s - loss: 0.6426
Epoch 50/50
1000/1000 [==============================] - 0s - loss: 0.6149
[[-0.1403431]] [ 0.79356796]
 32/100 [======>.....................] - ETA: 0sloss : 0.608838057518
```

• 다층퍼셉트론 신경망 모델

```python
# 0. 사용할 패키지 불러오기
import numpy as np
from keras.models import Sequential
from keras.layers import Dense
import random

# 1. 데이터셋 생성하기
x_train = np.random.random((1000, 1))
y_train = x_train * 2 + np.random.random((1000, 1)) / 3.0
x_test = np.random.random((100, 1))
y_test = x_test * 2 + np.random.random((100, 1)) / 3.0

# 2. 모델 구성하기
model = Sequential()
model.add(Dense(64, input_dim=1, activation='relu'))
model.add(Dense(1))

# 3. 모델 학습과정 설정하기
model.compile(optimizer='rmsprop', loss='mse')

# 4. 모델 학습시키기
hist = model.fit(x_train, y_train, epochs=50, batch_size=64)

# 5. 학습과정 살펴보기
%matplotlib inline
import matplotlib.pyplot as plt

plt.plot(hist.history['loss'])
plt.ylim(0.0, 1.5)
plt.ylabel('loss')
```

```python
plt.xlabel('epoch')
plt.legend(['train'], loc='upper left')
plt.show()

# 6. 모델 평가하기
loss = model.evaluate(x_test, y_test, batch_size=32)
print('loss : ' + str(loss))
```

```
Epoch 1/50
1000/1000 [==============================] - 2s - loss: 0.9789
Epoch 2/50
1000/1000 [==============================] - 0s - loss: 3.2768
Epoch 3/50
1000/1000 [==============================] - 0s - loss: 3.1915
Epoch 4/50
1000/1000 [==============================] - 0s - loss: 3.1096
...
Epoch 48/50
1000/1000 [==============================] - 0s - loss: 0.0096
Epoch 49/50
1000/1000 [==============================] - 0s - loss: 0.0096
Epoch 50/50
1000/1000 [==============================] - 0s - loss: 0.0097
  32/100 [======>.....................] - ETA: 3sloss : 0.00962571099401
```

• 깊은 다층퍼셉트론 신경망 모델

```python
# 0. 사용할 패키지 불러오기
import numpy as np
from keras.models import Sequential
from keras.layers import Dense
import random

# 1. 데이터셋 생성하기
x_train = np.random.random((1000, 1))
y_train = x_train * 2 + np.random.random((1000, 1)) / 3.0
x_test = np.random.random((100, 1))
y_test = x_test * 2 + np.random.random((100, 1)) / 3.0

# 2. 모델 구성하기
model = Sequential()
model.add(Dense(64, input_dim=1, activation='relu'))
model.add(Dense(64, activation='relu'))
model.add(Dense(1))

# 3. 모델 학습과정 설정하기
model.compile(optimizer='rmsprop', loss='mse')

# 4. 모델 학습시키기
hist = model.fit(x_train, y_train, epochs=50, batch_size=64)
```

```
# 5. 학습과정 살펴보기
%matplotlib inline
import matplotlib.pyplot as plt

plt.plot(hist.history['loss'])
plt.ylim(0.0, 1.5)
plt.ylabel('loss')
plt.xlabel('epoch')
plt.legend(['train'], loc='upper left')
plt.show()

# 6. 모델 평가하기
loss = model.evaluate(x_test, y_test, batch_size=32)
print('loss : ' + str(loss))
```

```
Epoch 1/50
1000/1000 [==============================] - 2s - loss: 1.0374
Epoch 2/50
1000/1000 [==============================] - 0s - loss: 3.2768
Epoch 3/50
1000/1000 [==============================] - 0s - loss: 3.1915
Epoch 4/50
1000/1000 [==============================] - 0s - loss: 3.1096
...
Epoch 48/50
1000/1000 [==============================] - 0s - loss: 0.0093
Epoch 49/50
1000/1000 [==============================] - 0s - loss: 0.0095
Epoch 50/50
1000/1000 [==============================] - ETA: 0s - loss: 0.008 - 0s - loss: 0.0094
 32/100 [======>....................] - ETA: 4sloss : 0.0100720105693
```

5. 학습결과 비교

퍼셉트론 〉 다층퍼셉트론 〉 깊은 다층퍼셉트론 순으로 학습이 좀 더 빨리 되는 것을 확인할 수 있습니다.

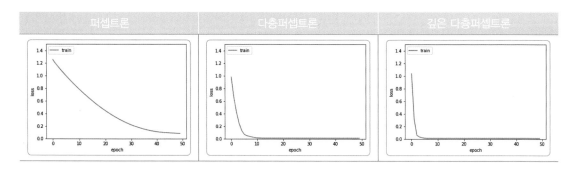

수치 예측을 위한 퍼셉트론, 다층퍼셉트론, 깊은 다층퍼셉트론 신경망 모델을 살펴보고 그 성능을 확인해보았습니다.

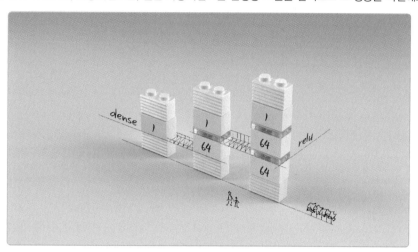

CHAPTER 02 수치입력 이진분류모델 레시피

수치를 입력해서 이진분류할 수 있는 모델들에 대하여 알아보겠습니다. 이진분류를 위한 데이터셋 생성을 해보고 가장 간단한 퍼셉트론 신경망 모델부터 깊은 다층퍼셉트론 신경망 모델까지 구성 및 학습을 시켜 보겠습니다.

1. 데이터셋 준비

훈련에 사용할 임의의 값을 가진 인자 12개로 구성된 입력(x) 1000개와 각 입력에 대해 0과 1 중 임의로 지정된 출력(y)을 가지는 데이터셋을 생성했습니다. 시험에 사용할 데이터는 100개 준비했습니다.

```python
import numpy as np

# 데이터셋 생성
x_train = np.random.random((1000, 12))
y_train = np.random.randint(2, size=(1000, 1))
x_test = np.random.random((100, 12))
y_test = np.random.randint(2, size=(100, 1))
```

데이터셋의 12개 인자(x) 및 라벨값(y)은 모두 무작위 수입니다. 패턴이 없는 데이터이고 학습하기에 가장 어려운 케이스라 볼 수 있습니다. 물론 패턴이 없기 때문에 이런 데이터로 학습한 모델은 시험셋에서 정확도가 상당히 낮습니다. 하지만 이러한 무작위 데이터를 사용하는 이유는 다음과 같습니다.

- 패턴이 없는 데이터에서 각 모델들이 얼마나 빨리 학습되는지 살펴볼 수 있습니다.
- 실제 데이터를 사용하기 전에 데이터셋 형태를 설계하거나 모델 프로토타입핑하기에 적절합니다.

12개 입력 인자 중 첫 번째와 두 번째 인자 값만 이용하여 2차원으로 데이터 분포를 살펴보겠습니다. 라벨값에 따라 점의 색상을 다르게 표시했습니다.

```python
%matplotlib inline
import matplotlib.pyplot as plt

# 데이터셋 확인 (2차원)
plot_x = x_train[:,0]
plot_y = x_train[:,1]
plot_color = y_train.reshape(1000,)

plt.scatter(plot_x, plot_y, c=plot_color)
```

```
plt.show()
```

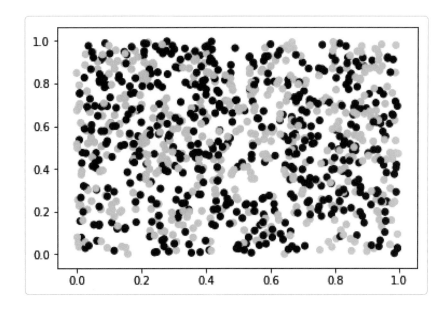

실제 데이터에서는 첫 번째 인자와 두 번째 인자 사이의 상관관계가 있다면 그래프에서 패턴을 볼 수 있습니다. 우리는 임의의 값으로 데이터셋을 만들었으므로 예상대로 패턴을 찾을 수 없습니다. 이번에는 첫 번째, 두 번째, 세 번째의 인자값을 이용하여 3차원으로 그래프를 확인해 보겠습니다.

```
# 데이터셋 확인 (3차원)
from mpl_toolkits.mplot3d import Axes3D

fig = plt.figure()
ax = fig.add_subplot(111, projection='3d')

plot_x = x_train[:,0]
plot_y = x_train[:,1]
plot_z = x_train[:,2]
plot_color = y_train.reshape(1000,)

ax.scatter(plot_x, plot_y, plot_z, c=plot_color)
plt.show()
```

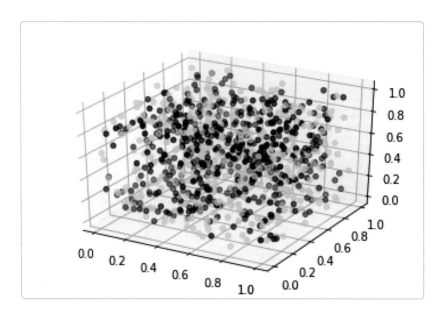

역시나 패턴을 찾아볼 수 없습니다. 하지만 실제 데이터에서는 인자 간의 상관관계가 있을 경우 패턴을 확인할 수 있으므로, 이와 같은 방식으로 모델을 설계하기 전에 데이터셋을 먼저 확인해보는 것을 권장해드립니다. 단, 훈련 데이터셋에 과적합되는 것을 가정하고 있으므로 시험셋의 정확도는 무시하셔도 됩니다.

2. 레이어 준비

본 장에서 새롭게 소개되는 블록은 'sigmoid'입니다.

블록	이름	설명
	sigmoid	활성화 함수로 입력되는 값을 0과 1사이의 값으로 출력시킵니다. 출력값이 특정 임계값(예를 들어 0.5) 이상이면 양성, 이하이면 음성이라고 판별할 수 있기 때문에 이진분류 모델의 출력층에 주로 사용됩니다.

3. 모델 준비

이진분류를 하기 위해 퍼셉트론 신경망 모델, 다층퍼셉트론 신경망 모델, 깊은 다층퍼셉트론 신경망 모델을 준비했습니다.

• 퍼셉트론 신경망 모델

Dense 레이어가 하나이고, 뉴런의 수도 하나인 가장 기본적인 퍼셉트론 신경망 모델입니다. 즉, 웨이트(w) 하나, 바이어스(b) 하나로 전형적인 Y = w × X + b를 풀기 위한 모델입니다. 이진분류이므로 출력 레이어는 sigmoid 활성화 함수를 사용했습니다.

```
model = Sequential()
model.add(Dense(1, input_dim=12, activation='sigmoid'))
```

또는 활성화 함수를 블록을 쌓듯이 별도 레이어로 구성하여도 동일한 모델입니다.

```
model = Sequential()
model.add(Dense(1, input_dim=12))
model.add(Activation('sigmoid'))
```

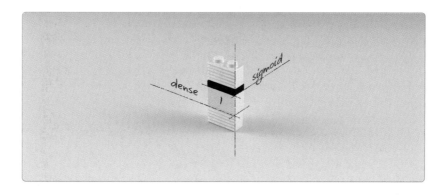

• 다층퍼셉트론 신경망 모델

Dense 레이어가 두 개인 다층퍼셉트론 신경망 모델입니다. 첫 번째 레이어는 64개의 뉴런을 가진 Dense 레이어이고 오류 역전파가 용이한 relu 활성화 함수를 사용했습니다. 출력 레이어인 두 번째 레이어는 0과 1사이의 값 하나를 출력하기 위해 1개의 뉴런과 sigmoid 활성화 함수를 사용했습니다.

```
model = Sequential()
model.add(Dense(64, input_dim=12, activation='relu'))
model.add(Dense(1, activation='sigmoid'))
```

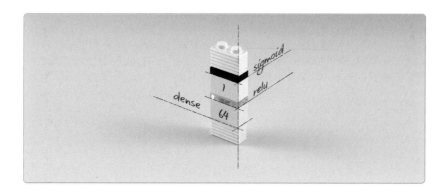

• 깊은 다층퍼셉트론 신경망 모델

Dense 레이어가 총 세 개인 다층퍼셉트론 신경망 모델입니다. 첫 번째, 두 번째 레이어는 64개의 뉴런을 가진 Dense 레이어이고 오류 역전파가 용이한 relu 활성화 함수를 사용했습니다. 출력 레이어인 세 번째 레이어는 0과 1사이의 값 하나를 출력하기 위해 1개의 뉴런과 sigmoid 활성화 함수를 사용했습니다.

```
model = Sequential()
model.add(Dense(64, input_dim=12, activation='relu'))
model.add(Dense(64, activation='relu'))
model.add(Dense(1, activation='sigmoid'))
```

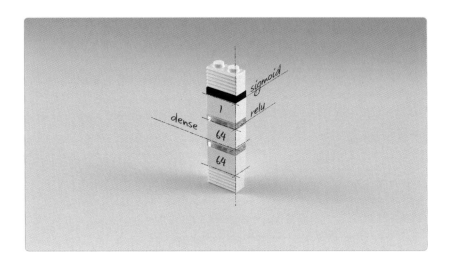

4. 전체 소스

앞서 살펴본 퍼셉트론 신경망 모델, 다층퍼셉트론 신경망 모델, 깊은 다층퍼셉트론 신경망 모델의
전체 소스는 다음과 같습니다.

· 퍼셉트론 신경망 모델

```
# 0. 사용할 패키지 불러오기
import numpy as np
from keras.models import Sequential
from keras.layers import Dense
import random

# 1. 데이터셋 생성하기
x_train = np.random.random((1000, 12))
y_train = np.random.randint(2, size=(1000, 1))
x_test = np.random.random((100, 12))
y_test = np.random.randint(2, size=(100, 1))

# 2. 모델 구성하기
model = Sequential()
model.add(Dense(1, input_dim=12, activation='sigmoid'))

# 3. 모델 학습과정 설정하기
model.compile(optimizer='rmsprop', loss='binary_crossentropy', metrics=['accuracy'])
```

```
# 4. 모델 학습시키기
hist = model.fit(x_train, y_train, epochs=1000, batch_size=64)

# 5. 학습과정 살펴보기
%matplotlib inline
import matplotlib.pyplot as plt

fig, loss_ax = plt.subplots()

acc_ax = loss_ax.twinx()

loss_ax.set_ylim([0.0, 1.0])
acc_ax.set_ylim([0.0, 1.0])

loss_ax.plot(hist.history['loss'], 'y', label='train loss')
acc_ax.plot(hist.history['acc'], 'b', label='train acc')

loss_ax.set_xlabel('epoch')
loss_ax.set_ylabel('loss')
acc_ax.set_ylabel('accuracy')

loss_ax.legend(loc='upper left')
acc_ax.legend(loc='lower left')

plt.show()

# 6. 모델 평가하기
loss_and_metrics = model.evaluate(x_test, y_test, batch_size=32)
print('loss_and_metrics : ' + str(loss_and_metrics))
```

```
Epoch 1/1000
1000/1000 [==============================] - 0s - loss: 0.7249 - acc: 0.4900
Epoch 2/1000
1000/1000 [==============================] - 0s - loss: 0.7241 - acc: 0.4900
Epoch 3/1000
1000/1000 [==============================] - 0s - loss: 0.7234 - acc: 0.4950
Epoch 4/1000
1000/1000 [==============================] - 0s - loss: 0.7228 - acc: 0.4900
...
Epoch 998/1000
1000/1000 [==============================] - 0s - loss: 0.6843 - acc: 0.5500
Epoch 999/1000
1000/1000 [==============================] - 0s - loss: 0.6844 - acc: 0.5550
Epoch 1000/1000
1000/1000 [==============================] - 0s - loss: 0.6842 - acc: 0.5530
 32/100 [=======>......................] - ETA: 0sloss_and_metrics : [0.71497900724411012,
0.5]
```

• 다층퍼셉트론 신경망 모델

```python
# 0. 사용할 패키지 불러오기
import numpy as np
from keras.models import Sequential
from keras.layers import Dense
import random

# 1. 데이터셋 생성하기
x_train = np.random.random((1000, 12))
y_train = np.random.randint(2, size=(1000, 1))
x_test = np.random.random((100, 12))
y_test = np.random.randint(2, size=(100, 1))

# 2. 모델 구성하기
model = Sequential()
model.add(Dense(64, input_dim=12, activation='relu'))
model.add(Dense(1, activation='sigmoid'))

# 3. 모델 학습과정 설정하기
model.compile(optimizer='rmsprop', loss='binary_crossentropy', metrics=['accuracy'])

# 4. 모델 학습시키기
hist = model.fit(x_train, y_train, epochs=1000, batch_size=64)

# 5. 학습과정 살펴보기
%matplotlib inline
import matplotlib.pyplot as plt

fig, loss_ax = plt.subplots()

acc_ax = loss_ax.twinx()

loss_ax.set_ylim([0.0, 1.0])
acc_ax.set_ylim([0.0, 1.0])

loss_ax.plot(hist.history['loss'], 'y', label='train loss')
acc_ax.plot(hist.history['acc'], 'b', label='train acc')

loss_ax.set_xlabel('epoch')
loss_ax.set_ylabel('loss')
acc_ax.set_ylabel('accuracy')

loss_ax.legend(loc='upper left')
acc_ax.legend(loc='lower left')

plt.show()

# 6. 모델 평가하기
loss_and_metrics = model.evaluate(x_test, y_test, batch_size=32)
print('loss_and_metrics : ' + str(loss_and_metrics))
```

```
Epoch 1/1000
1000/1000 [==============================] - 0s - loss: 0.6985 - acc: 0.4870
Epoch 2/1000
1000/1000 [==============================] - 0s - loss: 0.7241 - acc: 0.4900
Epoch 3/1000
1000/1000 [==============================] - 0s - loss: 0.7234 - acc: 0.4950
Epoch 4/1000
1000/1000 [==============================] - 0s - loss: 0.7228 - acc: 0.4900
...
Epoch 998/1000
1000/1000 [==============================] - 0s - loss: 0.4608 - acc: 0.7990
Epoch 999/1000
1000/1000 [==============================] - 0s - loss: 0.4608 - acc: 0.7940
Epoch 1000/1000
1000/1000 [==============================] - 0s - loss: 0.4599 - acc: 0.7980
 32/100 [=======>......................] - ETA: 0sloss_and_metrics : [0.90548927903175358,
0.52000000000000002]
```

· 깊은 다층퍼셉트론 신경망 모델

```python
# 0. 사용할 패키지 불러오기
import numpy as np
from keras.models import Sequential
from keras.layers import Dense
import random

# 1. 데이터셋 생성하기
x_train = np.random.random((1000, 12))
y_train = np.random.randint(2, size=(1000, 1))
x_test = np.random.random((100, 12))
y_test = np.random.randint(2, size=(100, 1))

# 2. 모델 구성하기
model = Sequential()
model.add(Dense(64, input_dim=12, activation='relu'))
model.add(Dense(64, activation='relu'))
model.add(Dense(1, activation='sigmoid'))

# 3. 모델 학습과정 설정하기
model.compile(optimizer='rmsprop', loss='binary_crossentropy', metrics=['accuracy'])

# 4. 모델 학습시키기
hist = model.fit(x_train, y_train, epochs=1000, batch_size=64)

# 5. 학습과정 살펴보기
%matplotlib inline
import matplotlib.pyplot as plt

fig, loss_ax = plt.subplots()
```

```
acc_ax = loss_ax.twinx()

loss_ax.set_ylim([0.0, 1.0])
acc_ax.set_ylim([0.0, 1.0])

loss_ax.plot(hist.history['loss'], 'y', label='train loss')
acc_ax.plot(hist.history['acc'], 'b', label='train acc')

loss_ax.set_xlabel('epoch')
loss_ax.set_ylabel('loss')
acc_ax.set_ylabel('accuracy')

loss_ax.legend(loc='upper left')
acc_ax.legend(loc='lower left')

plt.show()

# 6. 모델 평가하기
loss_and_metrics = model.evaluate(x_test, y_test, batch_size=32)
print('loss_and_metrics : ' + str(loss_and_metrics))
```

```
Epoch 1/1000
1000/1000 [==============================] - 0s - loss: 0.6954 - acc: 0.5190
Epoch 2/1000
1000/1000 [==============================] - 0s - loss: 0.7241 - acc: 0.4900
Epoch 3/1000
1000/1000 [==============================] - 0s - loss: 0.7234 - acc: 0.4950
Epoch 4/1000
1000/1000 [==============================] - 0s - loss: 0.7228 - acc: 0.4900
...
Epoch 998/1000
1000/1000 [==============================] - 0s - loss: 0.0118 - acc: 1.0000
Epoch 999/1000
1000/1000 [==============================] - 0s - loss: 0.0299 - acc: 0.9930
Epoch 1000/1000
1000/1000 [==============================] - 0s - loss: 0.0091 - acc: 1.0000
 32/100 [======>.....................] - ETA: 0sloss_and_metrics : [2.9441756200790405,
0.48999999999999999]
```

5. 학습결과 비교

퍼셉트론 〉 다층퍼셉트론 〉 깊은 다층퍼셉트론 순으로 학습이 좀 더 빨리 되는 것을 확인할 수 있습니다.

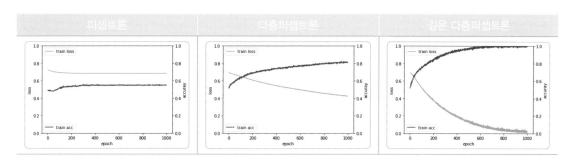

{요약}

수치를 입력하여 이진분류를 할 수 있는 퍼셉트론, 다층퍼셉트론, 깊은 다층퍼셉트론 신경망 모델을 살펴보고 그 성능을 확인해보았습니다.

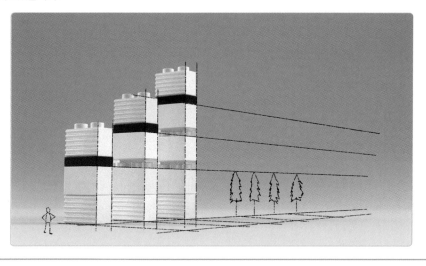

수치입력 다중클래스분류모델 레시피

수치를 입력해서 다중클래스를 분류할 수 있는 모델들에 대하여 알아보겠습니다. 다중클래스분류를 위한 데이터셋을 생성해 보고, 가장 간단한 퍼셉트론 신경망 모델부터 깊은 다층퍼셉트론 신경망 모델까지 구성 및 학습을 시켜 보겠습니다.

1. 데이터셋 준비

훈련에 사용할 임의의 값을 가진 인자 12개로 구성된 입력(x) 1000개와 각 입력에 대해 0에서 9까지 10개의 값 중 임의로 지정된 출력(y)을 가지는 데이터셋을 생성했습니다. 시험에 사용할 데이터를 100개 준비했습니다.

```python
import numpy as np

# 데이터셋 생성
x_train = np.random.random((1000, 12))
y_train = np.random.randint(10, size=(1000, 1))
x_test = np.random.random((100, 12))
y_test = np.random.randint(10, size=(100, 1))
```

데이터셋의 12개 인자(x) 및 라벨값(y) 모두 무작위 수입니다. 패턴이 없는 데이터이고 학습하기에 가장 어려운 케이스라 볼 수 있습니다. 물론 패턴이 없기 때문에 이런 데이터로 학습한 모델은 시험셋에서 정확도가 상당히 낮습니다. 하지만 이러한 무작위 데이터를 사용하는 이유는 다음과 같습니다.

- 패턴이 없는 데이터에서 각 모델들이 얼마나 빨리 학습되는지 살펴볼 수 있습니다.
- 실제 데이터를 사용하기 전에 데이터셋 형태를 설계하거나 모델 프로토타입핑하기에 적절합니다.

12개 입력 인자 중 첫 번째와 두 번째 인자 값만 이용하여 2차원으로 데이터 분포를 살펴보겠습니다. 라벨값에 따라 점의 색상을 다르게 표시했습니다.

```python
%matplotlib inline
import matplotlib.pyplot as plt

# 데이터셋 확인 (2차원)
plot_x = x_train[:,0]
plot_y = x_train[:,1]
plot_color = y_train.reshape(1000,)
```

```
plt.scatter(plot_x, plot_y, c=plot_color)
plt.show()
```

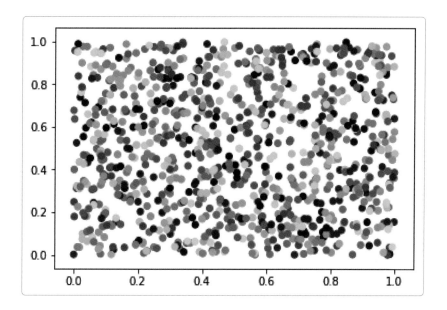

실제 데이터에서 첫 번째 인자와 두 번째 인자 사이에 상관관계가 있다면 그래프에서는 패턴을 볼
수 있습니다. 우리는 임의의 값으로 데이터셋을 만들었으므로 예상대로 패턴을 찾을 수 없습니다.
이번에는 첫 번째, 두 번째, 세 번째의 인자값을 이용하여 3차원으로 그래프를 확인해 보겠습니다.

```
# 데이터셋 확인 (3차원)
from mpl_toolkits.mplot3d import Axes3D

fig = plt.figure()
ax = fig.add_subplot(111, projection='3d')

plot_x = x_train[:,0]
plot_y = x_train[:,1]
plot_z = x_train[:,2]
plot_color = y_train.reshape(1000,)

ax.scatter(plot_x, plot_y, plot_z, c=plot_color)
plt.show()
```

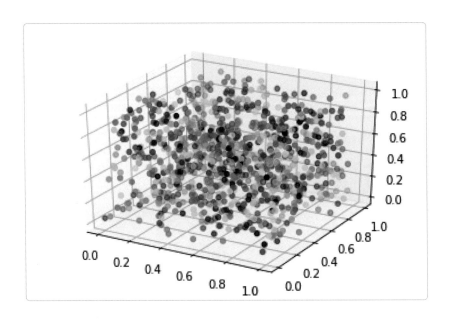

2. 데이터셋 전처리

이진분류인 경우, 학습 시에는 0과 1로 값이 지정되며 예측 시에는 0.0과 1.0 사이의 실수로 확률값이 출력됩니다. 하지만 다중클래스분류인 경우에는 클래스별로 확률값을 지정하기 위해서는 "one-hot 인코딩"을 사용합니다.

one-hot 인코딩이란 클래스가 3개일 때, 3개의 값을 가지는 행벡터로 구성하는 것을 의미합니다. 삼각형, 사각형, 원을 구분한다고 했을 때, 학습 시에 삼각형 라벨은 [1 0 0], 사각형 라벨은 [0 1 0], 원은 [0 0 1]로 지정합니다. 출력 또한 3개의 값을 가지는 행벡터로 나오는데, 만약 [0.2 0.1 0.7]으로 나왔다면, 삼각형일 확률이 20%, 사각형일 확률이 10%, 원일 확률이 70%임을 뜻하고 이를 모두 더하면 100%가 됩니다.

one-hot 인코딩은 아래 코드와 같이 케라스에서 제공하는 "to_categorical()" 함수로 쉽게 처리할 수 있습니다.

```
y_train = np.random.randint(10, size=(1000, 1))
y_train = to_categorical(y_train, num_classes=10) # one-hot 인코딩

y_test = np.random.randint(10, size=(100, 1))
y_test = to_categorical(y_test, num_classes=10) # one-hot 인코딩
```

3. 레이어 준비

본 장에서 새롭게 소개되는 블록은 'softmax'입니다.

블록	이름	설명
	softmax	활성화 함수로 입력되는 값을 클래스별로 확률 값이 나오도록 출력시킵니다. 이 확률값을 모두 더하면 1이 됩니다. 다중클래스 모델의 출력층에 주로 사용되며, 확률값이 가장 높은 클래스가 모델이 분류한 클래스입니다.

4. 모델 준비

다중클래스분류를 하기 위해 퍼셉트론 신경망 모델, 다층퍼셉트론 신경망 모델, 깊은 다층퍼셉트론 신경망 모델을 준비했습니다.

• 퍼셉트론 신경망 모델

Dense 레이어가 하나이고 뉴런의 수도 하나인 가장 기본적인 퍼셉트론 신경망 모델입니다. 즉, 웨이트(w) 하나, 바이어스(b) 하나로 전형적인 $Y = w \times X + b$를 풀기 위한 모델입니다. 다중클래스분류이므로 출력 레이어는 softmax 활성화 함수를 사용했습니다.

```
model = Sequential()
model.add(Dense(10, input_dim=12, activation='softmax'))
```

또는 활성화 함수를 블록 쌓듯이 별도 레이어로 구성하여도 동일한 모델입니다.

```
model = Sequential()
model.add(Dense(10, input_dim=12))
model.add(Activation('softmax'))
```

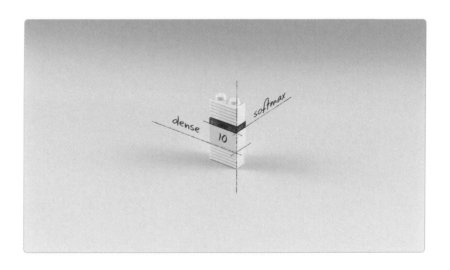

• 다층퍼셉트론 신경망 모델

Dense 레이어가 두 개인 다층퍼셉트론 신경망 모델입니다. 첫 번째 레이어는 64개의 뉴런을 가진 Dense 레이어이고 오류 역전파가 용이한 relu 활성화 함수를 사용했습니다. 출력 레이어인 두 번째 레이어는 클래스별 확률값을 출력하기 위해 10개의 뉴런과 softmax 활성화 함수를 사용했습니다.

```
model = Sequential()
model.add(Dense(64, input_dim=12, activation='relu'))
model.add(Dense(10, activation='softmax'))
```

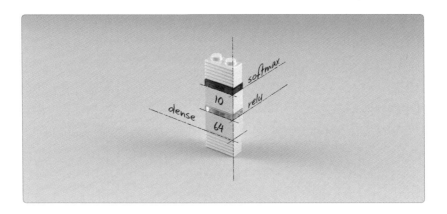

• 깊은 다층퍼셉트론 신경망 모델

Dense 레이어가 총 세 개인 다층퍼셉트론 신경망 모델입니다. 첫 번째, 두 번째 레이어는 64개의 뉴런을 가진 Dense 레이어이고 오류 역전파가 용이한 relu 활성화 함수를 사용했습니다. 출력 레이어인 세 번째 레이어는 클래스별 확률값을 출력하기 위해 10개의 뉴런과 softmax 활성화 함수를 사용했습니다.

```
model = Sequential()
model.add(Dense(64, input_dim=12, activation='relu'))
model.add(Dense(64, activation='relu'))
model.add(Dense(10, activation='softmax'))
```

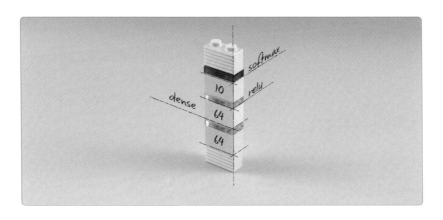

5. 전체 소스

앞서 살펴본 퍼셉트론 신경망 모델, 다층퍼셉트론 신경망 모델, 깊은 다층퍼셉트론 신경망 모델의
전체 소스는 다음과 같습니다.

• **퍼셉트론 신경망 모델**

```python
# 0. 사용할 패키지 불러오기
import numpy as np
from keras.models import Sequential
from keras.layers import Dense
from keras.utils import to_categorical
import random

# 1. 데이터셋 생성하기
x_train = np.random.random((1000, 12))
y_train = np.random.randint(10, size=(1000, 1))
y_train = to_categorical(y_train, num_classes=10) # one-hot 인코딩
x_test = np.random.random((100, 12))
y_test = np.random.randint(10, size=(100, 1))
y_test = to_categorical(y_test, num_classes=10) # one-hot 인코딩

# 2. 모델 구성하기
model = Sequential()
model.add(Dense(10, input_dim=12, activation='softmax'))

# 3. 모델 학습과정 설정하기
model.compile(optimizer='rmsprop', loss='categorical_crossentropy', metrics=['accuracy'])

# 4. 모델 학습시키기
hist = model.fit(x_train, y_train, epochs=1000, batch_size=64)

# 5. 학습과정 살펴보기
%matplotlib inline
import matplotlib.pyplot as plt

fig, loss_ax = plt.subplots()

acc_ax = loss_ax.twinx()

loss_ax.set_ylim([0.0, 3.0])
acc_ax.set_ylim([0.0, 1.0])

loss_ax.plot(hist.history['loss'], 'y', label='train loss')
acc_ax.plot(hist.history['acc'], 'b', label='train acc')

loss_ax.set_xlabel('epoch')
loss_ax.set_ylabel('loss')
acc_ax.set_ylabel('accuracy')
```

```
loss_ax.legend(loc='upper left')
acc_ax.legend(loc='lower left')

plt.show()

# 6. 모델 평가하기
loss_and_metrics = model.evaluate(x_test, y_test, batch_size=32)
print('loss_and_metrics : ' + str(loss_and_metrics))
```

```
Epoch 1/1000
1000/1000 [==============================] - 0s - loss: 2.6020 - acc: 0.0880
Epoch 2/1000
1000/1000 [==============================] - 0s - loss: 2.5401 - acc: 0.0870
Epoch 3/1000
1000/1000 [==============================] - 0s - loss: 2.4952 - acc: 0.0880
Epoch 4/1000
1000/1000 [==============================] - 0s - loss: 2.4586 - acc: 0.0870
...
Epoch 998/1000
1000/1000 [==============================] - 0s - loss: 2.2497 - acc: 0.1680
Epoch 999/1000
1000/1000 [==============================] - 0s - loss: 2.2495 - acc: 0.1710
Epoch 1000/1000
1000/1000 [==============================] - 0s - loss: 2.2498 - acc: 0.1690
 32/100 [======>.....................] - ETA: 0sloss_and_metrics : [2.4103073501586914,
0.08999999999999997]
```

- **다층퍼셉트론 신경망 모델**

```
# 0. 사용할 패키지 불러오기
import numpy as np
from keras.models import Sequential
from keras.layers import Dense
from keras.utils import to_categorical
import random

# 1. 데이터셋 준비하기
x_train = np.random.random((1000, 12))
y_train = np.random.randint(10, size=(1000, 1))
y_train = to_categorical(y_train, num_classes=10) # one-hot 인코딩
x_test = np.random.random((100, 12))
y_test = np.random.randint(10, size=(100, 1))
y_test = to_categorical(y_test, num_classes=10) # one-hot 인코딩

# 2. 모델 구성하기
model = Sequential()
model.add(Dense(64, input_dim=12, activation='relu'))
model.add(Dense(10, activation='softmax'))

# 3. 모델 학습과정 설정하기
model.compile(optimizer='rmsprop', loss='categorical_crossentropy', metrics=['accuracy'])
```

```python
# 4. 모델 학습시키기
hist = model.fit(x_train, y_train, epochs=1000, batch_size=64)

# 5. 학습과정 확인하기
%matplotlib inline
import matplotlib.pyplot as plt

fig, loss_ax = plt.subplots()

acc_ax = loss_ax.twinx()

loss_ax.set_ylim([0.0, 3.0])
acc_ax.set_ylim([0.0, 1.0])

loss_ax.plot(hist.history['loss'], 'y', label='train loss')
acc_ax.plot(hist.history['acc'], 'b', label='train acc')

loss_ax.set_xlabel('epoch')
loss_ax.set_ylabel('loss')
acc_ax.set_ylabel('accuracy')

loss_ax.legend(loc='upper left')
acc_ax.legend(loc='lower left')

plt.show()

# 6. 모델 평가하기
loss_and_metrics = model.evaluate(x_test, y_test, batch_size=32)
print('loss_and_metrics : ' + str(loss_and_metrics))
```

```
Epoch 1/1000
1000/1000 [==============================] - 0s - loss: 2.3361 - acc: 0.1180
Epoch 2/1000
1000/1000 [==============================] - 0s - loss: 2.5401 - acc: 0.0870
Epoch 3/1000
1000/1000 [==============================] - 0s - loss: 2.4952 - acc: 0.0880
Epoch 4/1000
1000/1000 [==============================] - 0s - loss: 2.4586 - acc: 0.0870
...
Epoch 998/1000
1000/1000 [==============================] - 0s - loss: 1.7137 - acc: 0.4210
Epoch 999/1000
1000/1000 [==============================] - 0s - loss: 1.7149 - acc: 0.4230
Epoch 1000/1000
1000/1000 [==============================] - 0s - loss: 1.7134 - acc: 0.4190
 32/100 [======>.................] - ETA: 0sloss_and_metrics : [2.9776978111267089,
0.12]
```

• 깊은 다층퍼셉트론 신경망 모델

```python
# 0. 사용할 패키지 불러오기
import numpy as np
from keras.models import Sequential
from keras.layers import Dense
from keras.utils import to_categorical
import random

# 1. 데이터셋 준비하기
x_train = np.random.random((1000, 12))
y_train = np.random.randint(10, size=(1000, 1))
y_train = to_categorical(y_train, num_classes=10) # one-hot 인코딩
x_test = np.random.random((100, 12))
y_test = np.random.randint(10, size=(100, 1))
y_test = to_categorical(y_test, num_classes=10) # one-hot 인코딩

# 2. 모델 구성하기
model = Sequential()
model.add(Dense(64, input_dim=12, activation='relu'))
model.add(Dense(64, activation='relu'))
model.add(Dense(10, activation='softmax'))

# 3. 모델 학습과정 설정하기
model.compile(optimizer='rmsprop', loss='categorical_crossentropy', metrics=['accuracy'])

# 4. 모델 학습시키기
hist = model.fit(x_train, y_train, epochs=1000, batch_size=64)

# 5. 학습과정 살펴보기
%matplotlib inline
import matplotlib.pyplot as plt

fig, loss_ax = plt.subplots()

acc_ax = loss_ax.twinx()

loss_ax.set_ylim([0.0, 3.0])
acc_ax.set_ylim([0.0, 1.0])

loss_ax.plot(hist.history['loss'], 'y', label='train loss')
acc_ax.plot(hist.history['acc'], 'b', label='train acc')

loss_ax.set_xlabel('epoch')
loss_ax.set_ylabel('loss')
acc_ax.set_ylabel('accuracy')

loss_ax.legend(loc='upper left')
acc_ax.legend(loc='lower left')

plt.show()
```

```
# 6. 모델 평가하기
loss_and_metrics = model.evaluate(x_test, y_test, batch_size=32)
print('loss_and_metrics : ' + str(loss_and_metrics))
```

```
Epoch 1/1000
1000/1000 [==============================] - 0s - loss: 2.3033 - acc: 0.1010
Epoch 2/1000
1000/1000 [==============================] - 0s - loss: 2.5401 - acc: 0.0870
Epoch 3/1000
1000/1000 [==============================] - 0s - loss: 2.4952 - acc: 0.0880
Epoch 4/1000
1000/1000 [==============================] - 0s - loss: 2.4586 - acc: 0.0870
...
Epoch 998/1000
1000/1000 [==============================] - 0s - loss: 0.3457 - acc: 0.9390
Epoch 999/1000
1000/1000 [==============================] - 0s - loss: 0.3538 - acc: 0.9310
Epoch 1000/1000
1000/1000 [==============================] - 0s - loss: 0.3548 - acc: 0.9340
 32/100 [=======>......................] - ETA: 0sloss_and_metrics : [5.8368307685852052,
0.089999999999999997]
```

6. 학습결과 비교

퍼셉트론 > 다층퍼셉트론 > 깊은 다층퍼셉트론 순으로 학습이 좀 더 빨리 되는 것을 확인할 수 있습니다.

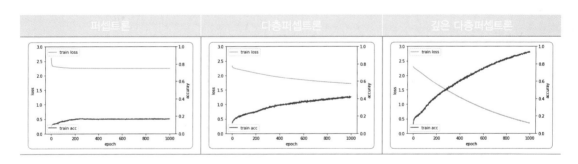

{요약}

수치를 입력하여 다중클래스분류를 할 수 있는 퍼셉트론, 다층퍼셉트론, 깊은 다층퍼셉트론 신경망 모델을 살펴보고 그 성능을 확인해보았습니다.

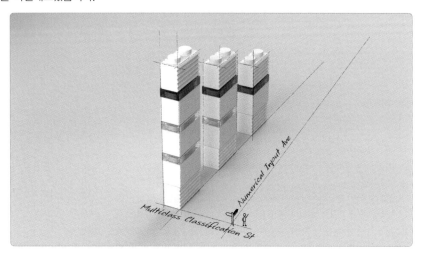

CHAPTER 04 영상입력 수치 예측 모델 레시피

영상을 입력해서 수치를 예측하는 모델들에 대하여 알아보겠습니다. 간단한 테스트를 위해 수치 예측을 위한 영상 데이터셋을 생성해 보고, 다층퍼셉트론 및 컨볼루션 신경망 모델을 구성 및 학습 시켜 보겠습니다. 이 모델은 고정된 지역에서 촬영된 영상으로부터 복잡도, 밀도 등을 수치화하는 문제를 풀 수 있습니다.

- CCTV 등 촬영 영상으로부터 미세먼지 지수 예측
- 위성영상으로부터 녹조, 적조 등의 지수 예측
- 태양광 패널의 먼지가 쌓여있는 정도 예측

1. 데이터셋 준비

너비가 16, 높이가 16이고, 픽셀값으로 0과 1을 가지는 영상을 만들어보겠습니다. 임의의 값이 주어지면, 그 값만큼 반복하여 영상 내에 픽셀값이 1인 픽셀을 찍었습니다. 여기서 임의의 값을 라벨값으로 지정했습니다.

```python
width = 16
height = 16

def generate_dataset(samples):

    ds_x = []
    ds_y = []

    for it in range(samples):

        num_pt = np.random.randint(0, width * height)
        img = generate_image(num_pt)

        ds_y.append(num_pt)
        ds_x.append(img)

    return np.array(ds_x), np.array(ds_y).reshape(samples, 1)

def generate_image(points):

    img = np.zeros((width, height))
    pts = np.random.random((points, 2))

    for ipt in pts:
```

```
            img[int(ipt[0] * width), int(ipt[1] * height)] = 1

    return img.reshape(width, height, 1)
```

데이터셋으로 훈련셋을 1500개, 검증셋을 300개, 시험셋을 100개 생성합니다.

```
x_train, y_train = generate_dataset(1500)
x_val, y_val = generate_dataset(300)
x_test, y_test = generate_dataset(100)
```

만든 데이터셋 일부를 가시화해 보겠습니다.

```
%matplotlib inline
import matplotlib.pyplot as plt

plt_row = 5
plt_col = 5

plt.rcParams["figure.figsize"] = (10,10)

f, axarr = plt.subplots(plt_row, plt_col)

for i in range(plt_row*plt_col):
    sub_plt = axarr[i/plt_row, i%plt_col]
    sub_plt.axis('off')
    sub_plt.imshow(x_train[i].reshape(width, height))
    sub_plt.set_title('R ' + str(y_train[i][0]))

plt.show()
```

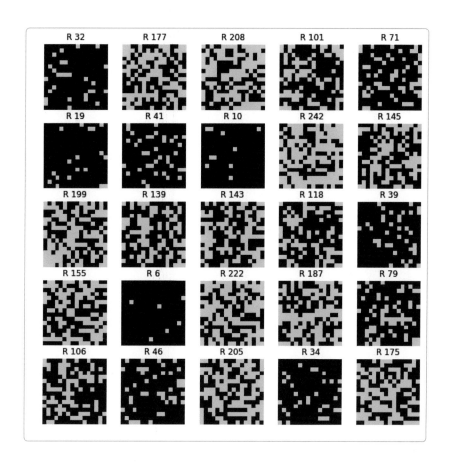

R 32	R 177	R 208	R 101	R 71
R 19	R 41	R 10	R 242	R 145
R 199	R 139	R 143	R 118	R 39
R 155	R 6	R 222	R 187	R 79
R 106	R 46	R 205	R 34	R 175

R(Real)은 픽셀값이 1인 픽셀 수를 의미합니다. 한 번 표시한 픽셀에 다시 표시가 될 수 있기 때문에 실제 픽셀 수와 조금 차이는 날 수 있습니다.

2. 레이어 준비

본 장에서 새롭게 소개되는 블록들은 다음과 같습니다.

블록	이름	설명
	2D Input data	2차원의 입력 데이터입니다. 주로 영상 데이터를 의미하며, 너비, 높이, 채널수로 구성됩니다.
	Conv2D	필터를 이용하여 영상 특징을 추출하는 컨볼루션 레이어입니다.

	MaxPooling2D	영상에서 사소한 변화가 특징 추출에 크게 영향을 미치지 않도록 해주는 맥스풀링 레이어입니다.
	Flatten	2차원의 특징맵을 전결합층으로 전달하기 위해 1차원 형식으로 바꿔줍니다.
	relu	활성화 함수로 주로 Conv2D 은닉층에 사용됩니다.

3. 모델 준비

영상입력 수치 예측을 하기 위해 다층퍼셉트론 신경망 모델, 컨볼루션 신경망 모델을 준비했습니다.

• **다층퍼셉트론 신경망 모델**

```
model = Sequential()
model.add(Dense(256, activation='relu', input_dim = width*height))
model.add(Dense(256, activation='relu'))
model.add(Dense(256))
model.add(Dense(1))
```

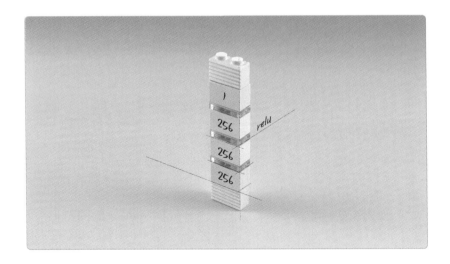

- **컨볼루션 신경망 모델**

```
model = Sequential()
model.add(Conv2D(32, (3, 3), activation='relu', input_shape=(width, height, 1)))
model.add(MaxPooling2D(pool_size=(2, 2)))
model.add(Conv2D(32, (3, 3), activation='relu'))
model.add(MaxPooling2D(pool_size=(2, 2)))
model.add(Flatten())
model.add(Dense(256, activation='relu'))
model.add(Dense(1))
```

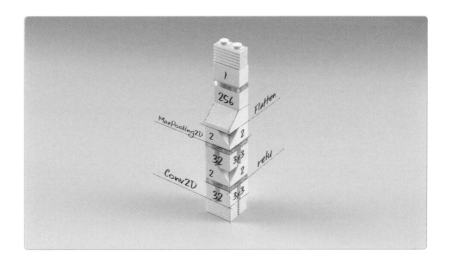

4. 모델 준비

앞서 살펴본 다층퍼셉트론 신경망 모델, 컨볼루션 신경망 모델의 전체 소스는 다음과 같습니다.

- **다층퍼셉트론 신경망 모델**

```
# 0. 사용할 패키지 불러오기
import numpy as np
from keras.models import Sequential
from keras.layers import Dense

width = 16
height = 16

def generate_dataset(samples):

    ds_x = []
    ds_y = []

    for it in range(samples):
```

```python
        num_pt = np.random.randint(0, width * height)
        img = generate_image(num_pt)

        ds_y.append(num_pt)
        ds_x.append(img)

    return np.array(ds_x), np.array(ds_y).reshape(samples, 1)

def generate_image(points):

    img = np.zeros((width, height))
    pts = np.random.random((points, 2))

    for ipt in pts:
        img[int(ipt[0] * width), int(ipt[1] * height)] = 1

    return img.reshape(width, height, 1)

# 1. 데이터셋 생성하기
x_train, y_train = generate_dataset(1500)
x_val, y_val = generate_dataset(300)
x_test, y_test = generate_dataset(100)

x_train_1d = x_train.reshape(x_train.shape[0], width*height)
x_val_1d = x_val.reshape(x_val.shape[0], width*height)
x_test_1d = x_test.reshape(x_test.shape[0], width*height)

# 2. 모델 구성하기
model = Sequential()
model.add(Dense(256, activation='relu', input_dim = width*height))
model.add(Dense(256, activation='relu'))
model.add(Dense(256))
model.add(Dense(1))

# 3. 모델 학습과정 설정하기
model.compile(loss='mse', optimizer='adam')

# 5. 모델 학습시키기
hist = model.fit(x_train_1d, y_train, batch_size=32, epochs=1000, validation_data=(x_val_1d,
y_val))

# 6. 학습과정 살펴보기
%matplotlib inline
import matplotlib.pyplot as plt

plt.plot(hist.history['loss'])
plt.plot(hist.history['val_loss'])
plt.ylim(0.0, 300.0)
plt.ylabel('loss')
plt.xlabel('epoch')
plt.legend(['train', 'val'], loc='upper left')
plt.show()
```

```
# 7. 모델 평가하기
score = model.evaluate(x_test_1d, y_test, batch_size=32)

print(score)

# 8. 모델 사용하기
yhat_test = model.predict(x_test_1d, batch_size=32)

%matplotlib inline
import matplotlib.pyplot as plt

plt_row = 5
plt_col = 5

plt.rcParams["figure.figsize"] = (10,10)

f, axarr = plt.subplots(plt_row, plt_col)

for i in range(plt_row*plt_col):
    sub_plt = axarr[i/plt_row, i%plt_col]
    sub_plt.axis('off')
    sub_plt.imshow(x_test[i].reshape(width, height))
    sub_plt.set_title('R %d P %.1f' % (y_test[i][0], yhat_test[i][0]))

plt.show()
```

```
Train on 1500 samples, validate on 300 samples
Epoch 1/1000
1500/1500 [==============================] - 1s - loss: 4547.2297 - val_loss: 489.0028
Epoch 2/1000
1500/1500 [==============================] - 0s - loss: 270.5862 - val_loss: 250.0564
Epoch 3/1000
1500/1500 [==============================] - 0s - loss: 184.1776 - val_loss: 200.3438
...
Epoch 998/1000
1500/1500 [==============================] - 0s - loss: 0.2356 - val_loss: 107.4000
Epoch 999/1000
1500/1500 [==============================] - 0s - loss: 0.3426 - val_loss: 107.5543
Epoch 1000/1000
1500/1500 [==============================] - 0s - loss: 0.5059 - val_loss: 110.1831
 32/100 [======>...................] - ETA: 0s110.12584671
```

다층퍼셉트론 신경망 모델의 입력층인 Dense 레이어는 일차원 벡터로 데이터를 입력 받기 때문에,
이차원인 영상을 일차원 벡터로 변환하는 과정이 필요합니다.

```
x_train_1d = x_train.reshape(x_train.shape[0], width*height)
x_val_1d = x_val.reshape(x_val.shape[0], width*height)
x_test_1d = x_test.reshape(x_test.shape[0], width*height)
```

예측 결과 일부를 표시해 보았습니다. R(Real)이 실제 값이고, P(Prediction)이 모델이 예측한 결과입니다. 출력층에 따로 활성화 함수를 지정하지 않았기 때문에 선형 함수가 사용되며, 정수가 아닌 실수로 예측됩니다.

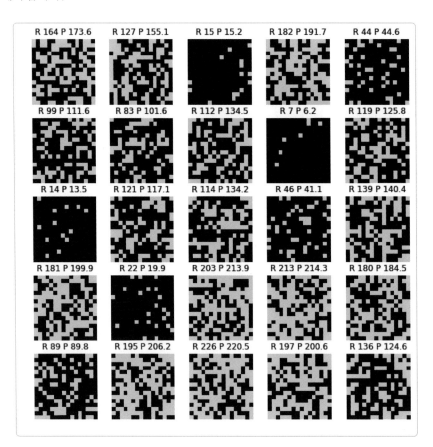

• 컨볼루션 신경망 모델

```
# 0. 사용할 패키지 불러오기
import numpy as np
from keras.models import Sequential
from keras.layers import Dense, Dropout, Flatten
from keras.layers import Conv2D, MaxPooling2D

width = 16
height = 16

def generate_dataset(samples):

    ds_x = []
    ds_y = []

    for it in range(samples):

        num_pt = np.random.randint(0, width * height)
```

```python
        img = generate_image(num_pt)

        ds_y.append(num_pt)
        ds_x.append(img)

    return np.array(ds_x), np.array(ds_y).reshape(samples, 1)

def generate_image(points):

    img = np.zeros((width, height))
    pts = np.random.random((points, 2))

    for ipt in pts:
        img[int(ipt[0] * width), int(ipt[1] * height)] = 1

    return img.reshape(width, height, 1)

# 1. 데이터셋 생성하기
x_train, y_train = generate_dataset(1500)
x_val, y_val = generate_dataset(300)
x_test, y_test = generate_dataset(100)

# 2. 모델 구성하기
model = Sequential()
model.add(Conv2D(32, (3, 3), activation='relu', input_shape=(width, height, 1)))
model.add(MaxPooling2D(pool_size=(2, 2)))
model.add(Conv2D(32, (3, 3), activation='relu'))
model.add(MaxPooling2D(pool_size=(2, 2)))
model.add(Flatten())
model.add(Dense(256, activation='relu'))
model.add(Dense(1))

# 3. 모델 학습과정 설정하기
model.compile(loss='mse', optimizer='adam')

# 5. 모델 학습시키기
hist = model.fit(x_train, y_train, batch_size=32, epochs=1000, validation_data=(x_val, y_val))

# 6. 학습과정 살펴보기
%matplotlib inline
import matplotlib.pyplot as plt

plt.plot(hist.history['loss'])
plt.plot(hist.history['val_loss'])
plt.ylim(0.0, 300.0)
plt.ylabel('loss')
plt.xlabel('epoch')
plt.legend(['train', 'val'], loc='upper left')
plt.show()

# 7. 모델 평가하기
score = model.evaluate(x_test, y_test, batch_size=32)
```

```
print(score)

# 8. 모델 사용하기
yhat_test = model.predict(x_test, batch_size=32)

%matplotlib inline
import matplotlib.pyplot as plt

plt_row = 5
plt_col = 5

plt.rcParams["figure.figsize"] = (10,10)

f, axarr = plt.subplots(plt_row, plt_col)

for i in range(plt_row*plt_col):
    sub_plt = axarr[i/plt_row, i%plt_col]
    sub_plt.axis('off')
    sub_plt.imshow(x_test[i].reshape(width, height))
    sub_plt.set_title('R %d P %.1f' % (y_test[i][0], yhat_test[i][0]))

plt.show()
```

```
Train on 1500 samples, validate on 300 samples
Epoch 1/1000
1500/1500 [==============================] - 1s - loss: 4547.2297 - val_loss: 489.0028
Epoch 2/1000
1500/1500 [==============================] - 0s - loss: 270.5862 - val_loss: 250.0564
Epoch 3/1000
1500/1500 [==============================] - 0s - loss: 184.1776 - val_loss: 200.3438
...
Epoch 998/1000
1500/1500 [==============================] - 0s - loss: 0.0858 - val_loss: 173.7133
Epoch 999/1000
1500/1500 [==============================] - 0s - loss: 0.0905 - val_loss: 173.3539
Epoch 1000/1000
1500/1500 [==============================] - 0s - loss: 0.0450 - val_loss: 173.4334
 32/100 [=======>....................] - ETA: 0s191.033380737
```

컨볼루션 신경망 모델이 예측한 결과 일부를 표시해 보았습니다.

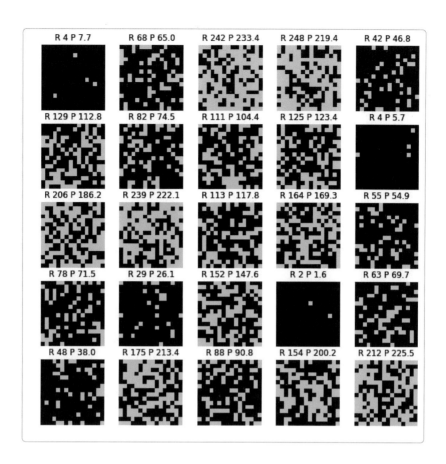

5. 학습결과 비교

다층퍼셉트론 신경망 모델과 컨볼루션 신경망 모델을 비교했을 때, 현재 파라미터로는 다층퍼셉트론 신경망 모델의 정확도가 더 높았습니다. 라벨값이 모양 및 색상 등 이미지의 특성보다 단순히 1인 픽셀 개수와 관련이 있기 때문에 컨볼루션 신경망 모델이 크케 성능을 발휘하지 못했습니다.

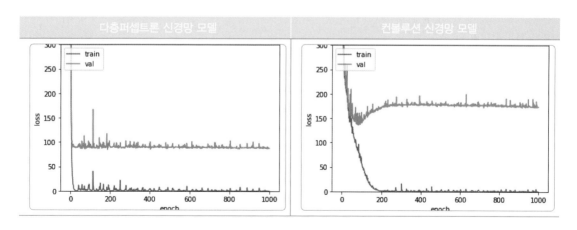

{요약}

영상을 입력하여 수치 예측을 할 수 있는 깊은 다층퍼셉트론 신경망 모델, 컨볼루션 신경망 모델을 살펴보고 그 성능을 확인해보았습니다. 영상 입력이라고 해서 컨볼루션 신경망 모델이 항상 좋은 성능이 나오는 것이 아니라는 것도 알게되었습니다. 어떤 모델이 성능이 좋게 나올지는 테스트를 해봐야 겠지만, 워낙 모델을 다양하게 구성할 수 있고 여러 파라미터를 설정할 수 있으므로 모델을 개발하기 전 데이터 특징을 분석하고 적절한 후보 모델들을 선정하는 것을 권장합니다.

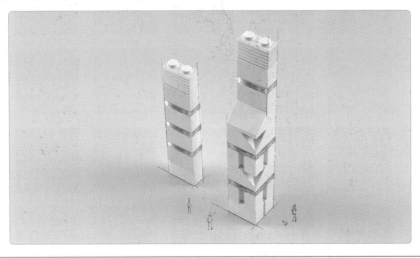

CHAPTER 05 영상입력 이진분류모델 레시피

영상을 입력해서 이진분류할 수 있는 모델들에 대하여 알아보겠습니다. 숫자 손글씨 데이터셋인 MNIST을 이용하여 홀수/짝수를 구분을 위한 데이터셋을 생성해 보고, 다층퍼셉트론 및 컨볼루션 신경망 모델을 구성하고 학습 시켜 보겠습니다. 이 모델은 임의의 영상으로부터 A와 B를 구분하는 문제나 양성과 음성을 구분하는 문제를 풀 수 있습니다. 아래 문제들에 활용 용 기대해 봅니다.

- **입력된 얼굴 사진에 남자인지 여자인지 구분**
- **촬영된 부품 사진이 정상인지 불량인지 구분**
- **의료영상을 보고 질병유무 판독**

1. 데이터셋 준비

케라스 함수에서 제공하는 숫자 손글씨 데이터셋인 MNIST을 이용하겠습니다. 초기 라벨값은 0에서 9까지 정수로 지정되어 있습니다. 데이터 정규화를 위해서 255.0으로 나누었습니다. 아래는 다층퍼셉트론 신경망 모델에 입력하기 위해 데이터셋 생성하는 코드입니다.

```
(x_train, y_train), (x_test, y_test) = mnist.load_data()
x_train = x_train.reshape(60000, width*height).astype('float32') / 255.0
x_test = x_test.reshape(10000, width*height).astype('float32') / 255.0
```

아래는 컨볼루션 신경망 모델에 입력하기 위해 데이터셋 생성하는 코드입니다. 샘플수, 너비, 높이, 채널수로 총 4차원 배열로 구성합니다.

```
x_train = x_train.reshape(60000, width, height, 1).astype('float32') / 255.0
x_test = x_test.reshape(10000, width, height, 1).astype('float32') / 255.0
```

불러온 훈련셋을 다시 훈련셋 50,000개와 검증셋 10,000개로 나누었습니다.

```
x_val = x_train[50000:]
y_val = y_train[50000:]
x_train = x_train[:50000]
y_train = y_train[:50000]
```

라벨값은 다중클래스분류로 0에서 9까지 지정되어 있으나 이것을 홀수/짝수로 바꾸어서 이진분류 라벨로 지정하겠습니다. '1'은 홀수를 의미하고, '0'은 짝수를 의미합니다.

```
y_train = y_train % 2
y_val = y_val % 2
y_test = y_test % 2
```

만든 데이터셋 일부를 가시화 해보겠습니다.

```
%matplotlib inline
import matplotlib.pyplot as plt

plt_row = 5
plt_col = 5

plt.rcParams["figure.figsize"] = (10,10)

f, axarr = plt.subplots(plt_row, plt_col)

for i in range(plt_row*plt_col):
    sub_plt = axarr[i/plt_row, i%plt_col]
    sub_plt.axis('off')
    sub_plt.imshow(x_test[i].reshape(width, height))

    sub_plt_title = 'R: '

    if y_test[i] :
        sub_plt_title += 'odd '
    else:
        sub_plt_title += 'even '

    sub_plt.set_title(sub_plt_title)

plt.show()
```

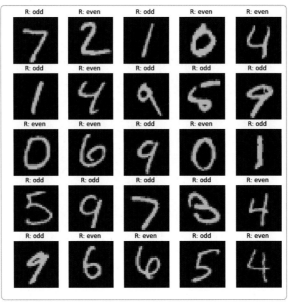

2. 레이어 준비

본 장에서 새롭게 소개되는 블록은 'Dropout'입니다.

블록	이름	설명
	Dropout	과적합을 방지하기 위해서 학습 시에 지정된 비율만큼 임의의 입력 뉴런(1차원)을 제외시킵니다.
	Dropout	과적합을 방지하기 위해서 학습 시에 지정된 비율만큼 임의의 입력 뉴런(2차원)을 제외시킵니다.

3. 모델 준비

영상을 입력하여 이진분류를 하기 위해 다층퍼셉트론 신경망 모델, 컨볼루션 신경망 모델, 깊은 컨볼루션 신경망 모델을 준비했습니다.

• 다층퍼셉트론 신경망 모델

```
model = Sequential()
model.add(Dense(256, input_dim=width*height, activation='relu'))
model.add(Dense(256, activation='relu'))
model.add(Dense(256, activation='relu'))
model.add(Dense(1, activation='sigmoid'))
```

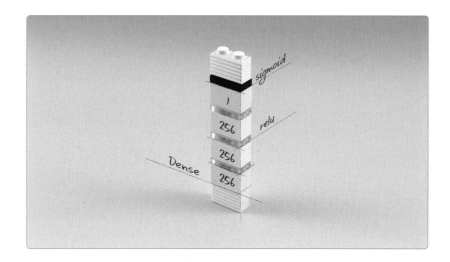

- **컨볼루션 신경망 모델**

```
model = Sequential()
model.add(Conv2D(32, (3, 3), activation='relu', input_shape=(width, height, 1)))
model.add(MaxPooling2D(pool_size=(2, 2)))
model.add(Conv2D(32, (3, 3), activation='relu'))
model.add(MaxPooling2D(pool_size=(2, 2)))
model.add(Flatten())
model.add(Dense(256, activation='relu'))
model.add(Dense(1, activation='sigmoid'))
```

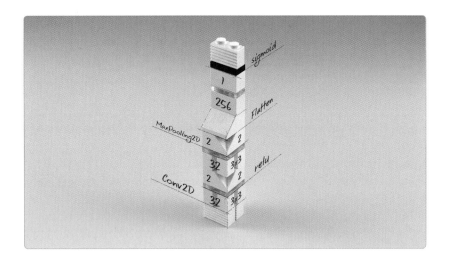

- **깊은 컨볼루션 신경망 모델**

```
model = Sequential()
model.add(Conv2D(32, (3, 3), activation='relu', input_shape=(width, height, 1)))
model.add(Conv2D(32, (3, 3), activation='relu'))
model.add(MaxPooling2D(pool_size=(2, 2)))
model.add(Dropout(0.25))
model.add(Conv2D(64, (3, 3), activation='relu'))
model.add(Conv2D(64, (3, 3), activation='relu'))
model.add(MaxPooling2D(pool_size=(2, 2)))
model.add(Dropout(0.25))
model.add(Flatten())
model.add(Dense(256, activation='relu'))
model.add(Dropout(0.5))
model.add(Dense(1, activation='sigmoid'))
```

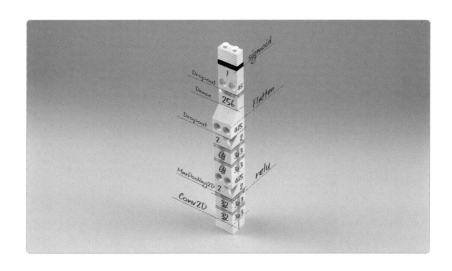

4. 전체 소스

앞서 살펴본 다층퍼셉트론 신경망 모델, 컨볼루션 신경망 모델, 깊은 컨볼루션 신경망 모델의 전체
소스는 다음과 같습니다.

• 다층퍼셉트론 신경망 모델

```
# 0. 사용할 패키지 불러오기
from keras.utils import np_utils
from keras.datasets import mnist
from keras.models import Sequential
from keras.layers import Dense, Activation

width = 28
height = 28

# 1. 데이터셋 생성하기

# 훈련셋과 시험셋 불러오기
(x_train, y_train), (x_test, y_test) = mnist.load_data()
x_train = x_train.reshape(60000, width*height).astype('float32') / 255.0
x_test = x_test.reshape(10000, width*height).astype('float32') / 255.0

# 훈련셋과 검증셋 분리
x_val = x_train[50000:]
y_val = y_train[50000:]
x_train = x_train[:50000]
y_train = y_train[:50000]

# 데이터셋 전처리 : 홀수는 1, 짝수는 0으로 변환
y_train = y_train % 2
y_val = y_val % 2
y_test = y_test % 2
```

```python
# 2. 모델 구성하기
model = Sequential()
model.add(Dense(256, input_dim=width*height, activation='relu'))
model.add(Dense(256, activation='relu'))
model.add(Dense(256, activation='relu'))
model.add(Dense(1, activation='sigmoid'))

# 3. 모델 학습과정 설정하기
model.compile(loss='binary_crossentropy', optimizer='sgd', metrics=['accuracy'])

# 4. 모델 학습시키기
hist = model.fit(x_train, y_train, epochs=30, batch_size=32, validation_data=(x_val, y_val))

# 5. 학습과정 살펴보기
%matplotlib inline
import matplotlib.pyplot as plt

fig, loss_ax = plt.subplots()

acc_ax = loss_ax.twinx()

loss_ax.plot(hist.history['loss'], 'y', label='train loss')
loss_ax.plot(hist.history['val_loss'], 'r', label='val loss')
loss_ax.set_ylim([0.0, 0.5])

acc_ax.plot(hist.history['acc'], 'b', label='train acc')
acc_ax.plot(hist.history['val_acc'], 'g', label='val acc')
acc_ax.set_ylim([0.8, 1.0])

loss_ax.set_xlabel('epoch')
loss_ax.set_ylabel('loss')
acc_ax.set_ylabel('accuracy')

loss_ax.legend(loc='upper left')
acc_ax.legend(loc='lower left')

plt.show()

# 6. 모델 평가하기
loss_and_metrics = model.evaluate(x_test, y_test, batch_size=32)
print('## evaluation loss and_metrics ##')
print(loss_and_metrics)

# 7. 모델 사용하기
yhat_test = model.predict(x_test, batch_size=32)

%matplotlib inline
import matplotlib.pyplot as plt

plt_row = 5
plt_col = 5
```

```
plt.rcParams["figure.figsize"] = (10,10)

f, axarr = plt.subplots(plt_row, plt_col)

for i in range(plt_row*plt_col):
    sub_plt = axarr[i/plt_row, i%plt_col]
    sub_plt.axis('off')
    sub_plt.imshow(x_test[i].reshape(width, height))

    sub_plt_title = 'R: '

    if y_test[i] :
        sub_plt_title += 'odd '
    else:
        sub_plt_title += 'even '

    sub_plt_title += 'P: '

    if yhat_test[i] >= 0.5 :
        sub_plt_title += 'odd '
    else:
        sub_plt_title += 'even '

    sub_plt.set_title(sub_plt_title)

plt.show()
```

```
Train on 50000 samples, validate on 10000 samples
Epoch 1/30
50000/50000 [==============================] - 5s - loss: 0.2916 - acc: 0.8838 - val_loss:
0.1549 - val_acc: 0.9434
Epoch 2/30
50000/50000 [==============================] - 4s - loss: 0.1247 - acc: 0.9566 - val_loss:
0.0959 - val_acc: 0.9679
Epoch 3/30
50000/50000 [==============================] - 5s - loss: 0.0884 - acc: 0.9697 - val_loss:
0.0871 - val_acc: 0.9718
...
Epoch 28/30
50000/50000 [==============================] - 5s - loss: 0.0014 - acc: 1.0000 - val_loss:
0.0717 - val_acc: 0.9832
Epoch 29/30
50000/50000 [==============================] - 4s - loss: 0.0011 - acc: 1.0000 - val_loss:
0.0715 - val_acc: 0.9831
Epoch 30/30
50000/50000 [==============================] - 4s - loss: 9.9662e-04 - acc: 1.0000 - val_loss:
0.0733 - val_acc: 0.9837
 9664/10000 [=========================>..] - ETA: 0s## evaluation loss and_metrics ##
[0.054539599350485697, 0.98660000000000003]
```

시험셋으로 예측한 결과 일부를 비교해보았습니다. 25개 샘플 중 9번째 샘플을 제외하고는 모두 맞췄습니다.

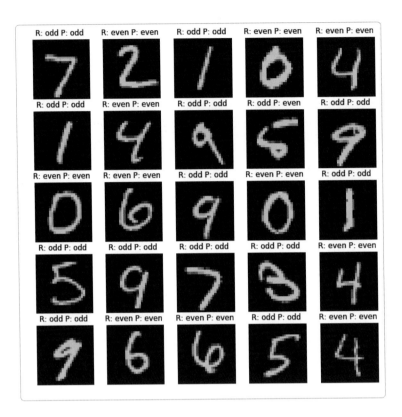

• **컨볼루션 신경망 모델**

```
# 0. 사용할 패키지 불러오기
from keras.utils import np_utils
from keras.datasets import mnist
from keras.models import Sequential
from keras.layers import Dense, Activation
from keras.layers import Conv2D, MaxPooling2D, Flatten

width = 28
height = 28

# 1. 데이터셋 생성하기

# 훈련셋과 시험셋 불러오기
(x_train, y_train), (x_test, y_test) = mnist.load_data()
x_train = x_train.reshape(60000, width*height).astype('float32') / 255.0
x_test = x_test.reshape(10000, width*height).astype('float32') / 255.0

# 훈련셋과 검증셋 분리
x_val = x_train[50000:]
y_val = y_train[50000:]
x_train = x_train[:50000]
```

```python
y_train = y_train[:50000]

# 데이터셋 전처리 : 홀수는 1, 짝수는 0으로 변환
y_train = y_train % 2
y_val = y_val % 2
y_test = y_test % 2

# 2. 모델 구성하기
model = Sequential()
model.add(Conv2D(32, (3, 3), activation='relu', input_shape=(width, height, 1)))
model.add(MaxPooling2D(pool_size=(2, 2)))
model.add(Conv2D(32, (3, 3), activation='relu'))
model.add(MaxPooling2D(pool_size=(2, 2)))
model.add(Flatten())
model.add(Dense(256, activation='relu'))
model.add(Dense(1, activation='sigmoid'))

# 3. 모델 학습과정 설정하기
model.compile(loss='binary_crossentropy', optimizer='sgd', metrics=['accuracy'])

# 4. 모델 학습시키기
hist = model.fit(x_train, y_train, epochs=30, batch_size=32, validation_data=(x_val, y_val))

# 5. 학습과정 살펴보기
%matplotlib inline
import matplotlib.pyplot as plt

fig, loss_ax = plt.subplots()

acc_ax = loss_ax.twinx()

loss_ax.plot(hist.history['loss'], 'y', label='train loss')
loss_ax.plot(hist.history['val_loss'], 'r', label='val loss')
loss_ax.set_ylim([0.0, 0.5])

acc_ax.plot(hist.history['acc'], 'b', label='train acc')
acc_ax.plot(hist.history['val_acc'], 'g', label='val acc')
acc_ax.set_ylim([0.8, 1.0])

loss_ax.set_xlabel('epoch')
loss_ax.set_ylabel('loss')
acc_ax.set_ylabel('accuracy')

loss_ax.legend(loc='upper left')
acc_ax.legend(loc='lower left')

plt.show()

# 6. 모델 평가하기
loss_and_metrics = model.evaluate(x_test, y_test, batch_size=32)
print('## evaluation loss and_metrics ##')
print(loss_and_metrics)
```

```python
# 7. 모델 사용하기
yhat_test = model.predict(x_test, batch_size=32)

%matplotlib inline
import matplotlib.pyplot as plt

plt_row = 5
plt_col = 5

plt.rcParams["figure.figsize"] = (10,10)

f, axarr = plt.subplots(plt_row, plt_col)

for i in range(plt_row*plt_col):
    sub_plt = axarr[i/plt_row, i%plt_col]
    sub_plt.axis('off')
    sub_plt.imshow(x_test[i].reshape(width, height))

    sub_plt_title = 'R: '

    if y_test[i] :
        sub_plt_title += 'odd '
    else:
        sub_plt_title += 'even '

    sub_plt_title += 'P: '

    if yhat_test[i] >= 0.5 :
        sub_plt_title += 'odd '
    else:
        sub_plt_title += 'even '


    sub_plt.set_title(sub_plt_title)

plt.show()
```

```
Train on 50000 samples, validate on 10000 samples
Epoch 1/30
50000/50000 [==============================] - 21s - loss: 0.3355 - acc: 0.8635 - val_loss:
0.1881 - val_acc: 0.9314
Epoch 2/30
50000/50000 [==============================] - 23s - loss: 0.1310 - acc: 0.9528 - val_loss:
0.0873 - val_acc: 0.9705
Epoch 3/30
50000/50000 [==============================] - 21s - loss: 0.0929 - acc: 0.9669 - val_loss:
0.0700 - val_acc: 0.9758
...
Epoch 28/30
50000/50000 [==============================] - 21s - loss: 0.0126 - acc: 0.9958 - val_loss:
0.0275 - val_acc: 0.9915
Epoch 29/30
```

```
50000/50000 [==============================] - 21s - loss: 0.0117 - acc: 0.9963 - val_loss:
0.0278 - val_acc: 0.9916
Epoch 30/30
50000/50000 [==============================] - 21s - loss: 0.0112 - acc: 0.9964 - val_loss:
0.0380 - val_acc: 0.9886
 9728/10000 [===========================>.] - ETA: 0s## evaluation loss and_metrics ##
[0.033111137489188695, 0.98819999999999997]
```

시험셋으로 예측한 결과 일부를 비교해보았습니다. '다층퍼셉트론 신경망 모델'과 마찬가지로 25개 샘플 중 9번째 샘플을 제외하고는 모두 맞췄습니다.

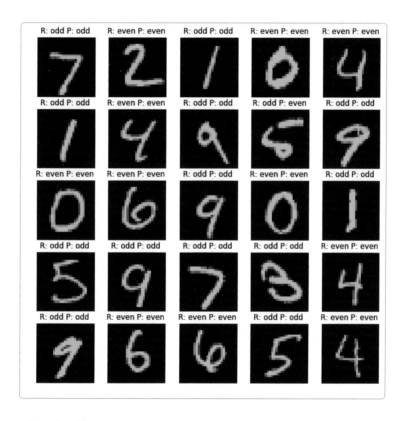

• **깊은 컨볼루션 신경망 모델**

```
# 0. 사용할 패키지 불러오기
from keras.utils import np_utils
from keras.datasets import mnist
from keras.models import Sequential
from keras.layers import Dense, Activation
from keras.layers import Conv2D, MaxPooling2D, Flatten
from keras.layers import Dropout

width = 28
height = 28

# 1. 데이터셋 생성하기
```

```python
# 훈련셋과 시험셋 불러오기
(x_train, y_train), (x_test, y_test) = mnist.load_data()
x_train = x_train.reshape(60000, width, height, 1).astype('float32') / 255.0
x_test = x_test.reshape(10000, width, height, 1).astype('float32') / 255.0

# 훈련셋과 검증셋 분리
x_val = x_train[50000:]
y_val = y_train[50000:]
x_train = x_train[:50000]
y_train = y_train[:50000]

# 데이터셋 전처리 : 홀수는 1, 짝수는 0으로 변환
y_train = y_train % 2
y_val = y_val % 2
y_test = y_test % 2

# 2. 모델 구성하기
model = Sequential()
model.add(Conv2D(32, (3, 3), activation='relu', input_shape=(width, height, 1)))
model.add(Conv2D(32, (3, 3), activation='relu'))
model.add(MaxPooling2D(pool_size=(2, 2)))
model.add(Dropout(0.25))
model.add(Conv2D(64, (3, 3), activation='relu'))
model.add(Conv2D(64, (3, 3), activation='relu'))
model.add(MaxPooling2D(pool_size=(2, 2)))
model.add(Dropout(0.25))
model.add(Flatten())
model.add(Dense(256, activation='relu'))
model.add(Dropout(0.5))
model.add(Dense(1, activation='sigmoid'))

# 3. 모델 학습과정 설정하기
model.compile(loss='binary_crossentropy', optimizer='sgd', metrics=['accuracy'])

# 4. 모델 학습시키기
hist = model.fit(x_train, y_train, epochs=30, batch_size=32, validation_data=(x_val, y_val))

# 5. 학습과정 살펴보기
%matplotlib inline
import matplotlib.pyplot as plt

fig, loss_ax = plt.subplots()

acc_ax = loss_ax.twinx()

loss_ax.plot(hist.history['loss'], 'y', label='train loss')
loss_ax.plot(hist.history['val_loss'], 'r', label='val loss')
loss_ax.set_ylim([0.0, 0.5])

acc_ax.plot(hist.history['acc'], 'b', label='train acc')
acc_ax.plot(hist.history['val_acc'], 'g', label='val acc')
```

```
acc_ax.set_ylim([0.8, 1.0])

loss_ax.set_xlabel('epoch')
loss_ax.set_ylabel('loss')
acc_ax.set_ylabel('accuracy')

loss_ax.legend(loc='upper left')
acc_ax.legend(loc='lower left')

plt.show()

# 6. 모델 평가하기
loss_and_metrics = model.evaluate(x_test, y_test, batch_size=32)
print('## evaluation loss and_metrics ##')
print(loss_and_metrics)

# 7. 모델 사용하기
yhat_test = model.predict(x_test, batch_size=32)

%matplotlib inline
import matplotlib.pyplot as plt

plt_row = 5
plt_col = 5

plt.rcParams["figure.figsize"] = (10,10)

f, axarr = plt.subplots(plt_row, plt_col)

for i in range(plt_row*plt_col):
    sub_plt = axarr[i/plt_row, i%plt_col]
    sub_plt.axis('off')
    sub_plt.imshow(x_test[i].reshape(width, height))

    sub_plt_title = 'R: '

    if y_test[i] :
        sub_plt_title += 'odd '
    else:
        sub_plt_title += 'even '

    sub_plt_title += 'P: '

    if yhat_test[i] >= 0.5 :
        sub_plt_title += 'odd '
    else:
        sub_plt_title += 'even '

    sub_plt.set_title(sub_plt_title)

plt.show()
```

```
Train on 50000 samples, validate on 10000 samples
Epoch 1/30
50000/50000 [==============================] - 92s - loss: 0.4378 - acc: 0.7928 - val_loss:
0.1836 - val_acc: 0.9340
Epoch 2/30
50000/50000 [==============================] - 91s - loss: 0.1907 - acc: 0.9273 - val_loss:
0.0861 - val_acc: 0.9702
Epoch 3/30
50000/50000 [==============================] - 91s - loss: 0.1234 - acc: 0.9556 - val_loss:
0.0638 - val_acc: 0.9768
...
Epoch 28/30
50000/50000 [==============================] - 160s - loss: 0.0240 - acc: 0.9917 - val_loss:
0.0222 - val_acc: 0.9940
Epoch 29/30
50000/50000 [==============================] - 160s - loss: 0.0232 - acc: 0.9924 - val_loss:
0.0234 - val_acc: 0.9940
Epoch 30/30
50000/50000 [==============================] - 161s - loss: 0.0231 - acc: 0.9922 - val_loss:
0.0223 - val_acc: 0.9936
10000/10000 [==============================] - 9s
## evaluation loss and_metrics ##
[0.012519296416157158, 0.99619999999999997]
```

시험셋으로 예측한 결과 일부를 비교해보았습니다. 이전 모델에선 틀렸던 9번째 샘플도 맞췄습니다.

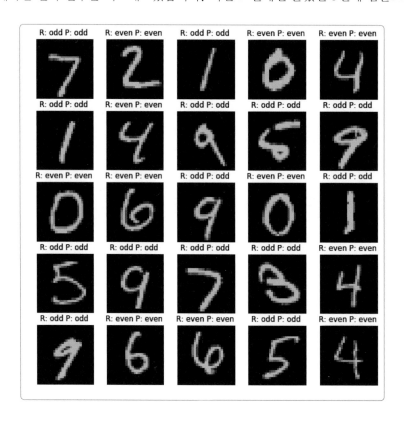

5. 학습결과 비교

다층퍼셉트론 신경망 모델은 훈련정확도는 검증 손실값은 높아지고 있어 과적합이 발생하였습니다. 컨볼루션 신경망 모델은 다층퍼셉트론 신경망 모델에 비해 높은 성능을 보이고 있습니다. 깊은 컨볼루션 신경망 모델은 드롭아웃(Dropout) 레이어 덕분에 과적합이 발생하지 않고 검증 손실값이 지속적으로 떨어지고 있음을 확인할 수 있습니다.

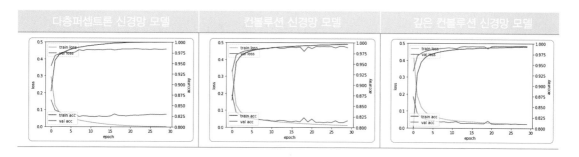

{요약}

영상를 입력하여 이진분류하는 다층퍼셉트론 신경망 모델, 컨볼루션 신경망 모델, 깊은 컨볼루션 신경망 모델을 살펴보고 그 성능을 확인해보았습니다.

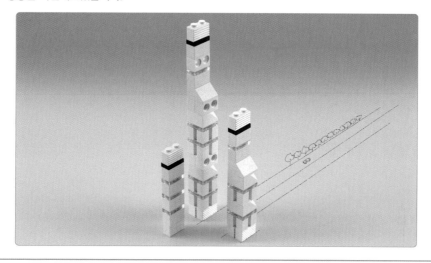

CHAPTER 06 영상입력 다중클래스분류모델 레시피

영상을 입력해서 다중클래스를 분류할 수 있는 모델들에 대하여 알아보겠습니다. 숫자 손글씨 데이터셋인 MNIST을 이용하여 다층퍼셉트론 및 컨볼루션 신경망 모델을 구성하고 학습시켜 보겠습니다. 이 모델들은 아래 문제들에 활용을 기대해 봅니다.

- **동양인 얼굴 사진으로 한국인, 일본인, 중국인 구분**
- **현미경 촬영 영상으로부터 다양한 균 구분**
- **스마트폰으로 찍은 식물 종류 구분**
- **기상위성영상으로부터 태풍 타입 분류**

1. 데이터셋 준비

케라스 함수에서 제공하는 숫자 손글씨 데이터셋인 MNIST을 이용하겠습니다. 초기 라벨값은 0에서 9까지 정수로 지정되어 있습니다. 데이터 정규화를 위해서 255.0으로 나누었습니다. 아래는 다층퍼셉트론 신경망 모델에 입력하기 위해 데이터셋을 생성하는 코드입니다.

```
(x_train, y_train), (x_test, y_test) = mnist.load_data()
x_train = x_train.reshape(60000, width*height).astype('float32') / 255.0
x_test = x_test.reshape(10000, width*height).astype('float32') / 255.0
```

아래는 컨볼루션 신경망 모델에 입력하기 위해 데이터셋 생성하는 코드입니다. 샘플 수, 너비, 높이, 채널 수로 구성된 총 4차원 배열입니다.

```
x_train = x_train.reshape(60000, width, height, 1).astype('float32') / 255.0
x_test = x_test.reshape(10000, width, height, 1).astype('float32') / 255.0
```

불러온 훈련셋을 다시 훈련셋 50000개와 검증셋 10000개로 나누었습니다.

```
x_val = x_train[50000:]
y_val = y_train[50000:]
x_train = x_train[:50000]
y_train = y_train[:50000]
```

다중클래스분류모델의 출력과 맞추기 위해 0에서 9까지의 값이 저장된 라벨에 'one-hot 인코딩' 처리를 수행합니다.

```
y_train = np_utils.to_categorical(y_train)
y_val = np_utils.to_categorical(y_val)
y_test = np_utils.to_categorical(y_test)
```

만든 데이터셋 일부를 가시화해 보겠습니다.

```
%matplotlib inline
import matplotlib.pyplot as plt

plt_row = 5
plt_col = 5

plt.rcParams["figure.figsize"] = (10,10)

f, axarr = plt.subplots(plt_row, plt_col)

for i in range(plt_row*plt_col):

    sub_plt = axarr[i/plt_row, i%plt_col]
    sub_plt.axis('off')
    sub_plt.imshow(x_test[i].reshape(width, height))
    sub_plt_title = 'R: ' + str(np.argmax(y_test[i]))
    sub_plt.set_title(sub_plt_title)

plt.show()
```

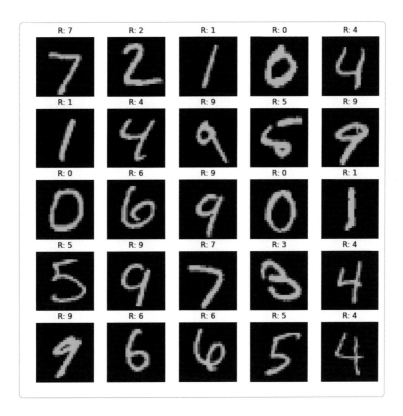

2. 레이어 준비

본 장에서 새롭게 소개되는 블록은 없습니다. 앞서 살펴본 블록들로 구성해 보겠습니다.

3. 모델 준비

영상을 입력하여 다중클래스분류를 하기 위해 다층퍼셉트론 신경망 모델, 컨볼루션 신경망 모델, 깊은 컨볼루션 신경망 모델을 준비했습니다.

- **다층퍼셉트론 신경망 모델**

```
model = Sequential()
model.add(Dense(256, input_dim=width*height, activation='relu'))
model.add(Dense(256, activation='relu'))
model.add(Dense(256, activation='relu'))
model.add(Dense(10, activation='softmax'))
```

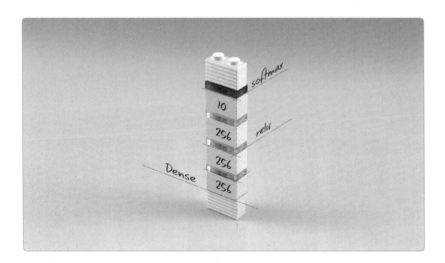

- **컨볼루션 신경망 모델**

```
model = Sequential()
model.add(Conv2D(32, (3, 3), activation='relu', input_shape=(width, height, 1)))
model.add(MaxPooling2D(pool_size=(2, 2)))
model.add(Conv2D(32, (3, 3), activation='relu'))
model.add(MaxPooling2D(pool_size=(2, 2)))
model.add(Flatten())
model.add(Dense(256, activation='relu'))
model.add(Dense(10, activation='softmax'))
```

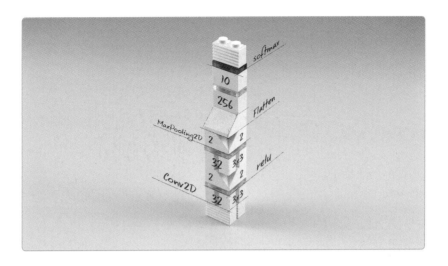

• 깊은 컨볼루션 신경망 모델

```python
model = Sequential()
model.add(Conv2D(32, (3, 3), activation='relu', input_shape=(width, height, 1)))
model.add(Conv2D(32, (3, 3), activation='relu'))
model.add(MaxPooling2D(pool_size=(2, 2)))
model.add(Dropout(0.25))
model.add(Conv2D(64, (3, 3), activation='relu'))
model.add(Conv2D(64, (3, 3), activation='relu'))
model.add(MaxPooling2D(pool_size=(2, 2)))
model.add(Dropout(0.25))
model.add(Flatten())
model.add(Dense(256, activation='relu'))
model.add(Dropout(0.5))
model.add(Dense(10, activation='softmax'))
```

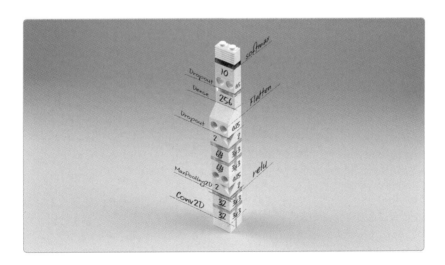

4. 전체 소스

앞서 살펴본 다층퍼셉트론 신경망 모델, 컨볼루션 신경망 모델, 깊은 컨볼루션 신경망 모델의 전체 소스는 다음과 같습니다.

• 다층퍼셉트론 신경망 모델

```python
# 0. 사용할 패키지 불러오기
import numpy as np

from keras.utils import np_utils
from keras.datasets import mnist
from keras.models import Sequential
from keras.layers import Dense, Activation

width = 28
height = 28

# 1. 데이터셋 생성하기

# 훈련셋과 시험셋 불러오기
(x_train, y_train), (x_test, y_test) = mnist.load_data()
x_train = x_train.reshape(60000, width*height).astype('float32') / 255.0
x_test = x_test.reshape(10000, width*height).astype('float32') / 255.0

# 훈련셋과 검증셋 분리
x_val = x_train[50000:]
y_val = y_train[50000:]
x_train = x_train[:50000]
y_train = y_train[:50000]

# 데이터셋 전처리 : 홀수는 1, 짝수는 0으로 변환
y_train = np_utils.to_categorical(y_train)
y_val = np_utils.to_categorical(y_val)
y_test = np_utils.to_categorical(y_test)

# 2. 모델 구성하기
model = Sequential()
model.add(Dense(256, input_dim=width*height, activation='relu'))
model.add(Dense(256, activation='relu'))
model.add(Dense(256, activation='relu'))
model.add(Dense(10, activation='softmax'))

# 3. 모델 학습과정 설정하기
model.compile(loss='categorical_crossentropy', optimizer='sgd', metrics=['accuracy'])

# 4. 모델 학습시키기
hist = model.fit(x_train, y_train, epochs=30, batch_size=32, validation_data=(x_val, y_val))

# 5. 학습과정 살펴보기
```

```python
%matplotlib inline
import matplotlib.pyplot as plt

fig, loss_ax = plt.subplots()

acc_ax = loss_ax.twinx()

loss_ax.plot(hist.history['loss'], 'y', label='train loss')
loss_ax.plot(hist.history['val_loss'], 'r', label='val loss')
loss_ax.set_ylim([0.0, 0.5])

acc_ax.plot(hist.history['acc'], 'b', label='train acc')
acc_ax.plot(hist.history['val_acc'], 'g', label='val acc')
acc_ax.set_ylim([0.8, 1.0])

loss_ax.set_xlabel('epoch')
loss_ax.set_ylabel('loss')
acc_ax.set_ylabel('accuracy')

loss_ax.legend(loc='upper left')
acc_ax.legend(loc='lower left')

plt.show()

# 6. 모델 평가하기
loss_and_metrics = model.evaluate(x_test, y_test, batch_size=32)
print('## evaluation loss and_metrics ##')
print(loss_and_metrics)

# 7. 모델 사용하기
yhat_test = model.predict(x_test, batch_size=32)

%matplotlib inline
import matplotlib.pyplot as plt

plt_row = 5
plt_col = 5

plt.rcParams["figure.figsize"] = (10,10)

f, axarr = plt.subplots(plt_row, plt_col)

cnt = 0
i = 0

while cnt < (plt_row*plt_col):

    if np.argmax(y_test[i]) == np.argmax(yhat_test[i]):
        i += 1
        continue

    sub_plt = axarr[cnt/plt_row, cnt%plt_col]
```

```
        sub_plt.axis('off')
        sub_plt.imshow(x_test[i].reshape(width, height))
        sub_plt_title = 'R: ' + str(np.argmax(y_test[i])) + ' P: ' + str(np.argmax(yhat_test[i]))
        sub_plt.set_title(sub_plt_title)

        i += 1
        cnt += 1

plt.show()
```

Train on 50000 samples, validate on 10000 samples
Epoch 1/30
50000/50000 [==============================] - 5s - loss: 0.6887 - acc: 0.8239 - val_loss:
0.2998 - val_acc: 0.9135
Epoch 2/30
50000/50000 [==============================] - 4s - loss: 0.2885 - acc: 0.9166 - val_loss:
0.2363 - val_acc: 0.9299
Epoch 3/30
50000/50000 [==============================] - 5s - loss: 0.2297 - acc: 0.9337 - val_loss:
0.1961 - val_acc: 0.9434
...
Epoch 28/30
50000/50000 [==============================] - 4s - loss: 0.0163 - acc: 0.9970 - val_loss:
0.0760 - val_acc: 0.9801
Epoch 29/30
50000/50000 [==============================] - 4s - loss: 0.0152 - acc: 0.9969 - val_loss:
0.0786 - val_acc: 0.9793
Epoch 30/30
50000/50000 [==============================] - 4s - loss: 0.0135 - acc: 0.9977 - val_loss:
0.0807 - val_acc: 0.9789
 8864/10000 [=======================>....] - ETA: 0s## evaluation loss and_metrics ##
[0.080654500093613746, 0.97560000000000002]

시험셋을 입력하여 예측한 결과와 실제 결과가 차이나는 데이터만 표시해 보았습니다. 분류하기 애매한 데이터도 많지만 모델이 잘못 예측한 경우도 많아 보입니다.

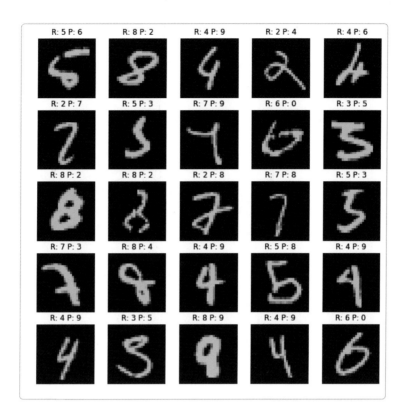

- **컨볼루션 신경망 모델**

```
# 0. 사용할 패키지 불러오기
import numpy as np
from keras.utils import np_utils
from keras.datasets import mnist
from keras.models import Sequential
from keras.layers import Dense, Activation
from keras.layers import Conv2D, MaxPooling2D, Flatten

width = 28
height = 28

# 1. 데이터셋 생성하기

# 훈련셋과 시험셋 불러오기
(x_train, y_train), (x_test, y_test) = mnist.load_data()
x_train = x_train.reshape(60000, width, height, 1).astype('float32') / 255.0
x_test = x_test.reshape(10000, width, height, 1).astype('float32') / 255.0

# 훈련셋과 검증셋 분리
x_val = x_train[50000:]
y_val = y_train[50000:]
x_train = x_train[:50000]
y_train = y_train[:50000]

# 데이터셋 전처리 : 홀수는 1, 짝수는 0으로 변환
```

```python
y_train = np_utils.to_categorical(y_train)
y_val = np_utils.to_categorical(y_val)
y_test = np_utils.to_categorical(y_test)

# 2. 모델 구성하기
model = Sequential()
model.add(Conv2D(32, (3, 3), activation='relu', input_shape=(width, height, 1)))
model.add(MaxPooling2D(pool_size=(2, 2)))
model.add(Conv2D(32, (3, 3), activation='relu'))
model.add(MaxPooling2D(pool_size=(2, 2)))
model.add(Flatten())
model.add(Dense(256, activation='relu'))
model.add(Dense(10, activation='softmax'))

# 3. 모델 학습과정 설정하기
model.compile(loss='categorical_crossentropy', optimizer='sgd', metrics=['accuracy'])

# 4. 모델 학습시키기
hist = model.fit(x_train, y_train, epochs=30, batch_size=32, validation_data=(x_val, y_val))

# 5. 학습과정 살펴보기
%matplotlib inline
import matplotlib.pyplot as plt

fig, loss_ax = plt.subplots()

acc_ax = loss_ax.twinx()

loss_ax.plot(hist.history['loss'], 'y', label='train loss')
loss_ax.plot(hist.history['val_loss'], 'r', label='val loss')
loss_ax.set_ylim([0.0, 0.5])

acc_ax.plot(hist.history['acc'], 'b', label='train acc')
acc_ax.plot(hist.history['val_acc'], 'g', label='val acc')
acc_ax.set_ylim([0.8, 1.0])

loss_ax.set_xlabel('epoch')
loss_ax.set_ylabel('loss')
acc_ax.set_ylabel('accuracy')

loss_ax.legend(loc='upper left')
acc_ax.legend(loc='lower left')

plt.show()

# 6. 모델 평가하기
loss_and_metrics = model.evaluate(x_test, y_test, batch_size=32)
print('## evaluation loss and_metrics ##')
print(loss_and_metrics)

# 7. 모델 사용하기
yhat_test = model.predict(x_test, batch_size=32)
```

```
%matplotlib inline
import matplotlib.pyplot as plt

plt_row = 5
plt_col = 5

plt.rcParams["figure.figsize"] = (10,10)

f, axarr = plt.subplots(plt_row, plt_col)

cnt = 0
i = 0

while cnt < (plt_row*plt_col):

    if np.argmax(y_test[i]) == np.argmax(yhat_test[i]):
        i += 1
        continue

    sub_plt = axarr[cnt/plt_row, cnt%plt_col]
    sub_plt.axis('off')
    sub_plt.imshow(x_test[i].reshape(width, height))
    sub_plt_title = 'R: ' + str(np.argmax(y_test[i])) + ' P: ' + str(np.argmax(yhat_test[i]))
    sub_plt.set_title(sub_plt_title)

    i += 1
    cnt += 1

plt.show()
```

```
Train on 50000 samples, validate on 10000 samples
Epoch 1/30
50000/50000 [==============================] - 5s - loss: 0.6887 - acc: 0.8239 - val_loss:
0.2998 - val_acc: 0.9135
Epoch 2/30
50000/50000 [==============================] - 4s - loss: 0.2885 - acc: 0.9166 - val_loss:
0.2363 - val_acc: 0.9299
Epoch 3/30
50000/50000 [==============================] - 5s - loss: 0.2297 - acc: 0.9337 - val_loss:
0.1961 - val_acc: 0.9434
...
Epoch 28/30
50000/50000 [==============================] - 23s - loss: 0.0128 - acc: 0.9961 - val_loss:
0.0517 - val_acc: 0.9869
Epoch 29/30
50000/50000 [==============================] - 23s - loss: 0.0110 - acc: 0.9969 - val_loss:
0.0498 - val_acc: 0.9877
Epoch 30/30
50000/50000 [==============================] - 22s - loss: 0.0104 - acc: 0.9971 - val_loss:
0.0581 - val_acc: 0.9852
 9728/10000 [==========================>.] - ETA: 0s## evaluation loss and_metrics ##
```

[0.044951398478045301, 0.98529999999999995]

시험셋 중 잘못 예측한 데이터를 표시해 보았습니다. 점점 분류하기 애매한 데이터가 많이 보입니다.

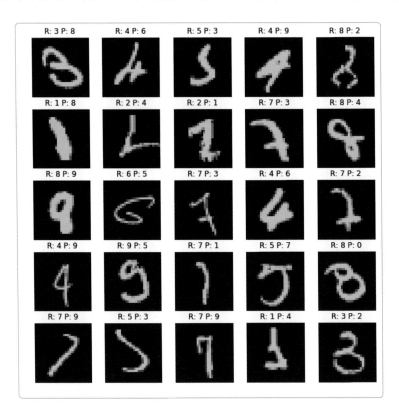

- **깊은 컨볼루션 신경망 모델**

```
# 0. 사용할 패키지 불러오기
import numpy as np

from keras.utils import np_utils
from keras.datasets import mnist
from keras.models import Sequential
from keras.layers import Dense, Activation
from keras.layers import Conv2D, MaxPooling2D, Flatten
from keras.layers import Dropout

width = 28
height = 28

# 1. 데이터셋 생성하기

# 훈련셋과 시험셋 불러오기
(x_train, y_train), (x_test, y_test) = mnist.load_data()
x_train = x_train.reshape(60000, width, height, 1).astype('float32') / 255.0
x_test = x_test.reshape(10000, width, height, 1).astype('float32') / 255.0
```

```python
# 훈련셋과 검증셋 분리
x_val = x_train[50000:]
y_val = y_train[50000:]
x_train = x_train[:50000]
y_train = y_train[:50000]

# 데이터셋 전처리 : 홀수는 1, 짝수는 0으로 변환
y_train = np_utils.to_categorical(y_train)
y_val = np_utils.to_categorical(y_val)
y_test = np_utils.to_categorical(y_test)

# 2. 모델 구성하기
model = Sequential()
model.add(Conv2D(32, (3, 3), activation='relu', input_shape=(width, height, 1)))
model.add(Conv2D(32, (3, 3), activation='relu'))
model.add(MaxPooling2D(pool_size=(2, 2)))
model.add(Dropout(0.25))
model.add(Conv2D(64, (3, 3), activation='relu'))
model.add(Conv2D(64, (3, 3), activation='relu'))
model.add(MaxPooling2D(pool_size=(2, 2)))
model.add(Dropout(0.25))
model.add(Flatten())
model.add(Dense(256, activation='relu'))
model.add(Dropout(0.5))
model.add(Dense(10, activation='softmax'))

# 3. 모델 학습과정 설정하기
model.compile(loss='categorical_crossentropy', optimizer='sgd', metrics=['accuracy'])

# 4. 모델 학습시키기
hist = model.fit(x_train, y_train, epochs=30, batch_size=32, validation_data=(x_val, y_val))

# 5. 학습과정 살펴보기
%matplotlib inline
import matplotlib.pyplot as plt

fig, loss_ax = plt.subplots()

acc_ax = loss_ax.twinx()

loss_ax.plot(hist.history['loss'], 'y', label='train loss')
loss_ax.plot(hist.history['val_loss'], 'r', label='val loss')
loss_ax.set_ylim([0.0, 0.5])

acc_ax.plot(hist.history['acc'], 'b', label='train acc')
acc_ax.plot(hist.history['val_acc'], 'g', label='val acc')
acc_ax.set_ylim([0.8, 1.0])

loss_ax.set_xlabel('epoch')
loss_ax.set_ylabel('loss')
acc_ax.set_ylabel('accuracy')
```

```
loss_ax.legend(loc='upper left')
acc_ax.legend(loc='lower left')

plt.show()

# 6. 모델 평가하기
loss_and_metrics = model.evaluate(x_test, y_test, batch_size=32)
print('## evaluation loss and_metrics ##')
print(loss_and_metrics)

# 7. 모델 사용하기
yhat_test = model.predict(x_test, batch_size=32)

%matplotlib inline
import matplotlib.pyplot as plt

plt_row = 5
plt_col = 5

plt.rcParams["figure.figsize"] = (10,10)

f, axarr = plt.subplots(plt_row, plt_col)

cnt = 0
i = 0

while cnt < (plt_row*plt_col):

    if np.argmax(y_test[i]) == np.argmax(yhat_test[i]):
        i += 1
        continue

    sub_plt = axarr[cnt/plt_row, cnt%plt_col]
    sub_plt.axis('off')
    sub_plt.imshow(x_test[i].reshape(width, height))
    sub_plt_title = 'R: ' + str(np.argmax(y_test[i])) + ' P: ' + str(np.argmax(yhat_test[i]))
    sub_plt.set_title(sub_plt_title)

    i += 1
    cnt += 1

plt.show()
```

```
Train on 50000 samples, validate on 10000 samples
Epoch 1/30
50000/50000 [==============================] - 5s - loss: 0.6887 - acc: 0.8239 - val_loss:
0.2998 - val_acc: 0.9135
Epoch 2/30
50000/50000 [==============================] - 4s - loss: 0.2885 - acc: 0.9166 - val_loss:
0.2363 - val_acc: 0.9299
Epoch 3/30
```

```
50000/50000 [==============================] - 5s - loss: 0.2297 - acc: 0.9337 - val_loss:
0.1961 - val_acc: 0.9434
...
Epoch 28/30
50000/50000 [==============================] - 95s - loss: 0.0385 - acc: 0.9876 - val_loss:
0.0302 - val_acc: 0.9914
Epoch 29/30
50000/50000 [==============================] - 99s - loss: 0.0379 - acc: 0.9880 - val_loss:
0.0301 - val_acc: 0.9916
Epoch 30/30
50000/50000 [==============================] - 99s - loss: 0.0380 - acc: 0.9881 - val_loss:
0.0304 - val_acc: 0.9919
 9920/10000 [=========================>.] - ETA: 0s## evaluation loss and_metrics ##
[0.022249554305176208, 0.99260000000000004]
```

시험셋으로 예측한 결과 일부를 비교해보았습니다. 사람이 봐도 애매한 데이터가 많이 보입니다.

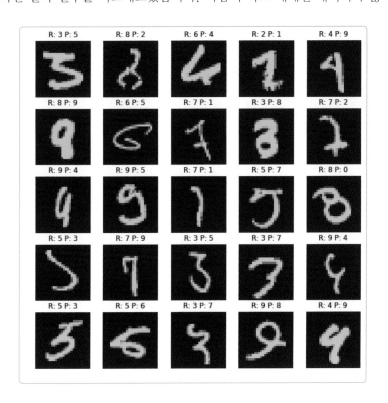

5. 학습결과 비교

다층퍼셉트론 신경망 모델의 훈련정확도는 검증 손실값이 높아지고 있어 과적합이 발생하였습니다. 컨볼루션 신경망 모델은 다층퍼셉트론 신경망 모델에 비해 높은 성능을 보이고 있습니다. 깊은 컨볼루션 신경망 모델은 드롭아웃(Dropout) 레이어 덕분에 과적합이 발생하지 않고 검증 손실값이 지속적으로 떨어지고 있음을 확인할 수 있습니다.

다층퍼셉트론 신경망 모델	컨볼루션 신경망 모델	깊은 컨볼루션 신경망 모델
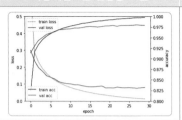	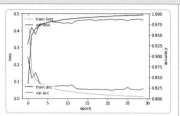	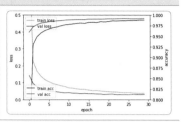

{요약}

영상를 입력하여 다중클래스분류하는 다층퍼셉트론 신경망 모델, 컨볼루션 신경망 모델, 깊은 컨볼루션 신경망 모델을 살펴보고 그 성능을 확인해보았습니다.

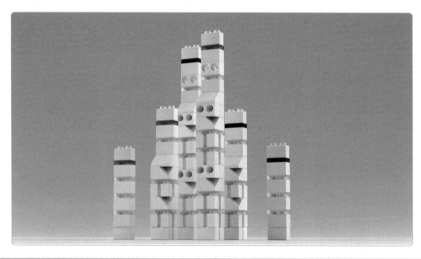

CHAPTER 07 시계열수치입력 수치 예측 모델 레시피

시계열 수치를 입력해서 다음 수치를 예측하는 모델들에 대하여 알아보겠습니다. 각 모델에 코사인 (cosine) 데이터를 학습시킨 후, 처음 일부 데이터를 알려주면 이후 코사인 형태의 데이터를 얼마나 잘 예측하는지 테스트하겠습니다.

1. 데이터셋 준비

먼저 코사인 데이터를 만들어보겠습니다. 시간의 흐름에 따라 진폭이 −1.0에서 1.0사이로 변하는 1,600개의 실수값을 생성합니다.

```python
import numpy as np

signal_data = np.cos(np.arange(1600)*(20*np.pi/1000))[:,None]
```

생성한 데이터를 확인해 보겠습니다.

```python
%matplotlib inline
import matplotlib.pyplot as plt

plot_x = np.arange(1600)
plot_y = signal_data
plt.plot(plot_x, plot_y)
plt.show()
```

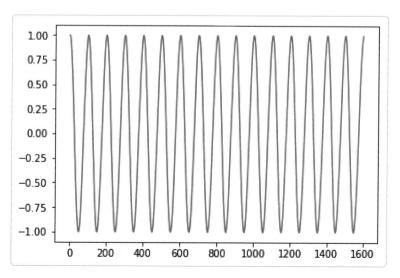

생성한 코사인 데이터를 모델에 학습시키기 위해서는 데이터와 라벨로 구성된 데이터셋으로 만들어야 합니다. 이전 수치들을 입력하여 다음 수치를 예측하는 문제이므로 데이터는 이전 수치들이 되고, 라벨은 다음 수치가 됩니다. 다른 예제들과는 달리 데이터와 라벨이 모두 같은 속성입니다. 아래 create_dataset() 함수는 시계열 수치를 입력받아 데이터셋을 생성합니다. 이 때 look_back 인자는 얼마만큼의 이전 수치를 데이터로 만들것인가를 결정합니다.

```python
def create_dataset(signal_data, look_back=1):
    dataX, dataY = [], []
    for i in range(len(signal_data)-look_back):
        dataX.append(signal_data[i:(i+look_back), 0])
        dataY.append(signal_data[i + look_back, 0])
    return np.array(dataX), np.array(dataY)
```

−1.0에서 1.0까지의 값을 가지는 코사인 데이터를 0.0과 1.0 사이의 값을 가지도록 정규화한 뒤 훈련셋과 시험셋으로 분리합니다. 이전 20개의 수치를 입력하여 다음 수치 1개를 예측하는 데이터셋을 만들기 위해 look_back 인자를 40으로 설정하였습니다. look_back 인자에 따라 모델의 성능이 달라지므로 적정값을 지정하는 것이 중요합니다.

```python
from sklearn.preprocessing import MinMaxScaler

look_back = 40

# 데이터 전처리
scaler = MinMaxScaler(feature_range=(0, 1))
signal_data = scaler.fit_transform(signal_data)

# 데이터 분리
train = signal_data[0:800]
val = signal_data[800:1200]
test = signal_data[1200:]

# 데이터셋 생성
x_train, y_train = create_dataset(train, look_back)
x_val, y_val = create_dataset(val, look_back)
x_test, y_test = create_dataset(test, look_back)
```

2. 레이어 준비

본 장에서 새롭게 소개되는 블록들은 다음과 같습니다.

블록	이름	설명
	LSTM	Long-Short Term Memory unit의 약자로 순환 신경망 레이어 중 하나입니다.
	tanh	활성화 함수로 입력되는 값을 −1과 1 사이의 값으로 출력시킵니다. LSTM의 출력 활성화 함수로 사용됩니다.

아래 그림은 4개의 타임스텝을 가진 LSTM을 표시한 것입니다. 출력 활성화 함수로 tanh을 사용했습니다. 그림에는 타임스텝에 따라 별도의 블록으로 형상화가 되어있지만, 내부적으론 모든 블록에서 같은 가중치를 사용하고 있습니다.

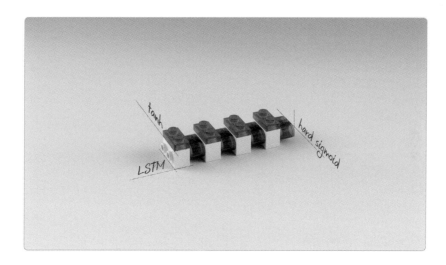

3. 모델 준비

시계열수치를 입력하여 수치를 예측하기 위해 다층퍼셉트론 신경망 모델, 순환신경망 모델, 상태유지 순환신경망 모델, 상태유지 스택 순환신경망 모델을 준비했습니다.

• 다층퍼셉트론 신경망 모델

```
model = Sequential()
model.add(Dense(32,input_dim=40,activation="relu"))
model.add(Dropout(0.3))
for i in range(2):
    model.add(Dense(32,activation="relu"))
    model.add(Dropout(0.3))
model.add(Dense(1))
```

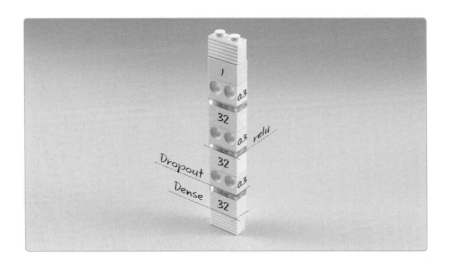

• 순환신경망 모델

한 개의 LSTM 레이어를 이용하여 순환신경망 모델을 구성하였습니다. 출력층은 하나의 수치값을 예측하기 위해 1개 뉴런을 가진 Dense 레이어를 사용했습니다.

```
model = Sequential()
model.add(LSTM(32, input_shape=(None, 1)))
model.add(Dropout(0.3))
model.add(Dense(1))
```

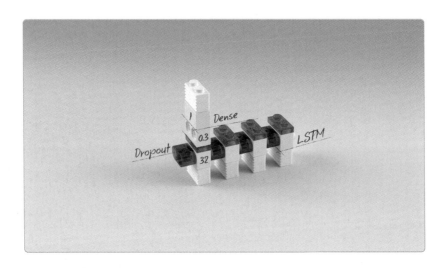

• 상태유지 순환신경망 모델

순환신경망 모델과 동일하나 'stateful=True' 옵션을 사용하여 상태유지가 가능한 순환신경망 모델을 구성하였습니다. 상태유지 모드일 경우, 한 배치에서 학습된 상태가 다음 배치 학습 시에 전달되는 방식입니다.

```
model = Sequential()
model.add(LSTM(32, batch_input_shape=(1, look_back, 1), stateful=True))
```

```
model.add(Dropout(0.3))
model.add(Dense(1))
```

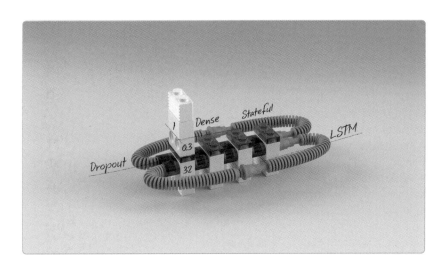

• 상태유지 스택 순환신경망 모델

상태유지 순환신경망을 여러겹 쌓아올린 모델입니다. 층이 하나인 순환신경망에 비해 더 깊은 추론
이 가능한 모델입니다.

```
model = Sequential()
for i in range(2):
    model.add(LSTM(32, batch_input_shape=(1, look_back, 1), stateful=True, return_
sequences=True))
    model.add(Dropout(0.3))
model.add(LSTM(32, batch_input_shape=(1, look_back, 1), stateful=True))
model.add(Dropout(0.3))
model.add(Dense(1))
```

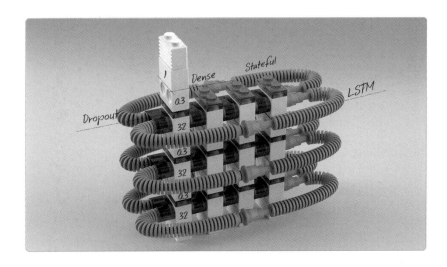

4. 전체 소스

앞서 살펴본 다층퍼셉트론 신경망 모델, 순환신경망 모델, 상태유지 순환신경망 모델, 상태유지 스택 순환신경망 모델의 전체 소스는 다음과 같습니다.

- **다층퍼셉트론 신경망 모델**

```python
# 0. 사용할 패키지 불러오기
import numpy as np
from keras.models import Sequential
from keras.layers import Dense, LSTM, Dropout
from sklearn.preprocessing import MinMaxScaler
import matplotlib.pyplot as plt
%matplotlib inline

def create_dataset(signal_data, look_back=1):
    dataX, dataY = [], []
    for i in range(len(signal_data)-look_back):
        dataX.append(signal_data[i:(i+look_back), 0])
        dataY.append(signal_data[i + look_back, 0])
    return np.array(dataX), np.array(dataY)

look_back = 40

# 1. 데이터셋 생성하기
signal_data = np.cos(np.arange(1600)*(20*np.pi/1000))[:,None]

# 데이터 전처리
scaler = MinMaxScaler(feature_range=(0, 1))
signal_data = scaler.fit_transform(signal_data)

# 데이터 분리
train = signal_data[0:800]
val = signal_data[800:1200]
test = signal_data[1200:]

# 데이터셋 생성
x_train, y_train = create_dataset(train, look_back)
x_val, y_val = create_dataset(val, look_back)
x_test, y_test = create_dataset(test, look_back)

# 데이터셋 전처리
x_train = np.reshape(x_train, (x_train.shape[0], x_train.shape[1], 1))
x_val = np.reshape(x_val, (x_val.shape[0], x_val.shape[1], 1))
x_test = np.reshape(x_test, (x_test.shape[0], x_test.shape[1], 1))

x_train = np.squeeze(x_train)
x_val = np.squeeze(x_val)
x_test = np.squeeze(x_test)
```

```python
# 2. 모델 구성하기
model = Sequential()
model.add(Dense(32,input_dim=40,activation="relu"))
model.add(Dropout(0.3))
for i in range(2):
    model.add(Dense(32,activation="relu"))
    model.add(Dropout(0.3))
model.add(Dense(1))

# 3. 모델 학습과정 설정하기
model.compile(loss='mean_squared_error', optimizer='adagrad')

# 4. 모델 학습시키기
hist = model.fit(x_train, y_train, epochs=200, batch_size=32, validation_data=(x_val, y_val))

# 5. 학습과정 살펴보기
plt.plot(hist.history['loss'])
plt.plot(hist.history['val_loss'])
plt.ylim(0.0, 0.15)
plt.ylabel('loss')
plt.xlabel('epoch')
plt.legend(['train', 'val'], loc='upper left')
plt.show()

# 6. 모델 평가하기
trainScore = model.evaluate(x_train, y_train, verbose=0)
print('Train Score: ', trainScore)
valScore = model.evaluate(x_val, y_val, verbose=0)
print('Validataion Score: ', valScore)
testScore = model.evaluate(x_test, y_test, verbose=0)
print('Test Score: ', testScore)

# 7. 모델 사용하기
look_ahead = 250
xhat = x_test[0, None]
predictions = np.zeros((look_ahead,1))
for i in range(look_ahead):
    prediction = model.predict(xhat, batch_size=32)
    predictions[i] = prediction
    xhat = np.hstack([xhat[:,1:],prediction])

plt.figure(figsize=(12,5))
plt.plot(np.arange(look_ahead),predictions,'r',label="prediction")
plt.plot(np.arange(look_ahead),y_test[:look_ahead],label="test function")
plt.legend()
plt.show()
```

```
Train on 760 samples, validate on 360 samples
Epoch 1/200
760/760 [==============================] - 0s - loss: 0.2163 - val_loss: 0.0322
Epoch 2/200
760/760 [==============================] - 0s - loss: 0.0722 - val_loss: 0.0219
```

```
Epoch 3/200
760/760 [==============================] - 0s - loss: 0.0540 - val_loss: 0.0088
...
Epoch 198/200
760/760 [==============================] - 0s - loss: 0.0085 - val_loss: 0.0049
Epoch 199/200
760/760 [==============================] - 0s - loss: 0.0087 - val_loss: 0.0051
Epoch 200/200
760/760 [==============================] - 0s - loss: 0.0091 - val_loss: 0.0045
('Train Score: ', 0.0043583109031284329)
('Validataion Score: ', 0.0045158491573399967)
('Test Score: ', 0.0045158491573399967)
```

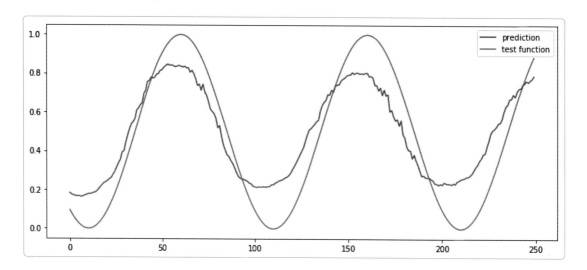

진폭은 조금 작게 나오지만 주기는 비슷하게 나오는 결과를 얻었습니다.

• 순환신경망 모델

```python
# 0. 사용할 패키지 불러오기
import numpy as np
from keras.models import Sequential
from keras.layers import Dense, LSTM, Dropout
from sklearn.preprocessing import MinMaxScaler
import matplotlib.pyplot as plt
%matplotlib inline

def create_dataset(signal_data, look_back=1):
    dataX, dataY = [], []
    for i in range(len(signal_data)-look_back):
        dataX.append(signal_data[i:(i+look_back), 0])
        dataY.append(signal_data[i + look_back, 0])
    return np.array(dataX), np.array(dataY)

look_back = 40
```

```python
# 1. 데이터셋 생성하기
signal_data = np.cos(np.arange(1600)*(20*np.pi/1000))[:,None]

# 데이터 전처리
scaler = MinMaxScaler(feature_range=(0, 1))
signal_data = scaler.fit_transform(signal_data)

# 데이터 분리
train = signal_data[0:800]
val = signal_data[800:1200]
test = signal_data[1200:]

# 데이터셋 생성
x_train, y_train = create_dataset(train, look_back)
x_val, y_val = create_dataset(val, look_back)
x_test, y_test = create_dataset(test, look_back)

# 데이터셋 전처리
x_train = np.reshape(x_train, (x_train.shape[0], x_train.shape[1], 1))
x_val = np.reshape(x_val, (x_val.shape[0], x_val.shape[1], 1))
x_test = np.reshape(x_test, (x_test.shape[0], x_test.shape[1], 1))

# 2. 모델 구성하기
model = Sequential()
model.add(LSTM(32, input_shape=(None, 1)))
model.add(Dropout(0.3))
model.add(Dense(1))

# 3. 모델 학습과정 설정하기
model.compile(loss='mean_squared_error', optimizer='adam')

# 4. 모델 학습시키기
hist = model.fit(x_train, y_train, epochs=200, batch_size=32, validation_data=(x_val, y_val))

# 5. 학습과정 살펴보기
plt.plot(hist.history['loss'])
plt.plot(hist.history['val_loss'])
plt.ylim(0.0, 0.15)
plt.ylabel('loss')
plt.xlabel('epoch')
plt.legend(['train', 'val'], loc='upper left')
plt.show()

# 6. 모델 평가하기
trainScore = model.evaluate(x_train, y_train, verbose=0)
model.reset_states()
print('Train Score: ', trainScore)
valScore = model.evaluate(x_val, y_val, verbose=0)
model.reset_states()
print('Validataion Score: ', valScore)
testScore = model.evaluate(x_test, y_test, verbose=0)
```

```
model.reset_states()
print('Test Score: ', testScore)

# 7. 모델 사용하기
look_ahead = 250
xhat = x_test[0]
predictions = np.zeros((look_ahead,1))
for i in range(look_ahead):
    prediction = model.predict(np.array([xhat]), batch_size=1)
    predictions[i] = prediction
    xhat = np.vstack([xhat[1:],prediction])

plt.figure(figsize=(12,5))
plt.plot(np.arange(look_ahead),predictions,'r',label="prediction")
plt.plot(np.arange(look_ahead),y_test[:look_ahead],label="test function")
plt.legend()
plt.show()
```

```
Train on 760 samples, validate on 360 samples
Epoch 1/200
760/760 [==============================] - 0s - loss: 0.1458 - val_loss: 0.0340
Epoch 2/200
760/760 [==============================] - 0s - loss: 0.0410 - val_loss: 0.0209
Epoch 3/200
760/760 [==============================] - 0s - loss: 0.0268 - val_loss: 0.0128
...
Epoch 198/200
760/760 [==============================] - 0s - loss: 0.0019 - val_loss: 8.1381e-05
Epoch 199/200
760/760 [==============================] - 0s - loss: 0.0018 - val_loss: 4.1035e-05
Epoch 200/200
760/760 [==============================] - 0s - loss: 0.0018 - val_loss: 7.4891e-05
('Train Score: ', 7.4928388073060068e-05)
('Validataion Score: ', 7.4891158146783712e-05)
('Test Score: ', 7.4891158146783712e-05)
```

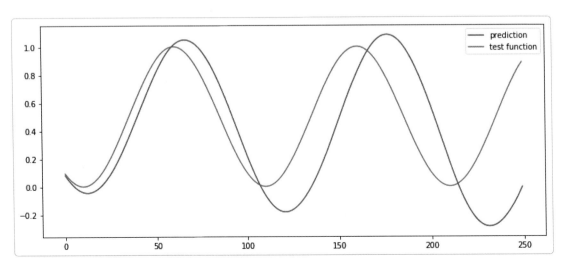

초반에는 진폭과 주기가 비슷하지만 후반부로 가면서 진폭도 커지고, 주기도 커지는 결과를 얻었습니다.

- **상태유지 순환신경망 모델**

```python
# 0. 사용할 패키지 불러오기
import keras
import numpy as np
from keras.models import Sequential
from keras.layers import Dense, LSTM, Dropout
from sklearn.preprocessing import MinMaxScaler
import matplotlib.pyplot as plt
%matplotlib inline

def create_dataset(signal_data, look_back=1):
    dataX, dataY = [], []
    for i in range(len(signal_data)-look_back):
        dataX.append(signal_data[i:(i+look_back), 0])
        dataY.append(signal_data[i + look_back, 0])
    return np.array(dataX), np.array(dataY)

class CustomHistory(keras.callbacks.Callback):
    def init(self):
        self.train_loss = []
        self.val_loss = []

    def on_epoch_end(self, batch, logs={}):
        self.train_loss.append(logs.get('loss'))
        self.val_loss.append(logs.get('val_loss'))

look_back = 40

# 1. 데이터셋 생성하기
signal_data = np.cos(np.arange(1600)*(20*np.pi/1000))[:,None]

# 데이터 전처리
scaler = MinMaxScaler(feature_range=(0, 1))
signal_data = scaler.fit_transform(signal_data)

# 데이터 분리
train = signal_data[0:800]
val = signal_data[800:1200]
test = signal_data[1200:]

# 데이터셋 생성
x_train, y_train = create_dataset(train, look_back)
x_val, y_val = create_dataset(val, look_back)
x_test, y_test = create_dataset(test, look_back)

# 데이터셋 전처리
```

```python
x_train = np.reshape(x_train, (x_train.shape[0], x_train.shape[1], 1))
x_val = np.reshape(x_val, (x_val.shape[0], x_val.shape[1], 1))
x_test = np.reshape(x_test, (x_test.shape[0], x_test.shape[1], 1))

# 2. 모델 구성하기
model = Sequential()
model.add(LSTM(32, batch_input_shape=(1, look_back, 1), stateful=True))
model.add(Dropout(0.3))
model.add(Dense(1))

# 3. 모델 학습과정 설정하기
model.compile(loss='mean_squared_error', optimizer='adam')

# 4. 모델 학습시키기
custom_hist = CustomHistory()
custom_hist.init()

for i in range(200):
    model.fit(x_train, y_train, epochs=1, batch_size=1, shuffle=False, callbacks=[custom_
hist], validation_data=(x_val, y_val))
    model.reset_states()

# 5. 학습과정 살펴보기
plt.plot(hist.history['loss'])
plt.plot(hist.history['val_loss'])
plt.ylim(0.0, 0.15)
plt.ylabel('loss')
plt.xlabel('epoch')
plt.legend(['train', 'val'], loc='upper left')
plt.show()

# 6. 모델 평가하기
trainScore = model.evaluate(x_train, y_train, verbose=0)
model.reset_states()
print('Train Score: ', trainScore)
valScore = model.evaluate(x_val, y_val, verbose=0)
model.reset_states()
print('Validataion Score: ', valScore)
testScore = model.evaluate(x_test, y_test, verbose=0)
model.reset_states()
print('Test Score: ', testScore)

# 7. 모델 사용하기
look_ahead = 250
xhat = x_test[0]
predictions = np.zeros((look_ahead,1))
for i in range(look_ahead):
    prediction = model.predict(np.array([xhat]), batch_size=1)
    predictions[i] = prediction
    xhat = np.vstack([xhat[1:],prediction])

plt.figure(figsize=(12,5))
```

```
plt.plot(np.arange(look_ahead),predictions,'r',label="prediction")
plt.plot(np.arange(look_ahead),y_test[:look_ahead],label="test function")
plt.legend()
plt.show()
```

```
Train on 760 samples, validate on 360 samples
Epoch 1/1
760/760 [==============================] - 2s - loss: 0.0380 - val_loss: 0.0037
Train on 760 samples, validate on 360 samples
Epoch 1/1
760/760 [==============================] - 2s - loss: 0.0069 - val_loss: 0.0027
Train on 760 samples, validate on 360 samples
...
Train on 760 samples, validate on 360 samples
Epoch 1/1
760/760 [==============================] - 2s - loss: 0.0020 - val_loss: 1.0952e-05
Train on 760 samples, validate on 360 samples
Epoch 1/1
760/760 [==============================] - 2s - loss: 0.0018 - val_loss: 1.4292e-04
('Train Score: ', 0.00014427978166400173)
('Validataion Score: ', 0.00014291753732250791)
('Test Score: ', 0.00014291752412232128)
```

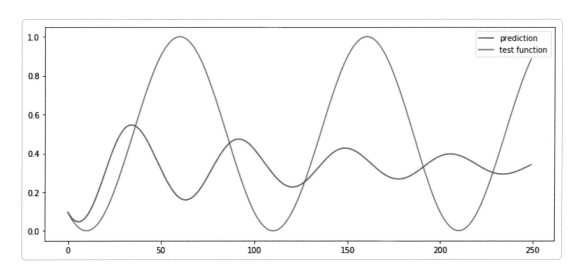

코사인 곡선의 패턴은 나오지만 동일 에포크와 동일 셀 크기의 순환신경망 모델에 비해 좋지 않은
결과를 얻었습니다.

· 상태유지 스택 순환신경망 모델

```
# 0. 사용할 패키지 불러오기
import keras
import numpy as np
from keras.models import Sequential
from keras.layers import Dense, LSTM, Dropout
```

```python
from sklearn.preprocessing import MinMaxScaler
import matplotlib.pyplot as plt
%matplotlib inline

def create_dataset(signal_data, look_back=1):
    dataX, dataY = [], []
    for i in range(len(signal_data)-look_back):
        dataX.append(signal_data[i:(i+look_back), 0])
        dataY.append(signal_data[i + look_back, 0])
    return np.array(dataX), np.array(dataY)

class CustomHistory(keras.callbacks.Callback):
    def init(self):
        self.train_loss = []
        self.val_loss = []

    def on_epoch_end(self, batch, logs={}):
        self.train_loss.append(logs.get('loss'))
        self.val_loss.append(logs.get('val_loss'))

look_back = 40

# 1. 데이터셋 생성하기
signal_data = np.cos(np.arange(1600)*(20*np.pi/1000))[:,None]

# 데이터 전처리
scaler = MinMaxScaler(feature_range=(0, 1))
signal_data = scaler.fit_transform(signal_data)

# 데이터 분리
train = signal_data[0:800]
val = signal_data[800:1200]
test = signal_data[1200:]

# 데이터셋 생성
x_train, y_train = create_dataset(train, look_back)
x_val, y_val = create_dataset(val, look_back)
x_test, y_test = create_dataset(test, look_back)

# 데이터셋 전처리
x_train = np.reshape(x_train, (x_train.shape[0], x_train.shape[1], 1))
x_val = np.reshape(x_val, (x_val.shape[0], x_val.shape[1], 1))
x_test = np.reshape(x_test, (x_test.shape[0], x_test.shape[1], 1))

# 2. 모델 구성하기
model = Sequential()
for i in range(2):
    model.add(LSTM(32, batch_input_shape=(1, look_back, 1), stateful=True, return_
sequences=True))
    model.add(Dropout(0.3))
model.add(LSTM(32, batch_input_shape=(1, look_back, 1), stateful=True))
model.add(Dropout(0.3))
```

```python
model.add(Dense(1))

# 3. 모델 학습과정 설정하기
model.compile(loss='mean_squared_error', optimizer='adam')

# 4. 모델 학습시키기
custom_hist = CustomHistory()
custom_hist.init()

for i in range(200):
    model.fit(x_train, y_train, epochs=1, batch_size=1, shuffle=False, callbacks=[custom_
hist], validation_data=(x_val, y_val))
    model.reset_states()

# 5. 학습과정 살펴보기
plt.plot(hist.history['loss'])
plt.plot(hist.history['val_loss'])
plt.ylim(0.0, 0.15)
plt.ylabel('loss')
plt.xlabel('epoch')
plt.legend(['train', 'val'], loc='upper left')
plt.show()

# 6. 모델 평가하기
trainScore = model.evaluate(x_train, y_train, verbose=0)
model.reset_states()
print('Train Score: ', trainScore)
valScore = model.evaluate(x_val, y_val, verbose=0)
model.reset_states()
print('Validataion Score: ', valScore)
testScore = model.evaluate(x_test, y_test, verbose=0)
model.reset_states()
print('Test Score: ', testScore)

# 7. 모델 사용하기
look_ahead = 250
xhat = x_test[0]
predictions = np.zeros((look_ahead,1))
for i in range(look_ahead):
    prediction = model.predict(np.array([xhat]), batch_size=1)
    predictions[i] = prediction
    xhat = np.vstack([xhat[1:],prediction])

plt.figure(figsize=(12,5))
plt.plot(np.arange(look_ahead),predictions,'r',label="prediction")
plt.plot(np.arange(look_ahead),y_test[:look_ahead],label="test function")
plt.legend()
plt.show()
```

```
Train on 760 samples, validate on 360 samples
Epoch 1/1
760/760 [==============================] - 7s - loss: 0.0853 - val_loss: 0.0607
```

```
Train on 760 samples, validate on 360 samples
Epoch 1/1
760/760 [==============================] - 7s - loss: 0.0349 - val_loss: 0.0163
Train on 760 samples, validate on 360 samples
...
Train on 760 samples, validate on 360 samples
Epoch 1/1
760/760 [==============================] - 7s - loss: 0.0024 - val_loss: 0.0015
Train on 760 samples, validate on 360 samples
Epoch 1/1
760/760 [==============================] - 7s - loss: 0.0025 - val_loss: 0.0020
('Train Score: ', 0.0017874652914110839)
('Validataion Score: ', 0.0018765704010765974)
('Test Score: ', 0.0018765704377772352)
```

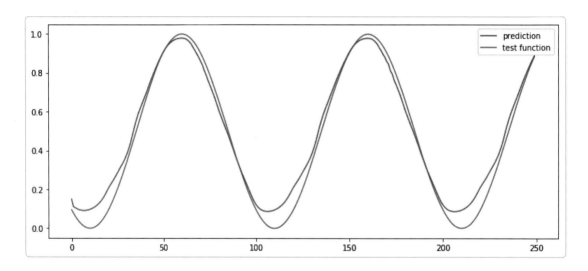

진폭과 주기가 거의 유사한 형태의 결과를 얻었습니다. 최대 진폭은 비슷하게 나오지만 낮은 진폭은 조금 더 높게 나오는 경향이 있습니다.

5. 학습결과 비교

각 모델의 학습과정 및 결과를 비교해 보겠습니다. 실험적으로는 상태유지 순환신경망 모델이 결과는 좋으나 손실값 변화가 많이 일어나기 때문에 안정화되는 시점을 살펴봐야 합니다.

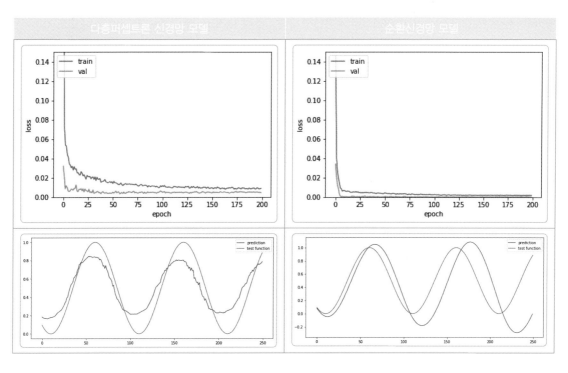

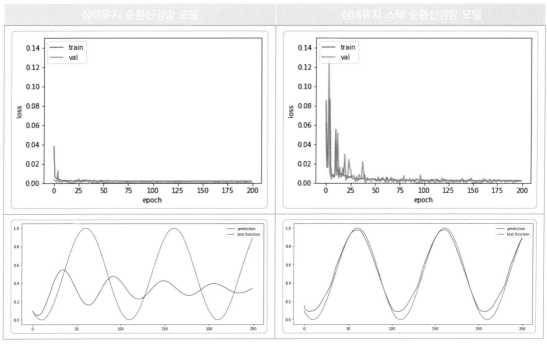

6. Q & A

Q1) 상태유지 모드에서도 타임스텝이 필요한가요? 이전 학습된 배치의 상태를 알고 있기 때문에 타임스텝을 1로 설정해야 될 것 같습니다.

A1) '상태'는 이전까지 학습된 상태 중 기억해야할 정보를 함축적으로 표현한 것이고, 타임스텝은 해

당 배치에서 직접적으로 입력해야 할 데이터입니다. 날씨 예보로 예를 들어보겠습니다. 몇 가지 가정을 해봅시다.

- 날마다 예보관은 다릅니다.
- 예보관은 오늘 날씨를 예보합니다.
- 오늘 날씨를 예보하기 위해 지난 4일치를 봅니다. (timestep=4) 오늘이 5일이라면 1일 2일 3일 4일 날씨를 보고 5일 날씨를 예보할 겁니다. 오늘 예보를 보기 위해서 지난 4일치만 보면 되기 때문에 상태유지 모델이 아니고 타임스텝이 4개인 LSTM 모델입니다. 여기서 5일 예보관이 오늘날씨를 예보하면서 메모를 남겼다고 가정합시다. 즉, "지난 4일을 보니 이리저리했다. 곧 큰 비가 올 것 같다 등.." 6일 예보관은 지난 4일(2일, 3일, 4일, 5일)도 보지만 5일 예보관의 메모(state)도 참고해서 예보를 합니다. 6일 예보관이 메모를 보면 도움이 될 수 있는 이유가 6일 예보관한테는 1일 정보가 없기 때문이죠. 5일 예보관 메모에는 1일, 2일, 3일, 4일의 정보가 함축되어 있습니다. 6일 예보관의 메모는 어떨까요? 이 메모에는 2일, 3일, 4일, 5일 정보로 분석한 결과뿐만 아니라 5일 예보관의 메모도 고려되어 있습니다. 즉, 1일, 2일, 3일, 4일, 5일의 정보도 가지고 있다고 볼 수 있습니다. 이런식으로 10일 예보관은 6일, 7일, 8일, 9일을 직접적으로 보겠지만 1일~8일의 정보를 담은 9일 예보관의 메모(state)를 참고합니다. 예보관은 지난 4일치 데이터 밖에 못보지만 1주일 전에 태풍이 왔다든지, 가뭄이 왔다든지, 폭우가 있었다든지 등 기상 예보에 있어 중요한 이벤트를 메모를 통해 알 수 있습니다.

Q2) 상태유지 모드에서 배치사이즈의 의미는 무엇인가요?

A2) 기본적으로 상태유지 모드에서는 배치사이즈를 1로 설정합니다. 한 샘플을 학습한 후 그 상태를 다음 샘플 학습 시에 전달하기 위해서 입니다. 배치사이즈를 2로 설정하면 관리하는 상태가 2개가 됩니다. 즉, 서로 다른 성격을 가지는 시계열 자료 2벌이 있을 때 사용합니다. 예를 들어 주식 예측을 할 때, 종목이 3개라면 배치사이즈를 3으로 설정해야 합니다. 한 배치에 3개의 종목 샘플 하나씩을 학습하며, 3개의 상태가 업데이트됩니다. 여기서 갱신되는 가중치는 모두 공유됩니다.

Q3) 상태유지 모드에서 배치사이즈에 따라 독립적인 상태를 관리한다면, 한 모델에 배치사이즈가 3으로 설정하는 것과 세 개의 모델을 사용하는 것과 어떤 차이가 있나요?

A3) 한 전문가가 세 종목을 보는 것이랑 세 명의 전문가가 종목 하나씩 보는 것과 비슷합니다. 한 전문가가 여러 종목을 학습하게 되면 종목별로 상태 관리를 하면서 여러 가지 상황을 학습하게 되므로 좀 더 통찰력을 가지게 될 것 같습니다. 각 전문가가 종목별로 학습한다면 전문가는 그 종목에는 정통하겠지만, 전체적인 흐름이라든지 여러 가지 상황에 대한 이해는 없을 겁니다.

{요약}

시계열 수치를 입력해서 다음 수치를 예측하기 위한 여러 가지 모델을 살펴보았습니다. 시계열 데이터를 다루기 위해서 기본 순환신경망, 상태유지 모드 설정, 순환신경망 레이어를 쌓아올리는 방법을 알아보고 모델의 결과를 비교해보았습니다. 다양한 형태의 순환신경망 모델을 구성할 수 있는 만큼, 다루고 있는 시계열 데이터에 적합한 모델을 찾기 위해서는 여러 가지 모델로 테스트해 보시기를 권장합니다. 본 장은 https:github.com/sachinruk의 예제를 기반으로 작성되었으며, 예제 코드 사용을 흔쾌히 허락해주신 데이터사이언티스트 Sachin Abeywardana 박사님 감사드립니다.

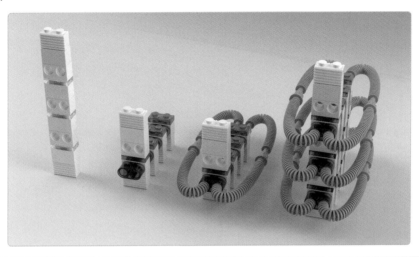

CHAPTER 08 문장(시계열수치)입력 이진분류 모델 레시피

문장을 입력해서 이진분류하는 모델에 대하여 알아보겠습니다. 언어가 시계열적인 의미가 있으므로, 이 언어를 문자로 표현한 문장도 시계열적인 의미가 있습니다. 모델에 입력하기 위해서 문장을 시계열수치로 인코딩하는 방법과 여러 가지 이진분류모델을 구성해 보고, 학습 결과를 살펴보겠습니다. 이 모델들은 문장 혹은 시계열수치로 양성/음성을 분류하거나 이벤트 발생 유무를 감지하는 문제를 풀 수 있습니다.

1. 데이터셋 준비

IMDB에서 제공하는 영화 리뷰 데이터셋을 이용하겠습니다. 이 데이터셋은 훈련셋 25,000개, 시험셋 25,000개의 샘플을 제공합니다. 라벨은 1과 0으로 좋아요/싫어요로 지정되어 있습니다. 케라스에서 제공하는 imdb의 load_data() 함수를 이용하면 데이터셋을 쉽게 얻을 수 있습니다. 데이터셋은 이미 정수로 인코딩되어 있으며, 정수값은 단어의 빈도수를 나타냅니다. 모든 단어를 고려할 수 없으므로 빈도수가 높은 단어를 위주로 데이터셋을 생성합니다. 20,000번째로 많이 사용하는 단어까지만 데이터셋으로 만들고 싶다면, num_words 인자에 20000이라고 지정하면 됩니다.

```
from keras.datasets import imdb
(x_train, y_train), (x_test, y_test) = imdb.load_data(num_words=20000)
```

훈련셋의 데이터가 어떻게 구성되어 있는지 살펴보겠습니다. x_train을 출력하면 다음과 같습니다.

```
print(x_train)
```

```
array([ [1, 14, 22, 16, 43, 530, 973, 1622, 1385, 65, 458, 2, 66, 2, 4, 173, 36, 256, 5, 25, 100, 43, 838, 112, 50,
670, 2, 9, 35, 480, 284, 5, 150, 4, 172, 112, 167, 2, 336, 385, 39, 4, 172, 2, 1111, 17, 546, 38, 13, 447, 4, 192, 50,
16, 6, 147, 2, 19, 14, 22, 4, 1920, 4, 469, 4, 22, 71, 87, 12, 16, 43, 530, 38, 76, 15, 13, 1247, 4, 22, 17, 515, 17,
12, 16, 626, 18, 2, 5, 62, 386, 12, 8, 316, 8, 106, 5, 4, 2, 16, 480, 66, 2, 33, 4, 130, 12, 16, 38, 619, 5, 25,
124, 51, 36, 135, 48, 25, 1415, 33, 6, 22, 12, 215, 28, 77, 52, 5, 14, 407, 16, 82, 2, 8, 4, 107, 117, 2, 15, 256, 4,
2, 7, 2, 5, 723, 36, 71, 43, 530, 476, 26, 400, 317, 46, 7, 4, 2, 1029, 13, 104, 88, 4, 381, 15, 297, 98, 32, 2, 56,
26, 141, 6, 194, 2, 18, 4, 226, 22, 21, 134, 476, 26, 480, 5, 144, 30, 2, 18, 51, 36, 28, 224, 92, 25, 104, 4, 226,
65, 16, 38, 1334, 88, 12, 16, 283, 5, 16, 2, 113, 103, 32, 15, 16, 2, 19, 178, 32],
       ...,
       [1, 17, 6, 194, 337, 7, 4, 204, 22, 45, 254, 8, 106, 14, 123, 4, 2, 270, 2, 5, 2, 2, 732, 2, 101, 405, 39, 14,
1034, 4, 1310, 9, 115, 50, 305, 12, 47, 4, 168, 5, 235, 7, 38, 111, 699, 102, 7, 4, 2, 2, 9, 24, 6, 78, 1099, 17, 2,
2, 21, 27, 2, 2, 5, 2, 1603, 92, 1183, 4, 1310, 7, 4, 204, 42, 97, 90, 35, 221, 109, 29, 127, 27, 118, 8, 97, 12, 157,
21, 2, 2, 9, 6, 66, 78, 1099, 4, 631, 1191, 5, 2, 272, 191, 1070, 6, 2, 8, 2, 2, 2, 544, 5, 383, 1271, 848, 1468, 2,
497, 2, 8, 1597, 2, 2, 21, 60, 27, 239, 9, 43, 2, 209, 405, 10, 10, 12, 764, 40, 4, 248, 20, 12, 16, 5, 174, 1791, 72,
7, 51, 6, 1739, 22, 4, 204, 131, 9]], dtype=object)
```

총 25,000개의 샘플이 있으며, 각 샘플은 영화 리뷰 한 건을 의미하며, 단어의 인덱스로 구성되어 있습니다. 'num_words=20000'으로 지정했기 때문에 빈도수가 20,000을 넘는 단어는 보이지가 않습니다. 훈련셋 25,000개를 다시 훈련셋 20,000개와 검증셋 5,000개로 분리합니다.

```
x_val = x_train[20000:]
y_val = y_train[20000:]
x_train = x_train[:20000]
y_train = y_train[:20000]
```

리뷰의 길이가 다르니 각 샘플의 길이가 다르겠죠? 적게는 수십 단어로 많게는 천 개 이상의 단어로 구성되어 있습니다. 모델의 입력으로 사용하려면 고정된 길이로 만들어야 하므로 케라스에서 제공되는 전처리 함수인 sequence의 pad_sequences() 함수를 사용합니다. 이 함수는 두 가지 역할을 수행합니다.

- 문장의 길이를 maxlen 인자로 맞춰줍니다. 예를 들어 200으로 지정하였다면 200보다 짧은 문장은 0으로 채워서 200단어로 맞춰주고 200보다 긴 문장은 200단어까지만 잘라냅니다.
- (num_samples, num_timesteps)으로 2차원의 numpy 배열로 만들어줍니다. maxlen을 200으로 지정하였다면, num_timesteps도 200이 됩니다.

```
from keras.preprocessing import sequence

x_train = sequence.pad_sequences(x_train, maxlen=200)
x_val = sequence.pad_sequences(x_val, maxlen=200)
x_test = sequence.pad_sequences(x_test, maxlen=200)
```

2. 레이어 준비

본 장에서 새롭게 소개되는 블록들은 다음과 같습니다.

블록	이름	설명
	Embedding	단어를 의미론적 기하공간에 매핑할 수 있도록 벡터화시킵니다.
	Conv1D	필터를 이용하여 지역적인 특징을 추출합니다.
	GlobalMaxPooling1D	여러 개의 벡터 정보 중 가장 큰 벡터를 골라서 반환합니다.

	MaxPooling1D	입력 벡터에서 특정 구간마다 값을 골라 벡터를 구성한 후 반환합니다.

3. 모델 준비

문장을 입력하여 이진분류를 하기 위해 다층퍼셉트론 신경망 모델, 순환 신경망 모델, 컨볼루션 신경망 모델, 순환 컨볼루션 신경망 모델을 준비했습니다.

• 다층퍼셉트론 신경망 모델

먼저 임베딩(Embedding) 레이어에 대하여 알아보겠습니다. 임베딩 레이어의 인자 의미는 다음과 같습니다.

- 첫 번째 인자(input_dim) : 단어 사전의 크기를 말하며 총 20,000개의 단어 종류가 있다는 의미입니다. 이 값은 앞서 imdb.load_data() 함수의 num_words 인자값과 동일해야 합니다.
- 두 번째 인자(output_dim) : 단어를 인코딩한 후 나오는 벡터 크기입니다. 이 값이 128이라면 단어를 128차원의 의미론적 기하공간에 나타낸다는 의미입니다. 단순하게 빈도수만으로 단어를 표시한다면, 10과 11은 빈도수는 비슷하지만 단어로 볼 때는 전혀 다른 의미를 가지고 있습니다. 하지만 의미론적 기하공간에서는 거리가 가까운 두 단어는 의미도 유사합니다. 즉, 임베딩 레이어는 입력되는 단어를 의미론적으로 잘 설계된 공간에 위치시켜 벡터로 수치화시킨다고 볼 수 있습니다.
- input_length : 단어의 수 즉 문장의 길이를 나타냅니다. 임베딩 레이어의 출력 크기는 샘플 수 output_dim input_lenth가 됩니다. 임베딩 레이어 다음에 플래튼 레이어가 온다면 반드시 input_lenth를 지정해야 합니다. 플래튼 레이어인 경우 입력 크기가 알아야 이를 1차원으로 만들어서 Dense 레이어에 전달할 수 있기 때문입니다.

아래는 임베딩 레이어로 인코딩한 후 Dense 레이어를 통해 분류하는 다층퍼셉트론 신경망 모델입니다.

```
model = Sequential()
model.add(Embedding(20000, 128, input_length=200))
model.add(Flatten())
model.add(Dense(256, activation='relu'))
model.add(Dense(1, activation='sigmoid'))
```

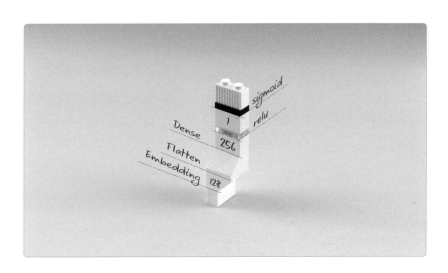

• 순환 신경망 모델

문장을 단어들의 시퀀스로 간주하고 순환(LSTM) 레이어의 입력으로 구성한 모델입니다. 임베딩 레이어 다음에 LSTM 레이어가 오는 경우에는 임베딩 레이어에 input_length 인자를 따로 설정할 필요는 없습니다. 입력 문장의 길이에 따라 input_length가 자동으로 정해지고, 이것이 LSTM 레이어에는 timesteps으로 입력되기 때문입니다. 블록으로 표현한다면 예제에서는 문장의 길이가 200단어이므로, LSTM 블록 200개가 이어져있다고 생각하면 됩니다.

```
model = Sequential()
model.add(Embedding(20000, 128))
model.add(LSTM(128))
model.add(Dense(1, activation='sigmoid'))
```

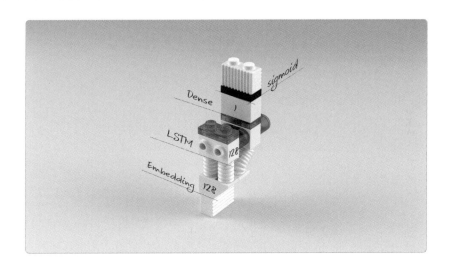

• 컨볼루션 신경망 모델

문장 해석에 컨볼루션(Conv1D) 레이어를 이용한 모델입니다. 컨볼루션 레이어는 위치에 상관없이 지역적인 특징을 잘 뽑아냅니다. 이 레이어를 문장에 적용한다면 주요 단어가 문장 앞 혹은 문장 뒤에 있더라도 놓치지 않고 전후 문맥을 보면서 특징을 잘 뽑아낼 수 있습니다. 글로벌 맥스풀링(GlobalMaxPooling1D) 레이어는 컨볼루션 레이어가 문장을 훑어가면서 나온 특징벡터들 중 가장 큰 벡터를 골라줍니다. 즉, 문맥을 보면서 주요 특징을 뽑아내고, 그 중 가장 두드러지는 특징을 고르는 것입니다.

```
model = Sequential()
model.add(Embedding(20000, 128, input_length=200))
model.add(Dropout(0.2))
model.add(Conv1D(256,
                3,
                padding='valid',
                activation='relu',
                strides=1))
model.add(GlobalMaxPooling1D())
model.add(Dense(128, activation='relu'))
model.add(Dropout(0.2))
model.add(Dense(1, activation='sigmoid'))
```

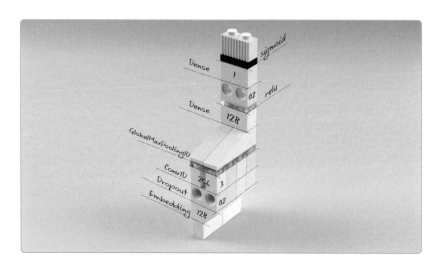

• 순환 컨볼루션 신경망 모델

컨볼루션 레이어에서 나온 특징벡터들을 맥스풀링(MaxPooling1D)를 통해 1/4로 줄여준 다음 LSTM의 입력으로 넣어주는 모델입니다. 이때 맥스풀링은 특징벡터의 크기를 줄여주는 것이 아니라 특징벡터 수를 줄여줍니다. 즉, 200개 단어가 컨볼루션 레이어를 통과하면 256 크기를 갖는 특징벡터가 198개가 생성되고, 맥스풀링은 특징벡터 198개 중 49개를 골라줍니다. 따라서 LSTM 레이어의 timesteps는 49개가 됩니다. 참고로 input_dim은 그대로 256입니다.

```
model = Sequential()
model.add(Embedding(20000, 128, input_length=200))
```

```
model.add(Dropout(0.2))
model.add(Conv1D(256,
                 3,
                 padding='valid',
                 activation='relu',
                 strides=1))
model.add(MaxPooling1D(pool_size=4))
model.add(LSTM(128))
model.add(Dense(1, activation='sigmoid'))
```

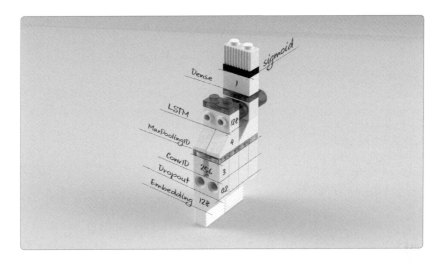

순환 신경망 모델과 순환 컨볼루션 신경망 모델 구성에서 LSTM의 입력 비교하면 다음과 같습니다

- 순환 신경망 모델 : LSTM에 입력되는 타임스텝은 Embedding 출력 타임스텝으로 200이고,
특징 크기는 Embedding에서 인코딩된 128입니다.
- 순환 컨볼루션 신경망 모델 : LSTM에 입력되는 타임스텝은 49, 속성은 256입니다. 타임스텝
이 49인 이유는 Conv1D에서 200단어를 받아 198개를 반환하고, 이를 다시 MaxPooling1D에
의해 1/4배로 줄어들어 49가 된 것입니다. 속성이 256인 이유는 Conv1D가 Embedding 출력
인 128 벡터를 입력받아 256으로 반환되기 때문입니다.

4. 전체 소스

앞서 살펴본 다층퍼셉트론 신경망 모델, 순환 신경망 모델, 컨볼루션 신경망 모델, 순환 컨볼루션 신
경망 모델의 전체 소스는 다음과 같습니다.

• 다층퍼셉트론 신경망 모델

```python
# 0. 사용할 패키지 불러오기
from keras.datasets import imdb
from keras.preprocessing import sequence
from keras.models import Sequential
from keras.layers import Dense, Embedding
from keras.layers import Flatten

max_features = 20000
text_max_words = 200

# 1. 데이터셋 생성하기

# 훈련셋과 시험셋 불러오기
(x_train, y_train), (x_test, y_test) = imdb.load_data(num_words=max_features)

# 훈련셋과 검증셋 분리
x_val = x_train[20000:]
y_val = y_train[20000:]
x_train = x_train[:20000]
y_train = y_train[:20000]

# 데이터셋 전처리 : 문장 길이 맞추기
x_train = sequence.pad_sequences(x_train, maxlen=text_max_words)
x_val = sequence.pad_sequences(x_val, maxlen=text_max_words)
x_test = sequence.pad_sequences(x_test, maxlen=text_max_words)

# 2. 모델 구성하기
model = Sequential()
model.add(Embedding(max_features, 128, input_length=text_max_words))
model.add(Flatten())
model.add(Dense(256, activation='relu'))
model.add(Dense(1, activation='sigmoid'))

# 3. 모델 학습과정 설정하기
model.compile(loss='binary_crossentropy', optimizer='adam', metrics=['accuracy'])

# 4. 모델 학습시키기
hist = model.fit(x_train, y_train, epochs=2, batch_size=64, validation_data=(x_val, y_val))

# 5. 학습과정 살펴보기
%matplotlib inline
import matplotlib.pyplot as plt

fig, loss_ax = plt.subplots()

acc_ax = loss_ax.twinx()

loss_ax.plot(hist.history['loss'], 'y', label='train loss')
loss_ax.plot(hist.history['val_loss'], 'r', label='val loss')
```

```python
    loss_ax.set_ylim([-0.2, 1.2])

    acc_ax.plot(hist.history['acc'], 'b', label='train acc')
    acc_ax.plot(hist.history['val_acc'], 'g', label='val acc')
    acc_ax.set_ylim([-0.2, 1.2])

    loss_ax.set_xlabel('epoch')
    loss_ax.set_ylabel('loss')
    acc_ax.set_ylabel('accuracy')

    loss_ax.legend(loc='upper left')
    acc_ax.legend(loc='lower left')

    plt.show()

# 6. 모델 평가하기
loss_and_metrics = model.evaluate(x_test, y_test, batch_size=64)
print('## evaluation loss and_metrics ##')
print(loss_and_metrics)
```

```
Train on 20000 samples, validate on 5000 samples
Epoch 1/2
20000/20000 [==============================] - 25s - loss: 0.4136 - acc: 0.7916 - val_loss:
0.3069 - val_acc: 0.8728
Epoch 2/2
20000/20000 [==============================] - 25s - loss: 0.0534 - acc: 0.9810 - val_loss:
0.4522 - val_acc: 0.8484
24640/25000 [=========================>.] - ETA: 0s## evaluation loss and_metrics ##
[0.46098566806793212, 0.84436000003814693]
```

• **순환 신경망 모델**

```python
# 0. 사용할 패키지 불러오기
from keras.datasets import imdb
from keras.preprocessing import sequence
from keras.models import Sequential
from keras.layers import Dense, Embedding, LSTM
from keras.layers import Flatten

max_features = 20000
text_max_words = 200

# 1. 데이터셋 생성하기

# 훈련셋과 시험셋 불러오기
(x_train, y_train), (x_test, y_test) = imdb.load_data(num_words=max_features)

# 훈련셋과 검증셋 분리
x_val = x_train[20000:]
y_val = y_train[20000:]
x_train = x_train[:20000]
```

```python
y_train = y_train[:20000]

# 데이터셋 전처리 : 문장 길이 맞추기
x_train = sequence.pad_sequences(x_train, maxlen=text_max_words)
x_val = sequence.pad_sequences(x_val, maxlen=text_max_words)
x_test = sequence.pad_sequences(x_test, maxlen=text_max_words)

# 2. 모델 구성하기
model = Sequential()
model.add(Embedding(max_features, 128))
model.add(LSTM(128))
model.add(Dense(1, activation='sigmoid'))

# 3. 모델 학습과정 설정하기
model.compile(loss='binary_crossentropy', optimizer='adam', metrics=['accuracy'])

# 4. 모델 학습시키기
hist = model.fit(x_train, y_train, epochs=2, batch_size=64, validation_data=(x_val, y_val))

# 5. 학습과정 살펴보기
%matplotlib inline
import matplotlib.pyplot as plt

fig, loss_ax = plt.subplots()

acc_ax = loss_ax.twinx()

loss_ax.plot(hist.history['loss'], 'y', label='train loss')
loss_ax.plot(hist.history['val_loss'], 'r', label='val loss')
loss_ax.set_ylim([-0.2, 1.2])

acc_ax.plot(hist.history['acc'], 'b', label='train acc')
acc_ax.plot(hist.history['val_acc'], 'g', label='val acc')
acc_ax.set_ylim([-0.2, 1.2])

loss_ax.set_xlabel('epoch')
loss_ax.set_ylabel('loss')
acc_ax.set_ylabel('accuracy')

loss_ax.legend(loc='upper left')
acc_ax.legend(loc='lower left')

plt.show()

# 6. 모델 평가하기
loss_and_metrics = model.evaluate(x_test, y_test, batch_size=64)
print('## evaluation loss and_metrics ##')
print(loss_and_metrics)
```

```
Train on 20000 samples, validate on 5000 samples
Epoch 1/2
20000/20000 [==============================] - 139s - loss: 0.4392 - acc: 0.7882 - val_loss:
```

```
0.3288 - val_acc: 0.8658
Epoch 2/2
20000/20000 [==============================] - 140s - loss: 0.2295 - acc: 0.9137 - val_loss:
0.3181 - val_acc: 0.8702
25000/25000 [==============================] - 37s
## evaluation loss and_metrics ##
[0.34819652654647826, 0.86111999996185307]
```

• **컨볼루션 신경망 모델**

```python
# 0. 사용할 패키지 불러오기
from keras.datasets import imdb
from keras.preprocessing import sequence
from keras.models import Sequential
from keras.layers import Dense, Embedding, LSTM
from keras.layers import Flatten, Dropout
from keras.layers import Conv1D, GlobalMaxPooling1D

max_features = 20000
text_max_words = 200

# 1. 데이터셋 생성하기

# 훈련셋과 시험셋 불러오기
(x_train, y_train), (x_test, y_test) = imdb.load_data(num_words=max_features)

# 훈련셋과 검증셋 분리
x_val = x_train[20000:]
y_val = y_train[20000:]
x_train = x_train[:20000]
y_train = y_train[:20000]

# 데이터셋 전처리 : 문장 길이 맞추기
x_train = sequence.pad_sequences(x_train, maxlen=text_max_words)
x_val = sequence.pad_sequences(x_val, maxlen=text_max_words)
x_test = sequence.pad_sequences(x_test, maxlen=text_max_words)

# 2. 모델 구성하기
model = Sequential()
model.add(Embedding(max_features, 128, input_length=text_max_words))
model.add(Dropout(0.2))
model.add(Conv1D(256,
                 3,
                 padding='valid',
                 activation='relu',
                 strides=1))
model.add(GlobalMaxPooling1D())
model.add(Dense(128, activation='relu'))
model.add(Dropout(0.2))
model.add(Dense(1, activation='sigmoid'))
```

```python
# 3. 모델 학습과정 설정하기
model.compile(loss='binary_crossentropy', optimizer='adam', metrics=['accuracy'])

# 4. 모델 학습시키기
hist = model.fit(x_train, y_train, epochs=2, batch_size=64, validation_data=(x_val, y_val))

# 5. 학습과정 살펴보기
%matplotlib inline
import matplotlib.pyplot as plt

fig, loss_ax = plt.subplots()

acc_ax = loss_ax.twinx()

loss_ax.plot(hist.history['loss'], 'y', label='train loss')
loss_ax.plot(hist.history['val_loss'], 'r', label='val loss')
loss_ax.set_ylim([-0.2, 1.2])

acc_ax.plot(hist.history['acc'], 'b', label='train acc')
acc_ax.plot(hist.history['val_acc'], 'g', label='val acc')
acc_ax.set_ylim([-0.2, 1.2])

loss_ax.set_xlabel('epoch')
loss_ax.set_ylabel('loss')
acc_ax.set_ylabel('accuracy')

loss_ax.legend(loc='upper left')
acc_ax.legend(loc='lower left')

plt.show()

# 6. 모델 평가하기
loss_and_metrics = model.evaluate(x_test, y_test, batch_size=64)
print('## evaluation loss and_metrics ##')
print(loss_and_metrics)
```

```
Train on 20000 samples, validate on 5000 samples
Epoch 1/2
20000/20000 [==============================] - 68s - loss: 0.4382 - acc: 0.7823 - val_loss:
0.2904 - val_acc: 0.8762
Epoch 2/2
20000/20000 [==============================] - 67s - loss: 0.2153 - acc: 0.9157 - val_loss:
0.3163 - val_acc: 0.8690
24960/25000 [=============================>.] - ETA: 0s## evaluation loss and_metrics ##
[0.32697385798454287, 0.86023999996185307]
```

• 순환 컨볼루션 신경망 모델

```python
# 0. 사용할 패키지 불러오기
from keras.datasets import imdb
from keras.preprocessing import sequence
```

```python
from keras.models import Sequential
from keras.layers import Dense, Embedding, LSTM
from keras.layers import Flatten, Dropout
from keras.layers import Conv1D, MaxPooling1D

max_features = 20000
text_max_words = 200

# 1. 데이터셋 생성하기

# 훈련셋과 시험셋 불러오기
(x_train, y_train), (x_test, y_test) = imdb.load_data(num_words=max_features)

# 훈련셋과 검증셋 분리
x_val = x_train[20000:]
y_val = y_train[20000:]
x_train = x_train[:20000]
y_train = y_train[:20000]

# 데이터셋 전처리 : 문장 길이 맞추기
x_train = sequence.pad_sequences(x_train, maxlen=text_max_words)
x_val = sequence.pad_sequences(x_val, maxlen=text_max_words)
x_test = sequence.pad_sequences(x_test, maxlen=text_max_words)

# 2. 모델 구성하기
model = Sequential()
model.add(Embedding(max_features, 128, input_length=text_max_words))
model.add(Dropout(0.2))
model.add(Conv1D(256,
                 3,
                 padding='valid',
                 activation='relu',
                 strides=1))
model.add(MaxPooling1D(pool_size=4))
model.add(LSTM(128))
model.add(Dense(1, activation='sigmoid'))

# 3. 모델 학습과정 설정하기
model.compile(loss='binary_crossentropy', optimizer='adam', metrics=['accuracy'])

# 4. 모델 학습시키기
hist = model.fit(x_train, y_train, epochs=2, batch_size=64, validation_data=(x_val, y_val))

# 5. 학습과정 살펴보기
%matplotlib inline
import matplotlib.pyplot as plt

fig, loss_ax = plt.subplots()

acc_ax = loss_ax.twinx()

loss_ax.plot(hist.history['loss'], 'y', label='train loss')
```

```
loss_ax.plot(hist.history['val_loss'], 'r', label='val loss')
loss_ax.set_ylim([-0.2, 1.2])

acc_ax.plot(hist.history['acc'], 'b', label='train acc')
acc_ax.plot(hist.history['val_acc'], 'g', label='val acc')
acc_ax.set_ylim([-0.2, 1.2])

loss_ax.set_xlabel('epoch')
loss_ax.set_ylabel('loss')
acc_ax.set_ylabel('accuracy')

loss_ax.legend(loc='upper left')
acc_ax.legend(loc='lower left')

plt.show()

# 6. 모델 평가하기
loss_and_metrics = model.evaluate(x_test, y_test, batch_size=64)
print('## evaluation loss and_metrics ##')
print(loss_and_metrics)
```

```
Train on 20000 samples, validate on 5000 samples
Epoch 1/2
20000/20000 [==============================] - 191s - loss: 0.3976 - acc: 0.8088 - val_loss:
0.3251 - val_acc: 0.8636
Epoch 2/2
20000/20000 [==============================] - 185s - loss: 0.1895 - acc: 0.9301 - val_loss:
0.3049 - val_acc: 0.8764
25000/25000 [==============================] - 63s
## evaluation loss and_metrics ##
[0.33583777394294739, 0.85948000000000002]
```

5. 학습결과 비교

단순한 다층퍼셉트론 신경망 모델보다는 순환 레이어나 컨볼루션 레이어를 이용한 모델의 성능이
더 높았습니다.

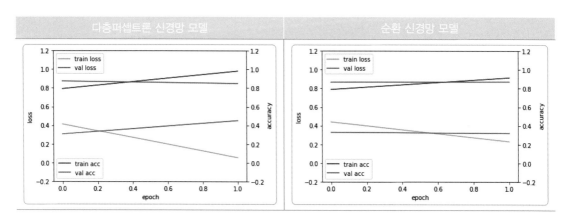

| 컨볼루션 신경망 모델 | 순환 컨볼루션 신경망 모델 |

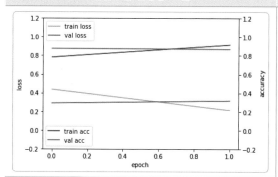
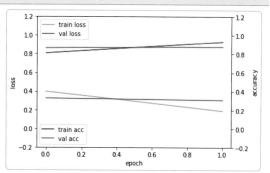

{요약}

문장을 입력하여 이진분류할 수 있는 여러 가지 모델을 살펴보고 그 성능을 비교해보았습니다. 시계열 데이터를 처리하기 위한 모델은 다층퍼셉트론 신경망 모델부터 컨볼루션 신경망, 순환 신경망 모델 등 다양하게 구성할 수 있습니다. 복잡한 모델일수록 정확도가 높은 것은 아니지만 여러 모델과 파라미터로 적절한 모델을 개발해야 합니다.

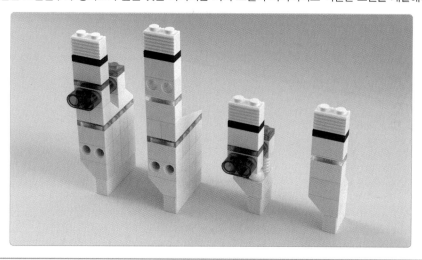

CHAPTER 09 문장(시계열수치)입력 다중클래스분류 모델 레시피

문장을 입력해서 다중클래스를 분류하는 모델에 대하여 알아보겠습니다. 다중클래스분류를 위한 데이터셋에 대하여 살펴보고 여러 가지 다중클래스분류모델을 구성해 보겠습니다. 이 모델들은 문장 혹은 시계열수치로 타입을 분류하는 문제를 풀 수 있습니다.

1. 데이터셋 준비

로이터에서 제공하는 뉴스와이어 데이터셋을 이용하겠습니다. 이 데이터셋은 총 11,228개의 샘플로 구성되어 있습니다. 라벨은 46개 주제로 지정되어 0에서 45의 값을 가지고 있습니다. 케라스에서 제공하는 reuters의 load_data() 함수를 이용하면 데이터셋을 쉽게 얻을 수 있습니다. 데이터셋은 이미 정수로 인코딩되어 있으며, 정수값은 단어의 빈도수를 나타냅니다. 모든 단어를 고려할 수 없으므로 빈도수가 높은 단어를 위주로 데이터셋을 생성합니다. 15,000번째로 많이 사용하는 단어까지만 데이터셋으로 만들고 싶다면, num_words 인자에 15,000이라고 지정하면 됩니다.

```
from keras.datasets import imdb
(x_train, y_train), (x_test, y_test) = reuters.load_data(num_words=15000)
```

훈련셋 8,982개와 시험셋 2,246개로 구성된 총 11,228개 샘플이 로딩이 됩니다. 훈련셋과 시험셋의 비율은 load_data() 함수의 test_split 인자로 조절 가능합니다. 각 샘플은 뉴스 한 건을 의미하며, 단어의 인덱스로 구성되어 있습니다. 'num_words=20000'으로 지정했기 때문에 빈도수가 15,000을 넘는 단어는 로딩되지 않습니다. 훈련셋 8,982개 중 다시 7,000개를 훈련셋으로, 나머지를 검증셋으로 분리합니다.

```
x_val = x_train[7000:]
y_val = y_train[7000:]
x_train = x_train[:7000]
y_train = y_train[:7000]
```

각 샘플의 길이가 달라서 모델의 입력으로 사용하기 위해 케라스에서 제공되는 전처리 함수인 sequence의 pad_sequences() 함수를 사용합니다. 이 함수는 두 가지 역할을 수행합니다.
 – 문장의 길이를 maxlen 인자로 맞춰줍니다. 예를 들어 120으로 지정하였다면 120보다 짧은 문장은 0으로 채워서 120단어로 맞춰주고 120보다 긴 문장은 120단어까지만 잘라냅니다.
 – (num_samples, num_timesteps)으로 2차원의 numpy 배열로 만들어줍니다. maxlen을 120으로 지정하였다면, num_timesteps도 120이 됩니다.

```
from keras.preprocessing import sequence

x_train = sequence.pad_sequences(x_train, maxlen=120)
x_val = sequence.pad_sequences(x_val, maxlen=120)
x_test = sequence.pad_sequences(x_test, maxlen=120)
```

2. 레이어 준비

앞 장의 "문장입력 이진분류모델"에서 출력층의 활성화 함수만 다르므로 새롭게 소개되는 블록은 없습니다.

3. 모델 준비

문장을 입력하여 다중클래스분류를 하기 위해 다층퍼셉트론 신경망 모델, 순환 신경망 모델, 컨볼루션 신경망 모델, 순환 컨볼루션 신경망 모델을 준비했습니다.

• 다층퍼셉트론 신경망 모델

임베딩 레이어는 0에서 45의 정수값으로 지정된 단어를 128벡터로 인코딩합니다. 문장의 길이가 120이므로 임베딩 레이어는 128 속성을 가진 벡터 120개를 반환합니다. 이를 플래튼 레이어를 통해 1차원 벡터로 만든 뒤 전결합층으로 전달합니다. 46개 주제를 분류해야 하므로 출력층의 활성화 함수로 'softmax'를 사용했습니다.

```
model = Sequential()
model.add(Embedding(15000, 128, input_length=120))
model.add(Flatten())
model.add(Dense(256, activation='relu'))
model.add(Dense(46, activation='softmax'))
```

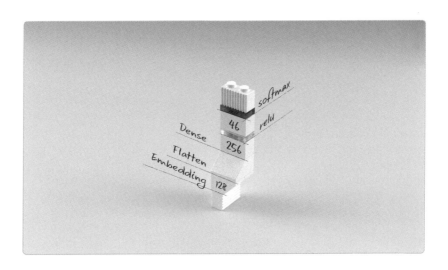

• 순환 신경망 모델

임베딩 레이어에서 반환되는 120개 벡터를 LSTM의 타임스텝으로 입력하는 모델입니다. LSTM의 input_dim은 임베딩 레이어에서 인코딩된 벡터 크기인 128입니다.

```
model = Sequential()
model.add(Embedding(15000, 128))
model.add(LSTM(128))
model.add(Dense(46, activation='softmax'))
```

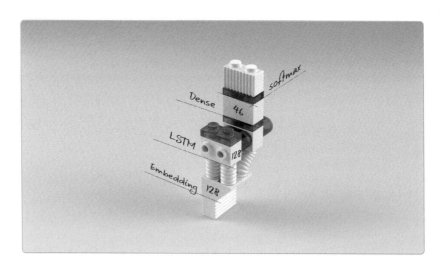

• 컨볼루션 신경망 모델

임베딩 레이어에서 반환되는 120개 벡터를 컨볼루션 필터를 적용한 모델입니다. 필터크기가 3인 컨볼루션 레이어는 120개의 벡터를 입력받아 118개의 벡터를 반환합니다. 벡터 크기는 컨볼루션 레이어를 통과하면서 128개에서 256개로 늘어났습니다. 글로벌 맥스풀링 레이어는 입력되는 118개 벡터 중 가장 큰 벡터 하나를 반환합니다. 그 벡터 하나를 전결합층을 통하여 다중클래스로 분류합니다.

```
model = Sequential()
model.add(Embedding(15000, 128, input_length=120))
model.add(Dropout(0.2))
model.add(Conv1D(256,
                 3,
                 padding='valid',
                 activation='relu',
                 strides=1))
model.add(GlobalMaxPooling1D())
model.add(Dense(128, activation='relu'))
model.add(Dropout(0.2))
model.add(Dense(46, activation='softmax'))
```

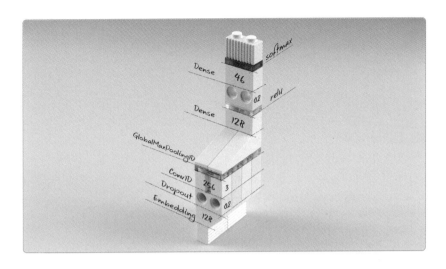

• 순환 컨볼루션 신경망 모델

컨볼루션 레이어에서 나온 특징벡터들을 맥스풀링를 통해 1/4로 줄여준 다음 LSTM의 입력으로 넣어주는 모델입니다. 컨볼루션 레이어에서 반환한 118개의 벡터를 1/4로 줄여서 29개를 반환합니다. 따라서 LSTM 레이어의 timesteps는 49개가 됩니다. 참고로 input_dim은 256입니다.

```
model = Sequential()
model.add(Embedding(max_features, 128, input_length=text_max_words))
model.add(Dropout(0.2))
model.add(Conv1D(256,
                 3,
                 padding='valid',
                 activation='relu',
                 strides=1))
model.add(MaxPooling1D(pool_size=4))
model.add(LSTM(128))
model.add(Dense(46, activation='softmax'))
```

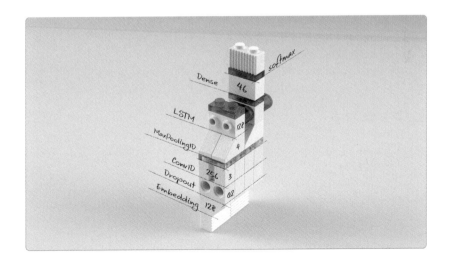

4. 전체 소스

앞서 살펴본 다층퍼셉트론 신경망 모델, 순환 신경망 모델, 컨볼루션 신경망 모델, 순환 컨볼루션 신경망 모델의 전체 소스는 다음과 같습니다.

- **다층퍼셉트론 신경망 모델**

```python
# 0. 사용할 패키지 불러오기
from keras.datasets import reuters
from keras.utils import np_utils
from keras.preprocessing import sequence
from keras.models import Sequential
from keras.layers import Dense, Embedding
from keras.layers import Flatten

max_features = 15000
text_max_words = 120

# 1. 데이터셋 생성하기

# 훈련셋과 시험셋 불러오기
(x_train, y_train), (x_test, y_test) = reuters.load_data(num_words=max_features)

# 훈련셋과 검증셋 분리
x_val = x_train[7000:]
y_val = y_train[7000:]
x_train = x_train[:7000]
y_train = y_train[:7000]

# 데이터셋 전처리 : 문장 길이 맞추기
x_train = sequence.pad_sequences(x_train, maxlen=text_max_words)
x_val = sequence.pad_sequences(x_val, maxlen=text_max_words)
x_test = sequence.pad_sequences(x_test, maxlen=text_max_words)

# one-hot 인코딩
y_train = np_utils.to_categorical(y_train)
y_val = np_utils.to_categorical(y_val)
y_test = np_utils.to_categorical(y_test)

# 2. 모델 구성하기
model = Sequential()
model.add(Embedding(max_features, 128, input_length=text_max_words))
model.add(Flatten())
model.add(Dense(256, activation='relu'))
model.add(Dense(46, activation='softmax'))

# 3. 모델 학습과정 설정하기
model.compile(loss='categorical_crossentropy', optimizer='adam', metrics=['accuracy'])

# 4. 모델 학습시키기
```

```
hist = model.fit(x_train, y_train, epochs=10, batch_size=64, validation_data=(x_val, y_val))

# 5. 학습과정 살펴보기
%matplotlib inline
import matplotlib.pyplot as plt

fig, loss_ax = plt.subplots()

acc_ax = loss_ax.twinx()

loss_ax.plot(hist.history['loss'], 'y', label='train loss')
loss_ax.plot(hist.history['val_loss'], 'r', label='val loss')
loss_ax.set_ylim([0.0, 3.0])

acc_ax.plot(hist.history['acc'], 'b', label='train acc')
acc_ax.plot(hist.history['val_acc'], 'g', label='val acc')
acc_ax.set_ylim([0.0, 1.0])

loss_ax.set_xlabel('epoch')
loss_ax.set_ylabel('loss')
acc_ax.set_ylabel('accuracy')

loss_ax.legend(loc='upper left')
acc_ax.legend(loc='lower left')

plt.show()

# 6. 모델 평가하기
loss_and_metrics = model.evaluate(x_test, y_test, batch_size=64)
print('## evaluation loss and_metrics ##')
print(loss_and_metrics)
```

```
Train on 7000 samples, validate on 1982 samples
Epoch 1/10
7000/7000 [==============================] - 5s - loss: 1.9268 - acc: 0.5294 - val_loss:
1.4634 - val_acc: 0.6680
Epoch 2/10
7000/7000 [==============================] - 5s - loss: 0.8478 - acc: 0.8100 - val_loss:
1.2864 - val_acc: 0.7079
Epoch 3/10
7000/7000 [==============================] - 5s - loss: 0.2852 - acc: 0.9509 - val_loss:
1.3537 - val_acc: 0.6897
...
Epoch 8/10
7000/7000 [==============================] - 5s - loss: 0.1166 - acc: 0.9627 - val_loss:
1.3509 - val_acc: 0.7023
Epoch 9/10
7000/7000 [==============================] - 5s - loss: 0.1038 - acc: 0.9630 - val_loss:
1.3978 - val_acc: 0.7043
Epoch 10/10
7000/7000 [==============================] - 5s - loss: 0.1020 - acc: 0.9647 - val_loss:
1.3995 - val_acc: 0.7003
```

```
1600/2246 [=================>........] - ETA: 0s## evaluation loss and_metrics ##
[1.4420637417773743, 0.68788958147818347]
```

• 순환 신경망 모델

```python
# 0. 사용할 패키지 불러오기
from keras.datasets import reuters
from keras.utils import np_utils
from keras.preprocessing import sequence
from keras.models import Sequential
from keras.layers import Dense, Embedding, LSTM
from keras.layers import Flatten

max_features = 15000
text_max_words = 120

# 1. 데이터셋 생성하기

# 훈련셋과 시험셋 불러오기
(x_train, y_train), (x_test, y_test) = reuters.load_data(num_words=max_features)

# 훈련셋과 검증셋 분리
x_val = x_train[7000:]
y_val = y_train[7000:]
x_train = x_train[:7000]
y_train = y_train[:7000]

# 데이터셋 전처리 : 문장 길이 맞추기
x_train = sequence.pad_sequences(x_train, maxlen=text_max_words)
x_val = sequence.pad_sequences(x_val, maxlen=text_max_words)
x_test = sequence.pad_sequences(x_test, maxlen=text_max_words)

# one-hot 인코딩
y_train = np_utils.to_categorical(y_train)
y_val = np_utils.to_categorical(y_val)
y_test = np_utils.to_categorical(y_test)

# 2. 모델 구성하기
model = Sequential()
model.add(Embedding(max_features, 128))
model.add(LSTM(128))
model.add(Dense(46, activation='softmax'))

# 3. 모델 학습과정 설정하기
model.compile(loss='categorical_crossentropy', optimizer='adam', metrics=['accuracy'])

# 4. 모델 학습시키기
hist = model.fit(x_train, y_train, epochs=10, batch_size=64, validation_data=(x_val, y_val))

# 5. 학습과정 살펴보기
```

```
%matplotlib inline
import matplotlib.pyplot as plt

fig, loss_ax = plt.subplots()

acc_ax = loss_ax.twinx()

loss_ax.plot(hist.history['loss'], 'y', label='train loss')
loss_ax.plot(hist.history['val_loss'], 'r', label='val loss')
loss_ax.set_ylim([0.0, 3.0])

acc_ax.plot(hist.history['acc'], 'b', label='train acc')
acc_ax.plot(hist.history['val_acc'], 'g', label='val acc')
acc_ax.set_ylim([0.0, 1.0])

loss_ax.set_xlabel('epoch')
loss_ax.set_ylabel('loss')
acc_ax.set_ylabel('accuracy')

loss_ax.legend(loc='upper left')
acc_ax.legend(loc='lower left')

plt.show()

# 6. 모델 평가하기
loss_and_metrics = model.evaluate(x_test, y_test, batch_size=64)
print('## evaluation loss and_metrics ##')
print(loss_and_metrics)
```

```
Train on 7000 samples, validate on 1982 samples
Epoch 1/10
7000/7000 [==============================] - 5s - loss: 1.9268 - acc: 0.5294 - val_loss:
1.4634 - val_acc: 0.6680
Epoch 2/10
7000/7000 [==============================] - 5s - loss: 0.8478 - acc: 0.8100 - val_loss:
1.2864 - val_acc: 0.7079
Epoch 3/10
7000/7000 [==============================] - 5s - loss: 0.2852 - acc: 0.9509 - val_loss:
1.3537 - val_acc: 0.6897

...
Epoch 8/10
7000/7000 [==============================] - 30s - loss: 0.7274 - acc: 0.8060 - val_loss:
1.5494 - val_acc: 0.6231
Epoch 9/10
7000/7000 [==============================] - 30s - loss: 0.6143 - acc: 0.8366 - val_loss:
1.5657 - val_acc: 0.6756
Epoch 10/10
7000/7000 [==============================] - 30s - loss: 0.5041 - acc: 0.8711 - val_loss:
1.5731 - val_acc: 0.6705
2240/2246 [=========================>.] - ETA: 0s## evaluation loss and_metrics ##
[1.7008209377129164, 0.63980409619750878]
```

• 컨볼루션 신경망 모델

```
# 0. 사용할 패키지 불러오기
from keras.datasets import reuters
from keras.utils import np_utils
from keras.preprocessing import sequence
from keras.models import Sequential
from keras.layers import Dense, Embedding, LSTM
from keras.layers import Flatten, Dropout
from keras.layers import Conv1D, GlobalMaxPooling1D

max_features = 15000
text_max_words = 120

# 1. 데이터셋 생성하기

# 훈련셋과 시험셋 불러오기
(x_train, y_train), (x_test, y_test) = reuters.load_data(num_words=max_features)

# 훈련셋과 검증셋 분리
x_val = x_train[7000:]
y_val = y_train[7000:]
x_train = x_train[:7000]
y_train = y_train[:7000]

# 데이터셋 전처리 : 문장 길이 맞추기
x_train = sequence.pad_sequences(x_train, maxlen=text_max_words)
x_val = sequence.pad_sequences(x_val, maxlen=text_max_words)
x_test = sequence.pad_sequences(x_test, maxlen=text_max_words)

# one-hot 인코딩
y_train = np_utils.to_categorical(y_train)
y_val = np_utils.to_categorical(y_val)
y_test = np_utils.to_categorical(y_test)

# 2. 모델 구성하기
model = Sequential()
model.add(Embedding(max_features, 128, input_length=text_max_words))
model.add(Dropout(0.2))
model.add(Conv1D(256,
                 3,
                 padding='valid',
                 activation='relu',
                 strides=1))
model.add(GlobalMaxPooling1D())
model.add(Dense(128, activation='relu'))
model.add(Dropout(0.2))
model.add(Dense(46, activation='softmax'))

# 3. 모델 학습과정 설정하기
model.compile(loss='categorical_crossentropy', optimizer='adam', metrics=['accuracy'])
```

```python
# 4. 모델 학습시키기
hist = model.fit(x_train, y_train, epochs=10, batch_size=64, validation_data=(x_val, y_val))

# 5. 학습과정 살펴보기
%matplotlib inline
import matplotlib.pyplot as plt

fig, loss_ax = plt.subplots()

acc_ax = loss_ax.twinx()

loss_ax.plot(hist.history['loss'], 'y', label='train loss')
loss_ax.plot(hist.history['val_loss'], 'r', label='val loss')
loss_ax.set_ylim([0.0, 3.0])

acc_ax.plot(hist.history['acc'], 'b', label='train acc')
acc_ax.plot(hist.history['val_acc'], 'g', label='val acc')
acc_ax.set_ylim([0.0, 1.0])

loss_ax.set_xlabel('epoch')
loss_ax.set_ylabel('loss')
acc_ax.set_ylabel('accuracy')

loss_ax.legend(loc='upper left')
acc_ax.legend(loc='lower left')

plt.show()

# 6. 모델 평가하기
loss_and_metrics = model.evaluate(x_test, y_test, batch_size=64)
print('## evaluation loss and_metrics ##')
print(loss_and_metrics)
```

```
Train on 7000 samples, validate on 1982 samples
Epoch 1/10
7000/7000 [==============================] - 5s - loss: 1.9268 - acc: 0.5294 - val_loss:
1.4634 - val_acc: 0.6680
Epoch 2/10
7000/7000 [==============================] - 5s - loss: 0.8478 - acc: 0.8100 - val_loss:
1.2864 - val_acc: 0.7079
Epoch 3/10
7000/7000 [==============================] - 5s - loss: 0.2852 - acc: 0.9509 - val_loss:
1.3537 - val_acc: 0.6897
...
Epoch 8/10
7000/7000 [==============================] - 15s - loss: 0.3876 - acc: 0.8946 - val_loss:
1.1556 - val_acc: 0.7518
Epoch 9/10
7000/7000 [==============================] - 15s - loss: 0.3117 - acc: 0.9184 - val_loss:
1.2281 - val_acc: 0.7538
Epoch 10/10
7000/7000 [==============================] - 15s - loss: 0.2673 - acc: 0.9314 - val_loss:
```

```
1.2790 - val_acc: 0.7593
2240/2246 [============================>.] - ETA: 0s## evaluation loss and_metrics ##
[1.3962882223239672, 0.73107747111273791]
```

• 순환 컨볼루션 신경망 모델

```python
# 0. 사용할 패키지 불러오기
from keras.datasets import reuters
from keras.utils import np_utils
from keras.preprocessing import sequence
from keras.models import Sequential
from keras.layers import Dense, Embedding, LSTM
from keras.layers import Flatten, Dropout
from keras.layers import Conv1D, MaxPooling1D

max_features = 15000
text_max_words = 120

# 1. 데이터셋 생성하기

# 훈련셋과 시험셋 불러오기
(x_train, y_train), (x_test, y_test) = reuters.load_data(num_words=max_features)

# 훈련셋과 검증셋 분리
x_val = x_train[7000:]
y_val = y_train[7000:]
x_train = x_train[:7000]
y_train = y_train[:7000]

# 데이터셋 전처리 : 문장 길이 맞추기
x_train = sequence.pad_sequences(x_train, maxlen=text_max_words)
x_val = sequence.pad_sequences(x_val, maxlen=text_max_words)
x_test = sequence.pad_sequences(x_test, maxlen=text_max_words)

# one-hot 인코딩
y_train = np_utils.to_categorical(y_train)
y_val = np_utils.to_categorical(y_val)
y_test = np_utils.to_categorical(y_test)

# 2. 모델 구성하기
model = Sequential()
model.add(Embedding(max_features, 128, input_length=text_max_words))
model.add(Dropout(0.2))
model.add(Conv1D(256,
                 3,
                 padding='valid',
                 activation='relu',
                 strides=1))
model.add(MaxPooling1D(pool_size=4))
model.add(LSTM(128))
```

```python
model.add(Dense(46, activation='softmax'))

# 3. 모델 학습과정 설정하기
model.compile(loss='categorical_crossentropy', optimizer='adam', metrics=['accuracy'])

# 4. 모델 학습시키기
hist = model.fit(x_train, y_train, epochs=10, batch_size=64, validation_data=(x_val, y_val))

# 5. 학습과정 살펴보기
%matplotlib inline
import matplotlib.pyplot as plt

fig, loss_ax = plt.subplots()

acc_ax = loss_ax.twinx()

loss_ax.plot(hist.history['loss'], 'y', label='train loss')
loss_ax.plot(hist.history['val_loss'], 'r', label='val loss')
loss_ax.set_ylim([0.0, 3.0])

acc_ax.plot(hist.history['acc'], 'b', label='train acc')
acc_ax.plot(hist.history['val_acc'], 'g', label='val acc')
acc_ax.set_ylim([0.0, 1.0])

loss_ax.set_xlabel('epoch')
loss_ax.set_ylabel('loss')
acc_ax.set_ylabel('accuracy')

loss_ax.legend(loc='upper left')
acc_ax.legend(loc='lower left')

plt.show()

# 6. 모델 평가하기
loss_and_metrics = model.evaluate(x_test, y_test, batch_size=64)
print('## evaluation loss and_metrics ##')
print(loss_and_metrics)
```

```
Train on 7000 samples, validate on 1982 samples
Epoch 1/10
7000/7000 [==============================] - 5s - loss: 1.9268 - acc: 0.5294 - val_loss:
1.4634 - val_acc: 0.6680
Epoch 2/10
7000/7000 [==============================] - 5s - loss: 0.8478 - acc: 0.8100 - val_loss:
1.2864 - val_acc: 0.7079
Epoch 3/10
7000/7000 [==============================] - 5s - loss: 0.2852 - acc: 0.9509 - val_loss:
1.3537 - val_acc: 0.6897
...
Epoch 8/10
7000/7000 [==============================] - 24s - loss: 0.4550 - acc: 0.8836 - val_loss:
1.4302 - val_acc: 0.6892
```

```
Epoch 9/10
7000/7000 [==============================] - 24s - loss: 0.3869 - acc: 0.9031 - val_loss:
1.4888 - val_acc: 0.6907
Epoch 10/10
7000/7000 [==============================] - 24s - loss: 0.3251 - acc: 0.9183 - val_loss:
1.4982 - val_acc: 0.6912
2240/2246 [=============================>.] - ETA: 0s## evaluation loss and_metrics ##
[1.580850478059356, 0.67497773820124662]
```

5. 학습결과 비교

단순한 다층퍼셉트론 신경망 모델보다는 순환 레이어나 컨볼루션 레이어를 이용한 모델의 성능이
더 높았습니다.

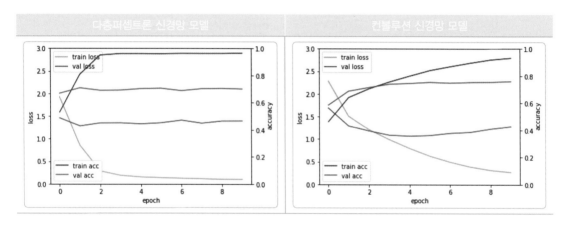

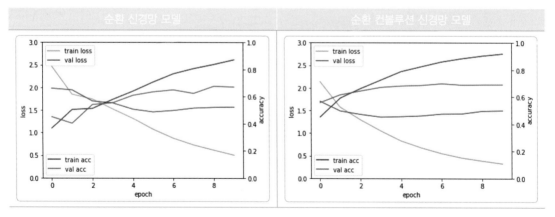

{요약}

문장을 입력하여 다중클래스를 분류할 수 있는 여러 가지 모델을 살펴보고 그 성능을 비교해 보았습니다. 시계열 데이터를 처리하기 위한 모델은 다층퍼셉트론 신경망 모델부터 컨볼루션 신경망, 순환 신경망 모델 등 다양하게 구성할 수 있습니다. 이런 모델들이 발전되면 주고 받는 대화를 듣고 분위기를 구분하거나 의사 소견을 보고 질병을 예측하는 모델이 될 수 있지 않을까요?

블록과 함께 하는
파이썬 딥러닝 케라스

1판 1쇄 인쇄 2017년 9월 25일
1판 1쇄 발행 2017년 9월 30일

—

지 은 이 김태영
발 행 인 이미옥
발 행 처 디지털북스
정　　가 25,000원
등 록 일 1999년 9월 3일
등록번호 220-90-18139
주　　소 (04987)서울 광진구 능동로 32길 159
전화번호 (02)447-3157~8
팩스번호 (02)447-3159

—

ISBN 978-89-6088-213-3 (93000)
D-17-17

www.digitalbooks.co.kr

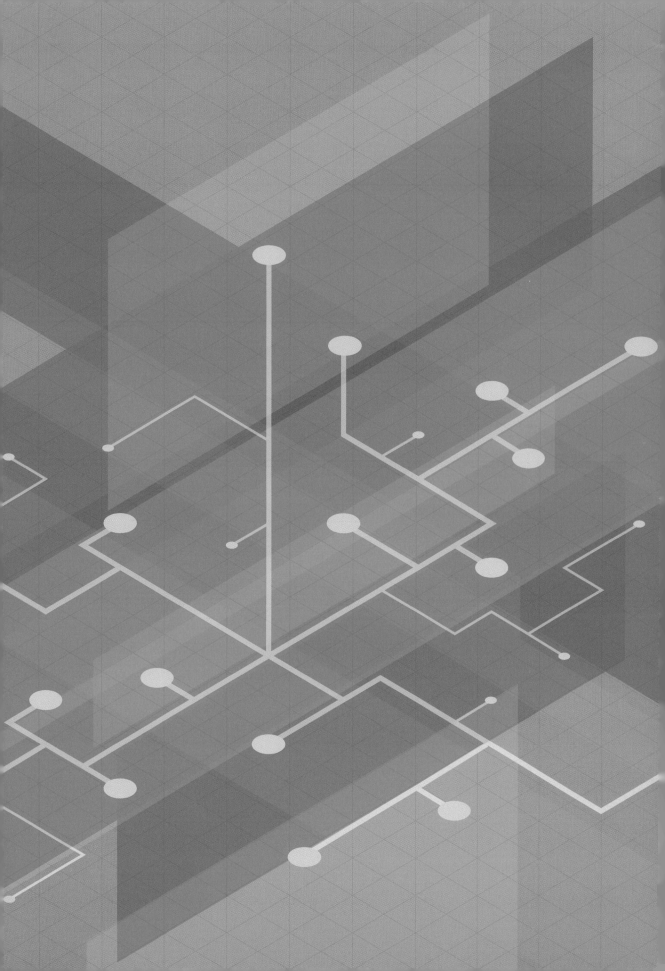

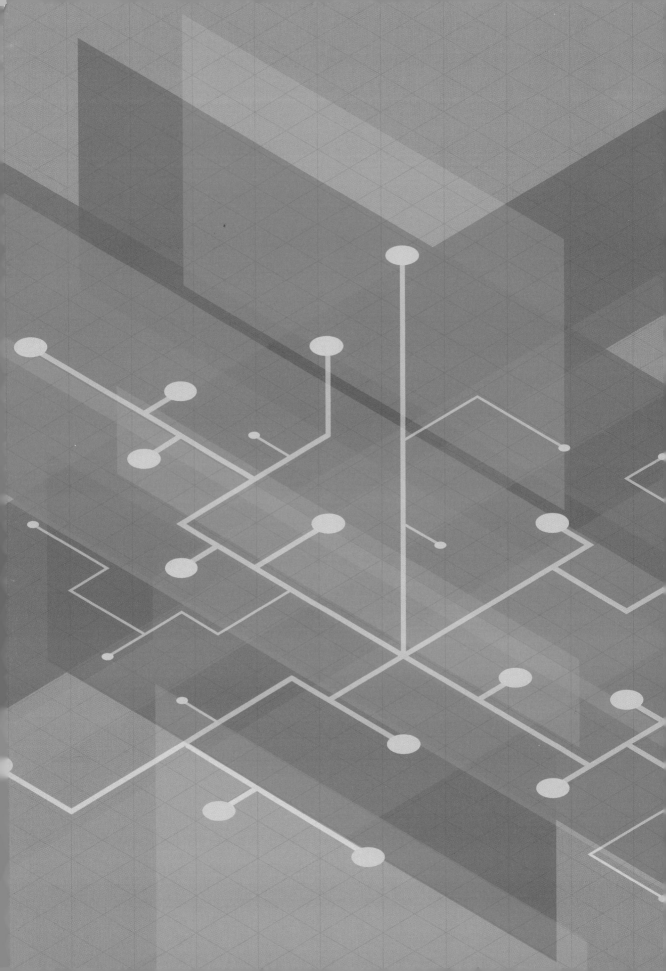